BIM 导论

BIM 经典译丛

BIM 导论

[美] 卡伦·M·肯塞克　著

林谦　孙上　陈亦雨　译

林谦　胡智超　校

中国建筑工业出版社

著作权合同登记图字：01—2016—1127 号

图书在版编目（CIP）数据

BIM 导论／（美）卡伦·M·肯塞克著；林谦，孙上，陈亦雨译．—北京：中国建筑工业出版社，2017.1
（BIM 经典译丛）
ISBN 978-7-112-20321-5

I.①B… Ⅱ.①卡…②林…③孙…④陈… Ⅲ.①建筑设计－计算机辅助设计－应用软件 Ⅳ.① TU201.4

中国版本图书馆 CIP 数据核字（2017）第 013802 号

丛书策划
修 龙 毛志兵 张志宏
咸大庆 董苏华 何玮珂

责任编辑：董苏华 何玮珂 姚丹宁
责任校对：李美娜 张 颖

BIM 经典译丛
BIM 导论
[美] 卡伦·M·肯塞克 著
林谦 孙上 陈亦雨 译
林谦 胡智超 校
＊
中国建筑工业出版社出版、发行（北京海淀三里河路 9 号）
各地新华书店、建筑书店经销
北京嘉泰利德公司制版
北京圣夫亚美印刷有限公司印刷
＊
开本：787×1092 毫米 1/16 印张：16 字数：347 千字
2017 年 10 月第一版 2017 年 10 月第一次印刷
定价：**68.00** 元
ISBN 978-7-112-20321-5
（29778）
版权所有 翻印必究
如有印装质量问题，可寄本社退换
（邮政编码 100037）

这本书献给 Joseph E. Pingree，
我的丈夫和最好的朋友

目 录

插图及表格目录

致谢

每当读书时我都会有一个疑问，为何致谢部分的篇幅会那么长。如今当我自己写完这本书时，答案便显而易见了。这是个艰巨的任务，它超出了个人的能力范围，需要依赖一个专业群体的知识与支持。没有支持者、同事和评论者的帮助，我不可能完成这项任务。

特别感谢

我衷心感谢 Douglas Noble。他使我在策划、写作以及完成本书的长期过程中保持积极性。特别感谢 Jerome Scott，他慷慨主动地帮助我通读整篇手稿，并提出颇有见地的建议。同样特别感谢 Arlyn Ramirez–Diaz，她在图片的编辑上帮了我很大的忙。

项目案例研究

如果没有几个公司的专业人员专注执着的辛勤劳动，从第 6 章到第 9 章的项目案例研究部分就不可能完成。他们提供了在现实背景下建筑信息模型的实施情况，使我能得以和您分享。

- designLAB architects 建筑事务所：Sam Batchelor, AIA；Ben Youtz, AIA 和 Mary Ann Upton, AIA
- ZGFArchitects LLP 建筑事务所：Stuart Baur, AIA
- CASE 咨询服务公司：Federico Negro, Nathan Miller 和 Julie Quon
- Mortenson Construction 建筑公司：Peter Rumpf, Dean Towl 和 Shaun Hester

诚挚的评论者

许多评论者通读了这本书。他们给我了很多意见，体现了他们敏锐的视角、专业的知识，以及对建筑信息建模深刻的理解。我非常感谢他们为此所付出的时间和努力。如果仍有任何错误和疏漏，责任在我。

Brion C. Boucher, AIA
Ron Dellaria, RA, CSI, DBIA
Troy Gates
Mario Guttman, AIA
Michael Hricak, FAIA

Clive Jordan, MEng DIS
Gregory P. Luth, PhD, SE
Douglas Noble, FAIA, PhD
Jeffrey W. Ouellette, Assoc. AIA
Joseph Pingree, PhD
Jonatan Schumacher
Jerome Scott
Brian Skripac, Assoc. AIA, LEED AP BD+C

图像提供者

　　每当我需要图像时，他们总能及时地提供帮助。我感谢许多建筑事务所和建筑公司的同行，以及我从前的几位学生所提供的插图。他们对图形方面的贡献大大丰富了本书的内容。

Sean Airhart	Roger Fricke
Ethan Barley	Stephen Friar
James Bedrick	Troy Gates
Kirstyn Bonneau	David Graue
Viktor Bullain	Mario Guttman
Joseph Burns	Brad Hardin
Mitch Dec	Ty Harrison
Jose Delgado	Alicyn Henkhaus
Jed Donaldson	Reginald Jackson
Eliseo Fernandez	Daniel Janotta
Clive Jordan	Jinhua Ashley Peng
Calvin Kam	Arlyn Ramirez-Diaz
Elaine Kanelos	Tony Rinella
Oleksandra Kazymirska	Peter Rumpf
Abdul Ali Khan	Justin Sasada
Jenna Knudsen	Jonatan Schumacher
Won Hee Ko	Anamika Sharma
Kurt Komraus	Dennis Shelden
Alex Korter	Gautam Shenoy
Tom Lazear	Daniel Shirkey
François Lévy	Sukreet Singh
Andres Lin-Shiu	Greg Smith
Yue Liu	Edward So
Gregory Luth	John Stebbins
Patrick MacLeamy	Anish Tripathi
Carrie Mandelin	Tyler Tucker
Erin McConahey	Jonathan Ward
Nathan Miller	Jonathan Widney
Jon Mills	Charlie Williams
Dan Monaghan	Geman Wu
Paul Morel	Ji Wu
Kimon Onuma	Jay Zallan
Jeffrey Ouellette	Stan Zhao
Mark Owen	Dafna Zilafro

xxv

中文版的推出

感谢孙上、陈亦雨、张志宏博士、董苏华、姚丹宁编辑对本书中文版的推出所做的工作；特别感谢林谦，如果没有他不懈地翻译、校对和协调，本书中文版无法如期完成。

如果落下任何人，我深表歉意。

引言

如今，BIM 技术应用越来越广，这标志着建筑业已经发生了颠覆性的改变。工程文档已不再是一些通过平面正射投影生成的图纸，而是基于三维虚拟模型生成的实时视图。建筑信息模型是一种信息含量极为丰富的三维几何模型。它所包含的信息可以有多种用途，如预测能源消耗、结构性能、造价、进度安排和不同系统间的施工冲突，甚至还可用于设施管理。理论上，BIM 软件可以对虚拟建筑设置不同描述，以实现某些特定用途。

但 BIM 不仅仅是一套软件，也是一个流程。它包容性很强，涉及设计、施工、运行、维护等建筑整个生命周期中众多利益相关者。它倡导合作，推崇数据、知识共享，责任、风险共担，参与方共同获益。它推进集成项目交付（IPD），同时也助力其他类型的项目交付，如设计 – 招标 – 建造（DBB）、设计 – 建造（DB）和承担风险的 CM（施工经理）的项目交付。要想最大限度发挥 BIM 的优势，需要用新的标准和导则代替旧的基于 CAD 的方法和模式，使办公流程符合 BIM 要求，并让员工充分熟悉并掌握 BIM。这既要求对硬件、软件进行升级，又要求人们从思想上适应新的工作模式。内在（效率和收益）和外在（合同要求）的双重动力会促使公司作出变革。

BIM 也能通过降低生命周期成本、改善交付计划与运行性能，来提高业主的最终效益。成熟的业主们明白这些道理，而且为了能让设计和施工过程中创建和收集的数据融入其建筑管理系统中，纷纷要求建立建筑信息模型。这些具备专业知识的业主往往乐意（至少习惯于）为下游收益预先投资。建筑师和承包商应该意识到这种内在价值，并且在项目后期交接 BIM 产品时，因他们的工作以及专业知识获得应有的报酬。

本书探讨了 BIM 在影响专业化公司以及项目交付过程中所发挥的诸多关键作用。然而，许多公司并没有实现它的全部优势。这是因为有的对 BIM 的功能缺乏了解；有的对员工培训不足；有的甚至更糟，由于对 BIM 误用而导致建设项目性能降低。本书是为关注 BIM 原理和具体应用的建筑师、工程师和承包商所提供的一本专业设计指南，对 BIM 软件和流程有不同程度接触的专业人员都可以使用。不论是那些希望了解如何从 CAD 过渡到 BIM 的人，还是希望推动数字技术发展的人，都会受益匪浅。本书的内容分为两部分：基本原理和实际应用。

第一部分，基本原理。这一部分内容定义了 BIM 的术语，探究了其中的问题，预测了其在未来所能提供的机遇。该部分介绍了许多关键的概念，包括参数化、BIM 对不同利益相关者的作用、单一模型和联合模型、如何在办公环境中实施 BIM，以及即将发生哪些运算化变革。它分为五章。

第 1 章　BIM 概述

第 1 章介绍了参数化建模和虚拟建筑建模，同时阐述了 BIM 的"维度"、发展水平（LOD）、模型发展规范（MPS）以及模型元素作者（MEA）。

第 2 章　利益相关者和 BIM 的各种作用

BIM 改变了软件工具的使用方法和流程。第 2 章讨论了 BIM 对许多利益相关者的影响，其中包括建筑师、工程师、咨询顾问、施工经理、承包商、分包商、加工商、设施经理和业主。从设计前期到施工图设计、成本估算、冲突检测、现场施工和加工，BIM 作为一个能促成项目的因素而被研究。

3　第 3 章　数据交换和互通性

第 2 章探讨了三维协同模型深化与发展的潜力。BIM 要想融入建筑行业，仍未解决的问题是不同软件之间互通性的缺失，以及对专有标准和开放标准的权衡。第 3 章解释了如何通过设置 BIM 软件的标准和互通性来解决这个问题，同时也对单个 BIM 和多个 BIM 的优势做了说明。

第 4 章　BIM 的实施

怎样才能在办公环境中真正地实施 BIM？在第 4 章里，将探究一些关键问题，包括如何交付公司的第一个 BIM 项目、BIM 合同问题、美国建筑师学会（AIA）数字实践文档、办公标准、BIM 执行计划，以及评价 BIM 成熟度的衡量标准。

第 5 章　BIM 的高阶应用

第 5 章介绍了一些在 BIM 标准使用之外影响广泛的理念和技术，它们将改变建筑信息建模并提供新的服务机会。四个重点的理念包括 BIM 分析、云计算、运算化设计（自定义和形体生成）以及更加成熟的业主。

第二部分，实际应用：项目案例研究。这部分着重通过具体实例介绍了 BIM 是如何真正地实施并成功地融入四个公司中的。这些公司对具体建筑项目作了简明扼要的介绍，其中既谈到了成功的经验也总结了错失的机会，并给其他专业人员提出了建议。这些公司代表了拥有不同规模和技术将 BIM 纳入实践的公司。当建筑事务所和工程承包单位描述某个项目时，会叙述他们实施 BIM 的经历，讨论成功与不足，并提出改进的建议。

第 6 章　designLAB architects 建筑事务所：小 BIM 驯服粗野主义

作者：Sam Batchelor, AIA；Ben Youtz 和 Mary Ann Upton, AIA

对该项目的研究展示了 BIM 如何能让一个相对较小的建筑事务所应对较大的项目。这个复杂的翻新项目是该公司第一个在合同中明确以 BIM 成果交付的项目。下图展示了建成效果图和 BIM 实施计划工作流程示意图。

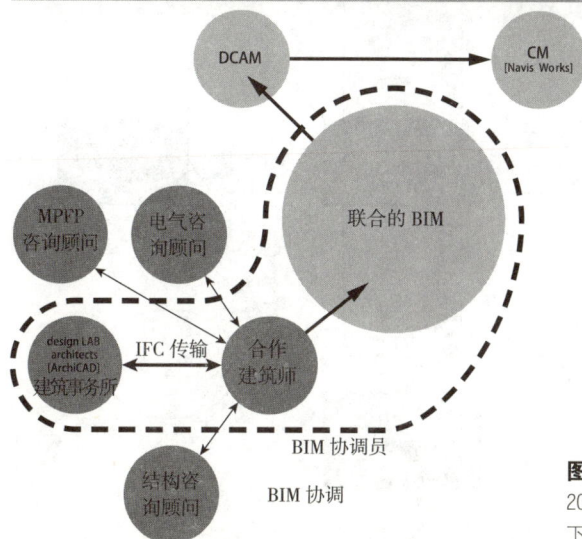

4

图 0.1　上图，西立面；完成的增建，2013 年（由 Peter Vanderwarker 提供）；下图，BIM 实施计划工作流程示意图

第 7 章 ZGF：转型期的 BIM——在大公司实现飞跃

作者：Stuart Baur, AIA

目前 BIM 在大公司里的实施被众多因素影响，包括将它作为一个概念设计工具来使用、与项目交付成果有关的合同契约、对全公司的建模与文档标准的开发与维护、项目团队成员之间的不断变化的协作状态等。此案例研究也注重以下这些对项目成功同样极为重要的因素：BIM 协议手册的开发，培训与指导，以及模型管理人员的积极参与和融入。

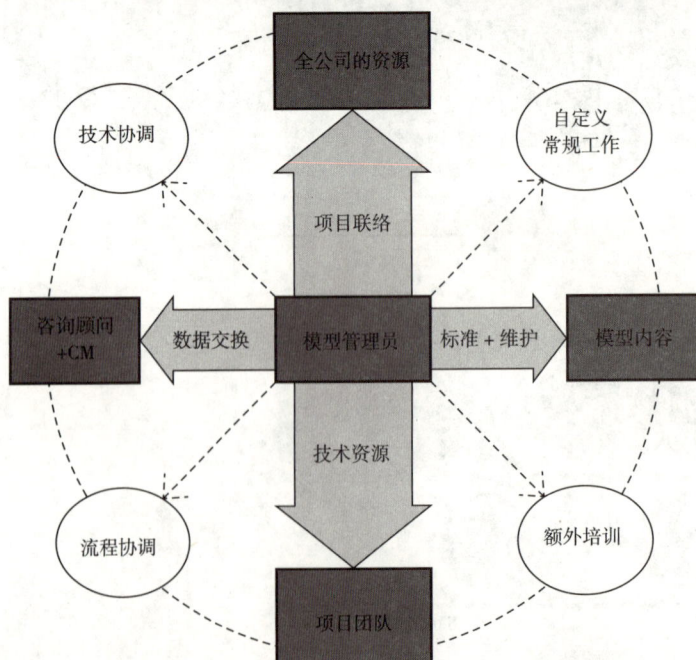

图 0.2 上图，建筑效果图；下图，项目团队模型管理人员角色和职责的示意图

第 8 章　CASE：建筑信息协调者

作者：Federico Negro 和 Nathan Miller

CASE 为建筑设计专业人员、承包商和业主提供了战略和技术流程方面的建议。三个项目展示了公司所提供的服务范围：使遮阳装置兼顾美学与性能的早期设计模拟；业主 BIM 战略目标的实施；使加工商生产、管理和交付 1000 块尺寸各异的预制面板的生产策略。

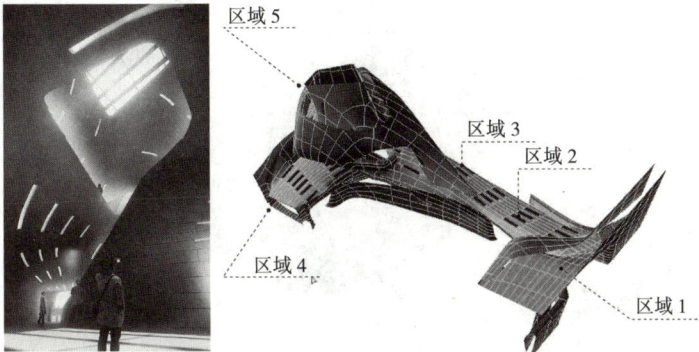

图 0.3　左图，室内中庭效果图（由 Trahan Architects 提供）；右图，优化预制面板的截图

第 9 章　Mortenson Construction：通过合作实现项目成功

作者：Peter Rumpf

确保设计意图完整实现需要创新的方法和战略战术上的规划。在这个案例中，Mortenson Construction 利用了许多技术，包括与建筑师合作、实施项目执行计划、使用虚拟模型、提高施工效率以及建立开发直接使人直接获取信息的方法。该案例还讨论了成功的具体因素。

图 0.4　BIM 在项目中的广泛使用

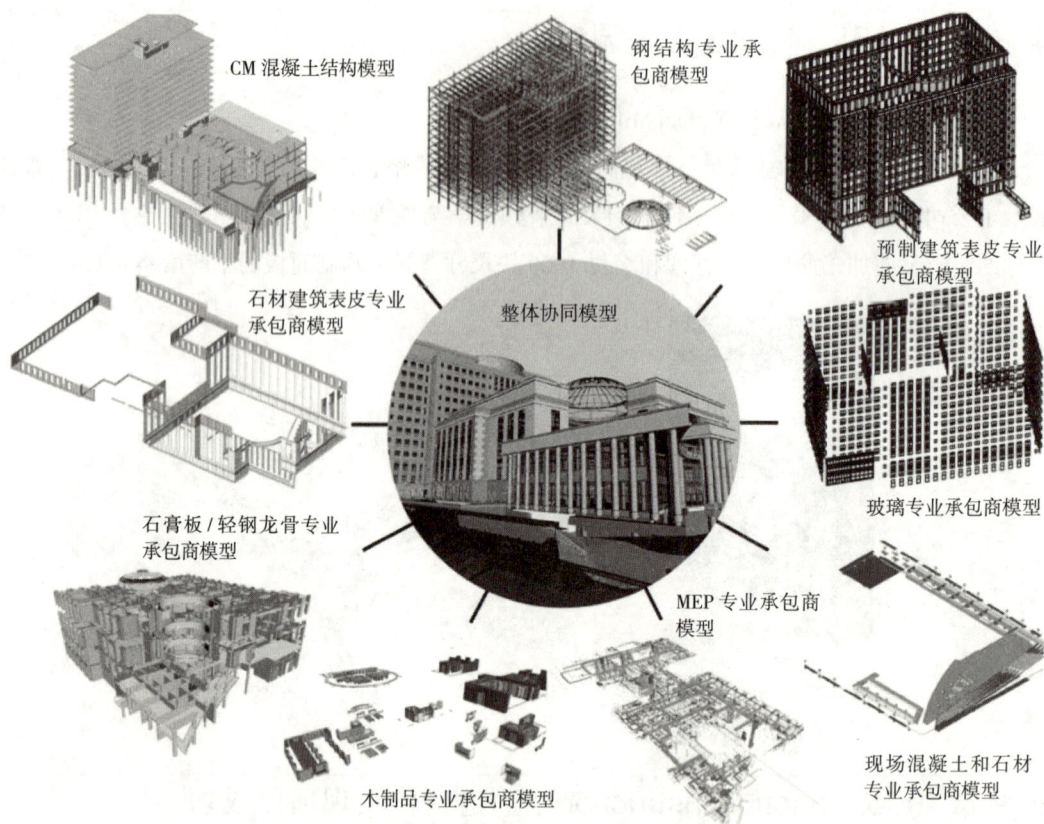

图中标注：
- CM 混凝土结构模型
- 钢结构专业承包商模型
- 预制建筑表皮专业承包商模型
- 石材建筑表皮专业承包商模型
- 整体协同模型
- 玻璃专业承包商模型
- 石膏板 / 轻钢龙骨专业承包商模型
- MEP 专业承包商模型
- 现场混凝土和石材专业承包商模型
- 木制品专业承包商模型

图 0.4 BIM 在项目中的广泛使用（续）

8　　　无论是定义基本概念还是探索创新方法，这本书鼓励从 BIM 新手到 BIM 行家每个人都能去更多地了解建筑信息建模。BIM 值得被采用并适合用于实践。这个不断进化与发展的操作工具及其使用过程可以保证建筑事务所和工程施工部门向着更加高产、更加创新的实践应用不断进步。

第一部分

基本原理

第 1 章

BIM 概述

本章是对建筑信息建模宽泛的概述，用类比方法解释了虚拟建筑模型，以"维度"来将建筑信息模型归类，阐述了它在建筑项目整个生命周期的价值和潜力。"BIM"这个缩写可以用来指代包含大量数据的三维（3D）数字模型（the BIM）、建模行为本身，以及利用 BIM 来进行集成设计和交付的过程。

参数化建模和虚拟建筑模型

BIM 与计算机辅助设计（CAD）及其他类型的三维建模程序相比有哪些显著的不同？ BIM 不是 CAD ——传统上 CAD 是指被优化的计算机辅助设计或计算机辅助制图程序，用来绘制建筑物、飞机、机械零件、电气布局等对象的二维（2D）图纸。BIM 不仅具备三维 CAD 的功能，还是一个包括建筑构件和建造信息的集成数据库。三维图形、参数化建模和用户提供的数据结合起来创建了虚拟设计和建造模型。理想情况下，BIM 是一个集成的、结构化的数字数据库，由建筑、工程、施工、运营（AECO）等包含三维参数化对象的专业提供信息，并允许互通。

BIM 的基本特点是一个包含数据的参数化对象的集合，这与 CAD 和其他类型的三维建模程序都不相同。CAD 程序由被公式定义的线、圆、文本、曲线、矩形、椭圆等其他对象构成。由于具有不依赖屏幕或输出分辨率的固有特性，CAD 是保持图形质量优良的矢量软件。它在对象层级上编辑，虽然只能获得有限种类的几何信息，例如长度、楼层面积、周长等，但是这些基本元素可以组成符号，既可以描绘门窗等简单的建筑构件，也可以描绘更复杂的对象。通过使用这些构件并为其添加属性，主要是库中对象的非图形数据，会产生一个由二维对象

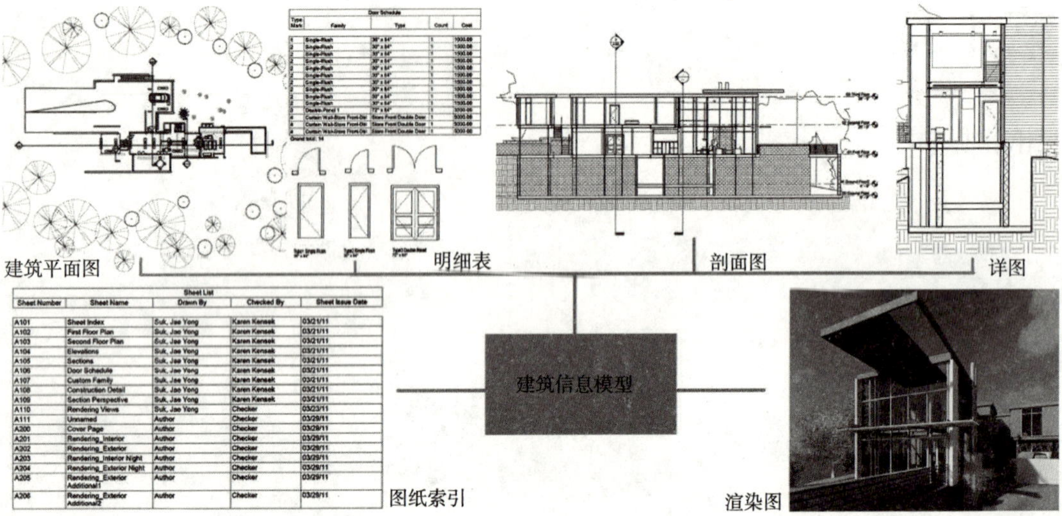

建筑平面图　　　　　　　　　　　明细表　　　　　　　　剖面图　　　　　　　　　　详图

图纸索引　　　　　　　　　　　渲染图

图 1.1　BIM 是一个具有多种用途的独立数据库（感谢 Arlyn Ramirez-Diaz 和 Jae Yong Suk）

组成的包含建筑信息的原始 BIM。随后可以确定工程量，生成材料清单并进行成本估算，还能够添加转换，编辑对象和图元，改变双线"墙"的特性，增加可视图层的概念以及初步的三维功能，这也可以被认为是充分描述了 20 世纪 80 年代末的商用 CAD 系统。信息内容已从简单的绘图对象增加到全功能的建筑构件。然而，这仍然不是建筑信息模型。

大多数 CAD 系统中的观察机制取决于图层的可见性，图层被认为是来记录某专业或特定行业信息（建筑、结构柱网、电气布局、家具等）的虚拟纸张。另一种较少用的组织 CAD 元素的方法依靠命名对象（A：门：内部：木，A：墙面：室内：厨房，S：网格：列：F-12）或组件。该系统在美国以外使用 CI-sfb 系统的国家更受欢迎（类似于施工规范协会的 MasterSpec Uniformat）。

随着 CAD 程序的使用，分层的方法变得非常流行。对于一个曾经用纸张绘图的行业，CAD 文件是由纸张构成的比喻很有说服力。然而，单独命名每个对象的做法仍在许多效果图和动画程序中使用，并且在 BIM 软件中也再度被广泛使用。BIM 是由单独的建筑构件组合而成的，所以很自然每个构件都有自己的名字，而名字也反映了这些构件与真正的建筑构件相关。BIM 软件依赖这些被命名的对象——在不同的软件程序中分别被称为族、组、对象等。

二维制图依靠基元，如线、圆、曲线等，而三维模型通常基于表面或实体。仅通过观察三维模型往往很难或根本无法看出是基于哪种方法。但由于表面模型和实体模型对数据编码的方式有着根本的区别，因此两种程序在传输几何图形时会存在互通性障碍。本质上，表面模型由非常薄的面组成，其内部是"空心的"。一个极简单但很贴切的比喻是这么说的：表面建模就像用纸板来搭建筑，而实体建模则像用黏土。一般来说，BIM 软件基于实体建模。

使 BIM 区别于"静默的"三维模型，并赋予它智能的是与参数的结合，这些参数能以复杂的方式在三维构件的程序界面中调整。二维构件虽也有参数，但是这些参数一般是用基本方法调整。在 BIM 软件中，甚至连透视图和平面图这样的非图形对象都有参数。大部分参数关联是在软件内的对象中定义的，它们能被更改，还能添加新参数。用户不仅可以指定参数，而且周长、面积、体积等方面内容也可以由软件直接插入以及递归关联，某些内容还能作为公式的一部分。因此，BIM 可以说是"具备编程能力的"。表 1.1 列出了一些参数对象的实例。

构件的属性可以用电子表格的形式（通常称为明细表）来整理，通过更改图形对象或者电子表格中的数据来编辑。这种双向影响是非常重要的概念。模型是一个数据库，它可以在多种视图（图形和表格）中编辑来改变基础数据。信息在各个种视图中都是一致的，而数据存储在特定的位置，只在需要时通过文字或图形或两种方式一起来引用。

参数对象的实例表　　　　　　　　　　　　　　表 1.1　　14

对象类型	实例	参数举例
二维物体	圆环	半径
		色彩
		线条粗细
	结构柱网	X、Y 方向的数量和尺寸
		旋转
		轴网标注类型
三维物体	墙	高度
		结构用途
		材料
		创建、拆除的阶段
		STC 等级、R 值
	窗户	所在楼层
		高度、宽度、窗台高度
		制造商、型号
		五金套件
		防火等级
	光伏板	面板数量
		倾斜度
		转换效率
		制造商、成本
非几何对象	透视图	视点和目标点
		相机可见度
		视锥
		远近剪切平面
	房间	名称和号码
		使用者
		基层完成面
		周长、面积、体积

根据具体软件，用户可以通过以下方式改变门的宽度：

- 抓取门的边角延伸；
- 点击门打开其属性窗口，输入新的宽度值；
- 在电子表格视图中键入宽度。

15

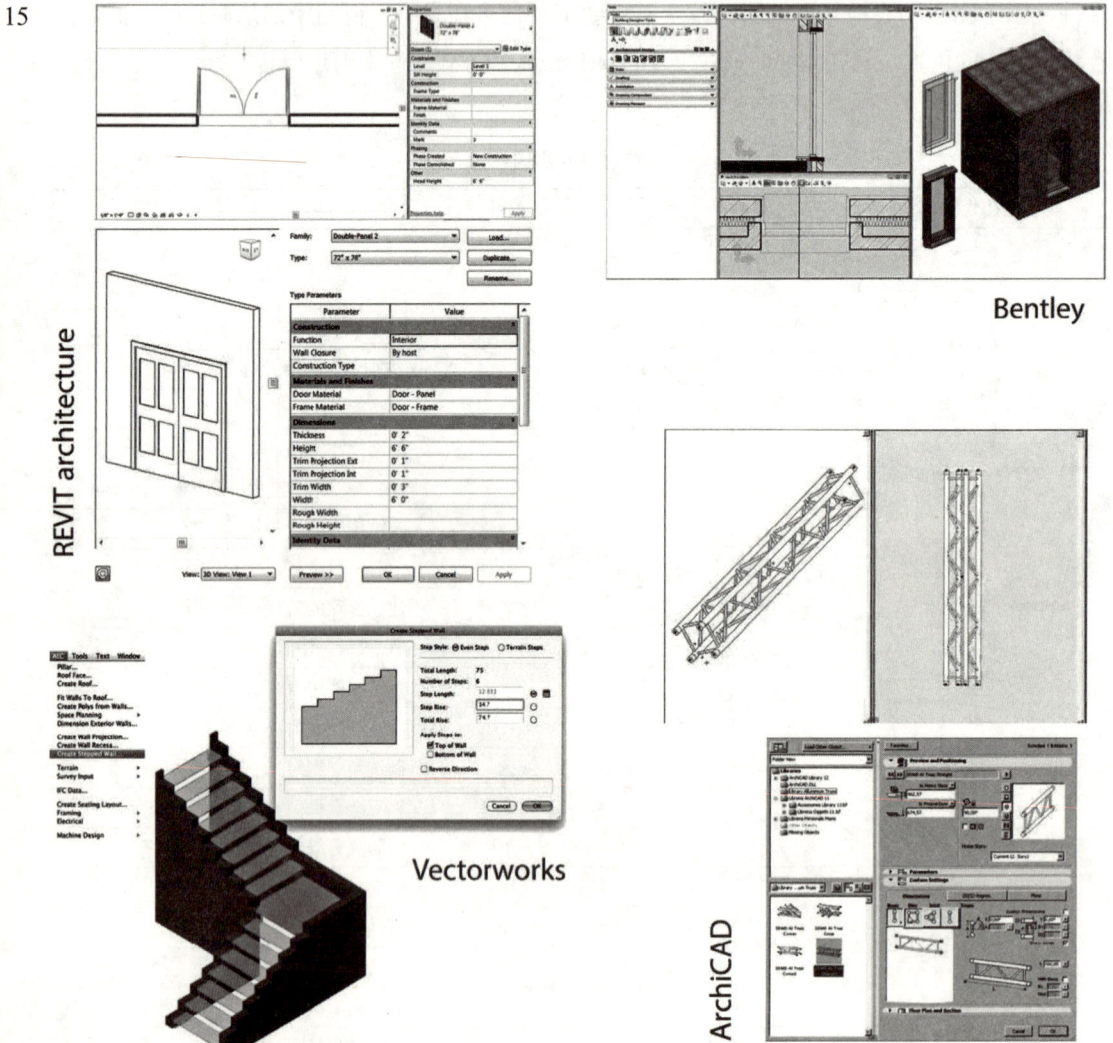

图 1.2 四个软件程序中的参数化对象（感谢 Arlyn Ramirez-Diaz）

与变更有关的所有模型视图会被自动更新，其中包括：

- 平面图、立面图、剖面图、透视图；
- 明细表；
- 建筑细部的尺寸等。

除了用户定义的对象和参数外，BIM 也可以创建对建筑构件更复杂的描述。BIM 软件的一个巨大优势就是能够轻而易举地创建具有自定义参数的新对象。由于具备了一套有效的参数和文件传输机制，信息不仅可以储存于结构化的数据库中，还能与其他软件交换来进行可施工性研究、热和日光模拟、成本估算、材料清单创建以及其他的分析模拟。

16

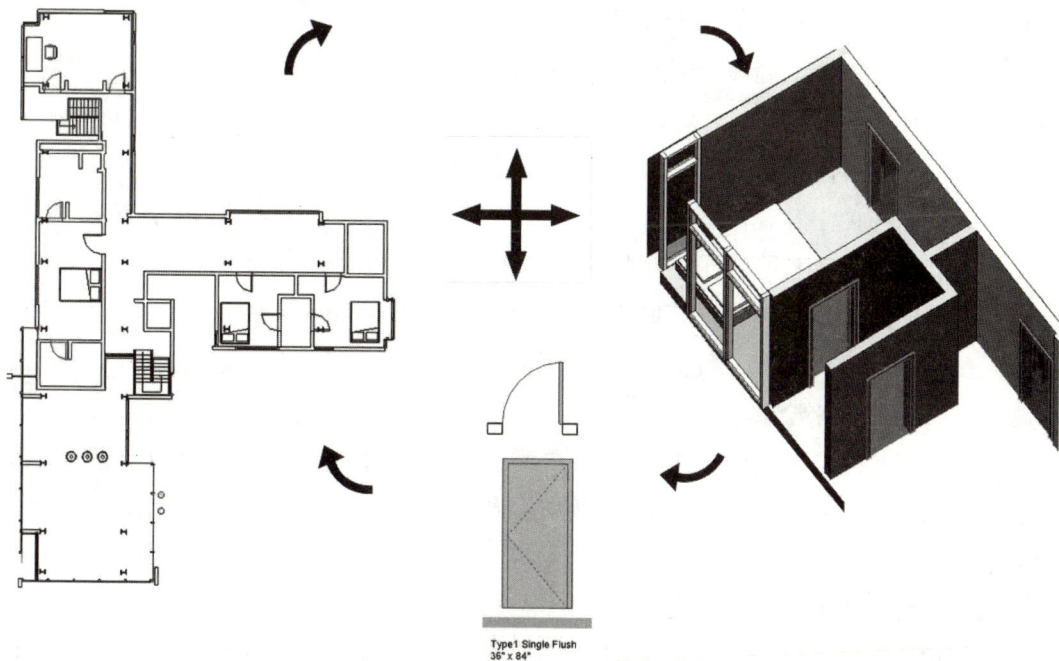

Door Schedule				
Type Mark	Family	Type	Count	Cost
1	Single-Flush	36" x 84"	1	1000.00
2	Single-Flush	30" x 84"	1	1500.00
2	Single- Flush	30" x 84"	1	1500.00
2	Single- Flush	30" x 84"	1	1500.00
2	Single- Flush	30" x 84"	1	1500.00
2	Single- Flush	30" x 84"	1	1500.00
2	Single- Flush	30" x 84"	1	1500.00
2	Single- Flush	30" x 84"	1	1500.00
2	Single- Flush	30" x 84"	1	1500.00
2	Single- Flush	30" x 84"	1	1500.00
3	Double-Panel 1	72" x 84"	1	3500.00
4	Curtain Wall-Store	Store Front	1	5000.00
4	Curtain Wall-Store	Store Front	1	5000.00
4	Curtain Wall-Store	Store Front	1	5000.00

Grand total: 14

Type1 Single Flush
36" x 84"

图 1.3　在以上任何位置中变更门的符号，其他位置也会跟着更新（感谢 Arlyn Ramirez-Diaz）

BIM 的"维度"

这里有几种方式可以对 BIM 软件本身的特征以及与它协同工作的其他软件程序进行分类。第 2 章中的内容是基于使用这些软件的利益相关者来进行分类的，例如建筑师、承包商或加工商。而这里他们是通过"维度"来分类的。

维度是一系列常与 BIM 关联的数字标签：二维、三维、四维、五维。

17
- 二维是指二维图纸，例如：平面图、剖面图、立面图。
- 三维增加了"高度"。通常在 BIM 里，三维是指三维数字模型。
- 四维是三维与时间的整合：项目进度表、施工阶段、施工顺序。
- 五维增加了成本方面。这既可能是在概念设计阶段简单的成本估算也可能是为投标所做的复杂的工程量计算。

六维和七维不太常用，而且它们的意义也不同。

- 六维介绍生命周期、设施和能量管理构件。
- 七维包括建筑的安全使用问题（如建筑法规分析）。

二维 BIM：CAD、空间规划及设计说明

二维制图（用直线、弧线、多边形等）的功能尚未完全取消。即便在一个以三维为主的 BIM 里，有时使用二维工具或者从 CAD 程序中输出或输入文件来完成某张图纸会更合理。在使用时选择二维还是三维、选择非参数化还是参数化有以下三个标准：

1. 适宜性。创建三维模型是否有用？例如，在医院的总体规划中创建门的合页模型并不能提供有用的信息，而且如果门被复制上百次的话还会无谓地增加文件的大小。

2. 完成任务的时间和精力。不要把创建难度大但有用的模型与浪费精力混为一谈。在曲面屋顶上创建所有的屋面板来帮助加工商随后的施工过程可能耗时但却重要。相反，外墙的保温通常只用二维图来绘制。

3. 文件的一致性。在许多软件程序中，二维细部设计或会叠加在三维模型上，或也可能只是一个单独的 CAD 文件。很多潜在的风险与二维和三维数据的分隔有关。例如，下一个使用文件的人可能并不知道三维协同模型已经被后来添加的二维图形或其他文件中的不同信息影响，并且原有的"自动"协同功能实际上已经失灵。

18
随着 BIM 被更广泛地接受，三维合同文件将成为标准。而且当承包商、加工商和建筑师之间责任范围与相互沟通出现新范式的时候，二维将会淡出。

二维可以有效地运用在项目初期。例如，空间规划往往仅限于按功能分配面积（例如：十个办公室、两个洗手间、接待区、厨房空间、复印室、存储室等）和组织不同空间的相互关系。但这些用二维和三维工具都可以实现。BIM 可以用来创建包含楼板、空间名称与面积，以及楼面标高的报告，并用图形或明细表的方式显示出来。

19
像 e-SPECS 等软件允许用户半自动化生成施工设计说明，并可以直接在 BIM 中访问。它同步了图纸和设计说明之间的信息并能生成关键提示。

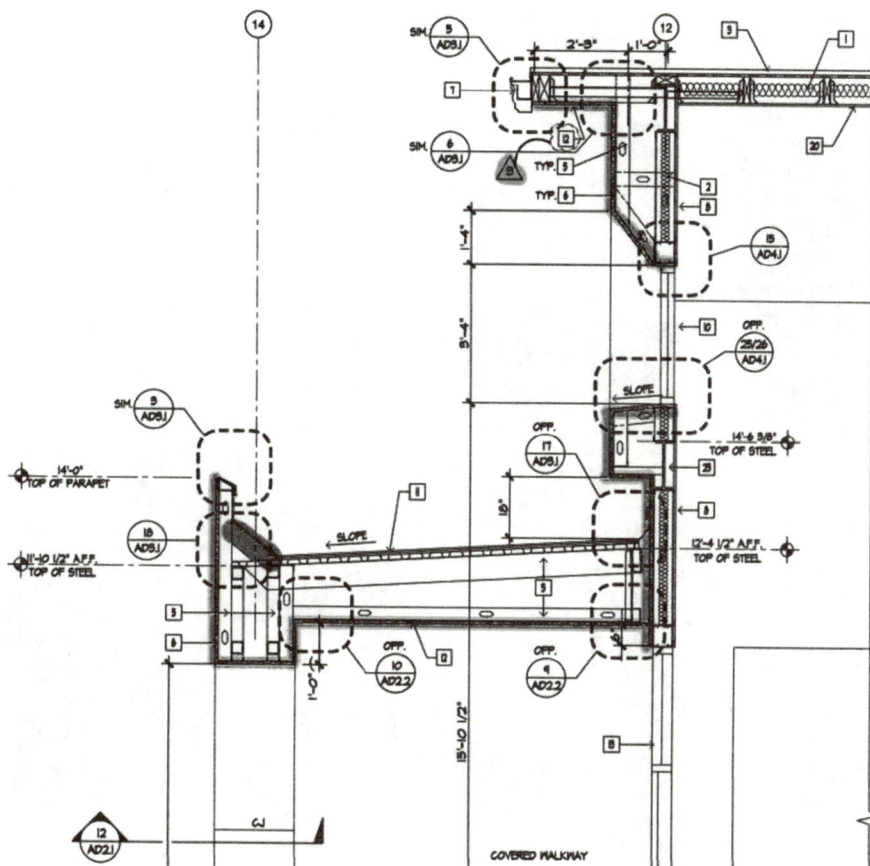

图 1.4　虽然基于三维模型，部分二维图纸后来还是被添加进来（由 Balfour Beatty 提供，感谢 Bradley Hardin，Daniel Shirkey 和 Stan Zhao）

三维 BIM：虚拟设计和施工（VDC）

提到 BIM，虚拟设计和施工的概念是最常想到的。它包括三维模型和自动二维 / 三维协同。各种视图可以轻松地在三维模型数据库中界定并置于打印图纸上。

运用三维模型，其他的应用诸如：模型渲染、碰撞检测、规范检查都可以完成。BIM 分析，即使用三维模型对性能进行模拟和预测，依赖于三维模型的精准度以及具体软件所需的其他数据。而其他数据的多少是根据模拟程序的需要来添加的。对于建筑阴影分析和室外风环境分析只需要添加建筑体量、地点及场地周围的状况即可。相反，能量建模则需要关于施工、材料特性、暖通空调（HVAC）系统、室内分区、入住时间等更多的细节数据。当然，这些分析的基础依然是三维模型本身。

三维模型可以用来进行概念设计、初步设计、施工图设计，有时也可以作为图纸档案。虽然一个模型就可以贯穿整个项目周期，但在实际中，通常需要根据不同的用途来建立不同复杂程度的模型。

19

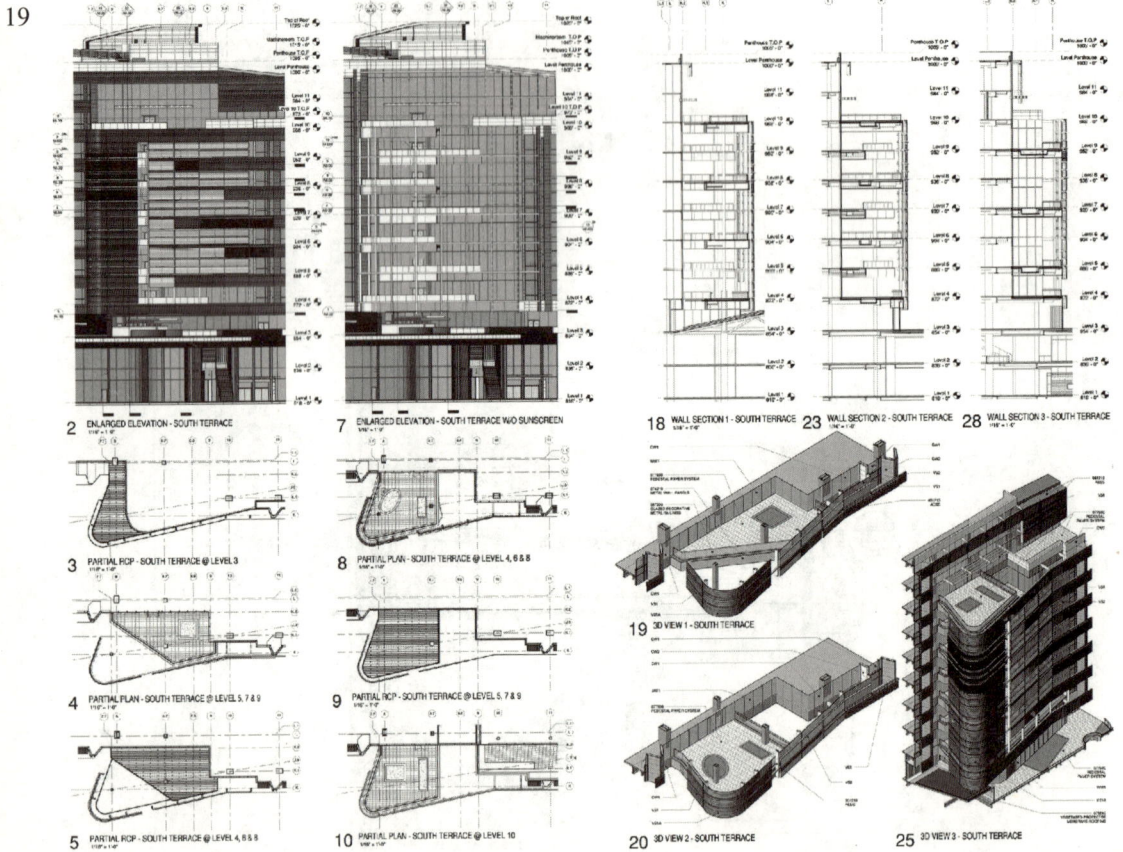

图 1.5 BIM 是用来生成二维和三维视图的（由 CO Architects 提供）

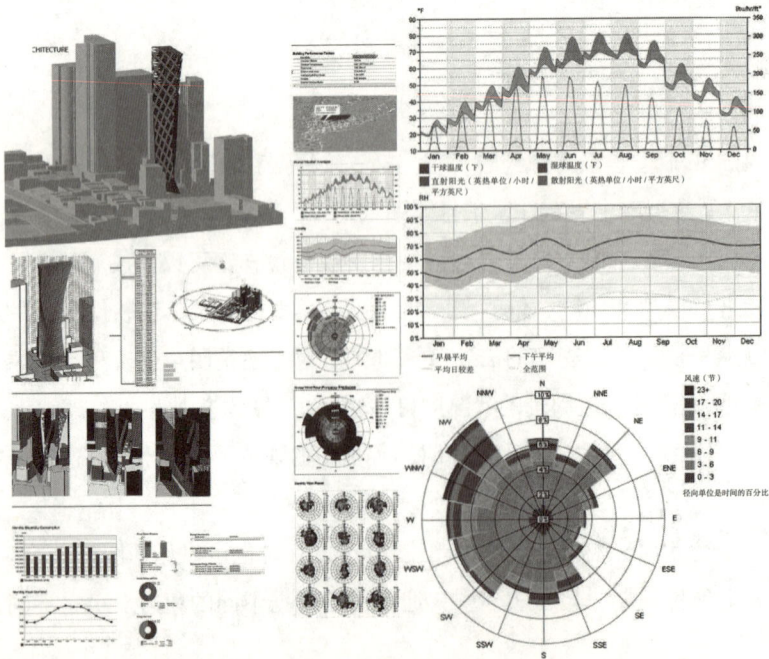

图 1.6 体量模型可以用来进行日光与风环境分析及简单的能量计算。通常它可以直接在 BIM 软件中创建（感谢 Justin Sasada 提供）

创建一个由参数化构件组成的虚拟三维建筑模型才是真正的目的。这些构件可能是软件自带的也可能是联机获得的。然而，大多数公司会创建一系列具备标准参数化构件的对象，尽管之后这些构件可以根据具体工程的情况调整。第一次尝试创建建筑信息模型的过程可能令人沮丧，因为绝大多数用户会认为 CAD 甚至手绘更加快捷、准确、好看。为了包含更多的信息，BIM 需要在项目的早期阶段就被给予足够重视。可这种额外的关注让整个进程看上去很缓慢。一个熟练的 CAD 绘图员几乎一定能比熟练的 BIM 建模员在更短的时间内绘制出看上去更完整的图纸。但在后期，使用 BIM 的优势就体现出来了，尤其是在二维和三维的自动同步上。随着模型不断发展，生成平面图、立面图、剖面图、明细表、索引表、轴测图、透视图等会相对更加直接，因为它们只是由建筑数据库生成的不同视图。

23

22

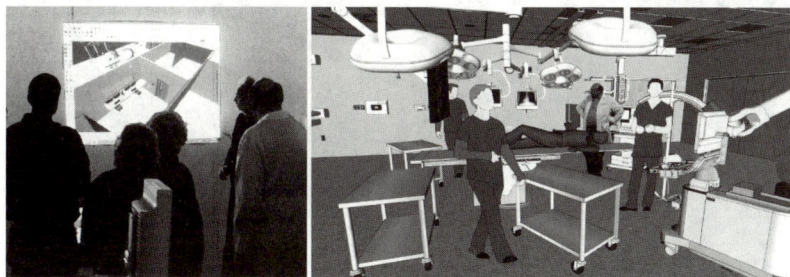

图 1.7　客户正在查看模型的实时变化和静态图像（由 Mortenson Construction 提供）

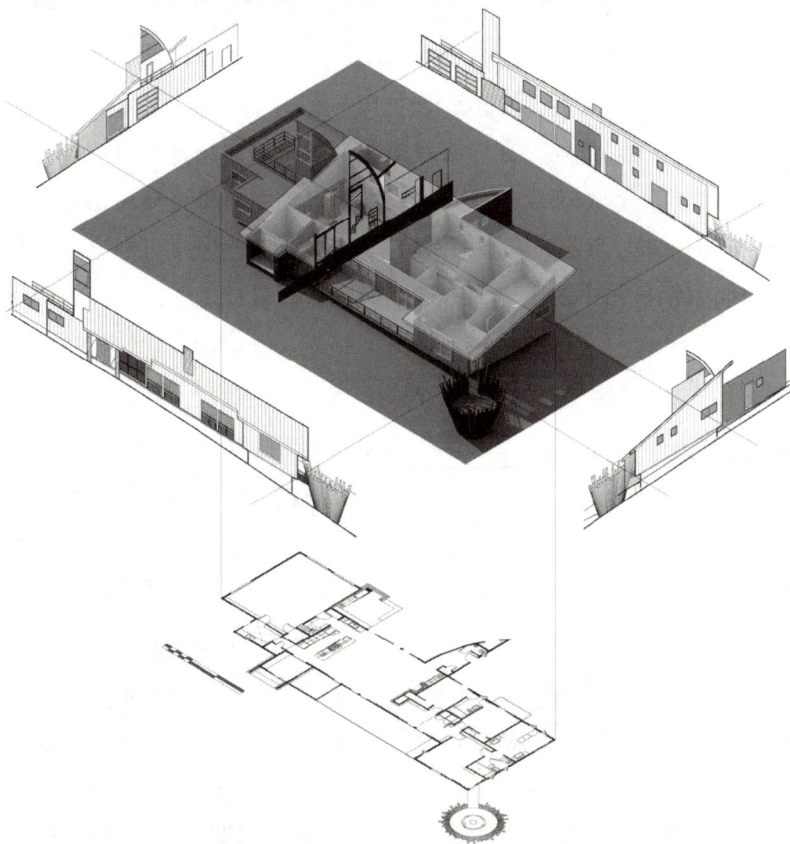

图 1.8　由三维模型生成的平面图、剖面图、立面图（由 Francois levy, Architect 提供）

例如，一个工作流程可以是在概念设计时创建 BIM 的基本骨架或者"底盘"。随着时间的推移，底盘会被继续使用并且其信息也会变得越来越丰富。但在每个阶段结束时（概念设计、初步设计等），会保存一份当下的模型作为进度记录。所以，一个不断发展的主模型和反映每个重要阶段不同版本的模型都会保留下来。

三维模型在可视化方面非常有用，好的可视化可以使团队成员对当下的设计有更好的理解并提出建议。风格化的或写实性的效果图也可以用在与客户进行交流或市场营销等方面。24 效果图的种类和质量是多种多样的，从松散的手绘草图风格到拥有材料细节、光线、人、植物、背景环境的超写实风格都能够生成。

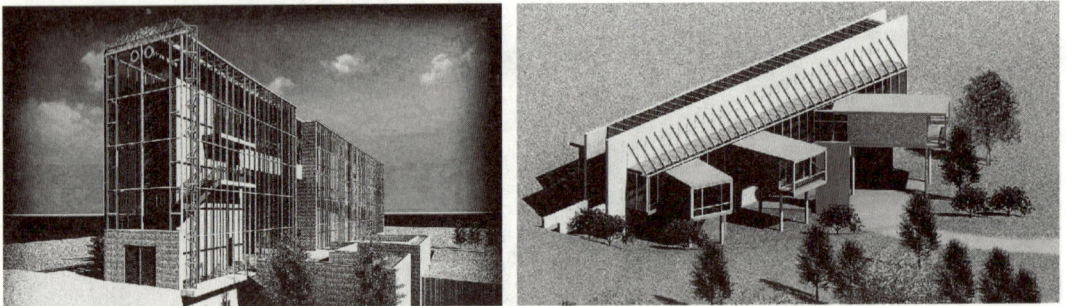

图 1.9 室外效果图（感谢 Ji Wu 和 Yue Liu）

三维模型也可以用于碰撞检查。施工人员都知道，两个物体不能同时占据某个空间。然而，在虚拟建筑的建模中，这不但可能，甚至常见。在计算机术语中，两个对象占据同一空间被称为"冲突"。有一些冲突相对来说无关紧要，例如由于绘图的原因使得墙体和楼板相交。但严重的冲突，如果没有及时发现和处理，则会导致时间和精力的浪费，以及工程变更。所有这些错误累加起来，有时能带来将近 10% 的项目成本超出预期。

最常见的问题如图所示，是 HVAC 管道与结构梁柱发生的冲突。三维 BIM 与二维 CAD 相比其主要的优势是可以提前进行直观的冲突检测来确定碰撞位置，以便让设计师、工程师和施工方在昂贵的现场返工之前解决这些问题。因此，目前许多传统二维纸质施工图或者 CAD 图纸上容易被忽略的冲突可以更早地被发现。数字碰撞检查是精良的三维模型所拥有的强大优势，这也是总承包商对 BIM 的主要用途之一。

25　BIM 在自动建筑法规检查软件（七维 BIM）的方面也已经取得了进展，尽管距离成熟地实施还有一段距离。例如软件在核查对 ADA（美国残疾人法案）无障碍导则的遵守情况时，程序会检测无障碍浴室是否满足最小转弯半径或者门的宽度是否达标。当然，在 BIM 软件中也可以创建坡道、楼梯等符合规范的构件。当然，自动法规检查软件也终将会被图纸审查部门使用。2012 年中期，美国国际法规委员会和 Fiatech 公司完成了"自动校对"（AutoCodes）项目的概念验证阶段。它的目标是在 BIM 中运用自动法规检查技术，帮助加快并改善建筑法规审批过程的

图 1.10　风管和结构梁之间的冲突被检测出来（由 Bentley Systems 提供，感谢 Tom Lazear）

连贯性。2012 年底，"Solibri 赞助了 2100 万美元的技术资助项目用于推进北美数字化建筑平面审查的普及"登上了头条新闻（Solibri 2012）。虽然一些业内人士仍持反对意见，他们认为这个想法超越了行业中的实际现状，因为许多公司还没有能力来使用 BIM；相反，他们鼓励提交数字二维图纸进行审查。无论如何，至少建筑法规审查初步自动化的时代正在悄悄到来。

四维 BIM：时间

在 BIM 中，时间对应着两种应用：动画和施工顺序演示。动画实质上是从三维模型中取出的一系列渲染图。例如，在日照演示动画中，指定一个位置、一个时间段（例如，一天或一年）和一个视角后，场地上或建筑物内的阴影动画就能被创建出来。第二种常见的动画形式是漫游动画。在指定好游览路径并设置好视点高度后，就会生成模拟人在场地中行走或穿过建筑时的视觉动画。BIM 也可以被导出到其他更专业的效果图和动画软件中使用。它甚至可以被导出或链接到游戏引擎中，这样一来，实时渲染和用户可操控的动画也能完成。

创建与项目施工顺序相对应的阶段是 BIM 一个比较简单的应用。虽然这在软件中不难实现，但根据项目的复杂程度，其背后隐藏的信息量会相当大。项目阶段的数量可能会从少于一百到几千不等。建模数据可以从 BIM 中导入，而有关进度安排的细节如时间、人、重要阶段则可以从其他项目管理软件中导入。这些信息可以用来创建很多种类的施工顺序演示，例如在总体规划上表示建筑几年间的建设过程，或一个包括施工设备在内非常详细的施工渲染动画。如果模型更新得当，施工顺序可以准确地显示原先的进度和项目当下各专业的状况，并突出关注区域。在施工现场，也可以更直观地将三维虚拟模型和实际施工进展进行对比。

27

26

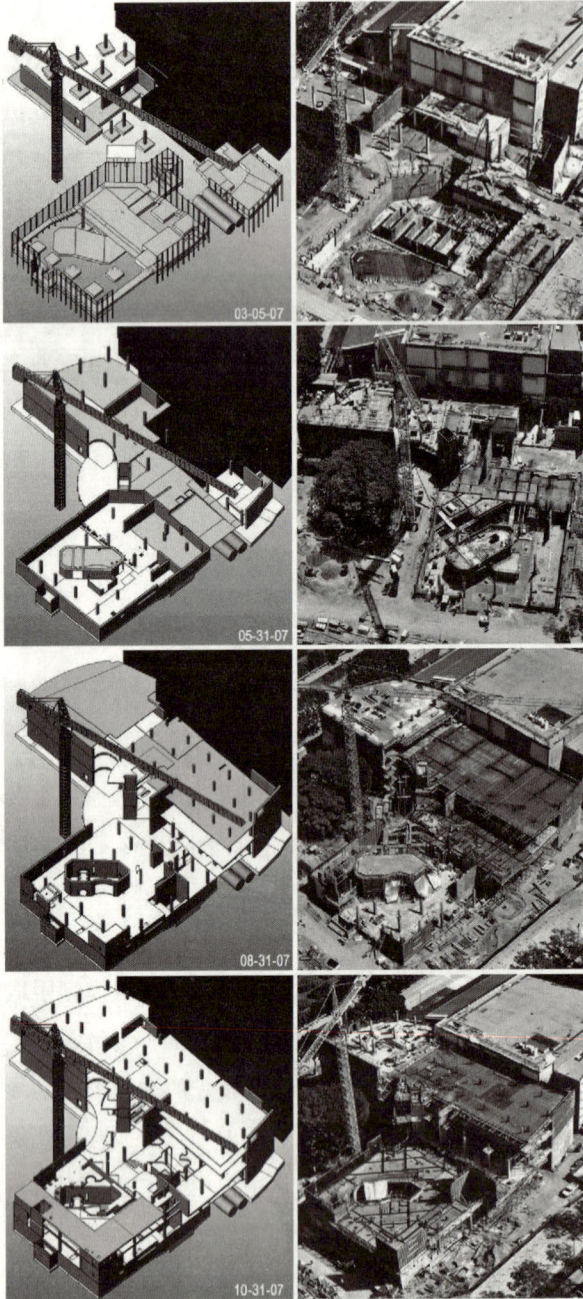

图 1.11　这些图片来自一个三维模型在整个施工过程的进度表。电脑模型图片与在相同时间点上的施工现场照片并排在一起。这些反映不同施工阶段的三维视图对项目的成功起着至关重要的作用，特别是海藻水箱的建造。这个部分是项目的关键，因为混凝土墙需要 21 天的养护期，在此之前其他工作都不能进行（Jackson 和 So 2009）（由 Morley Builders 提供，感谢 Reginald Jackson 和 Edward So）

五维 BIM：成本

在整个设计和施工过程中使用成本估算软件是很重要的。BIM 可以轻松地创建门窗这些构件的明细表，完成材料体积和表面积的计算。即便在项目早期阶段，业主也可以利用一个简单的 BIM，通过工程量统计得到项目大致的成本估算。当添加更多的信息诸如：几何形体、材料、面层之后，便可以做出更准确的估算。

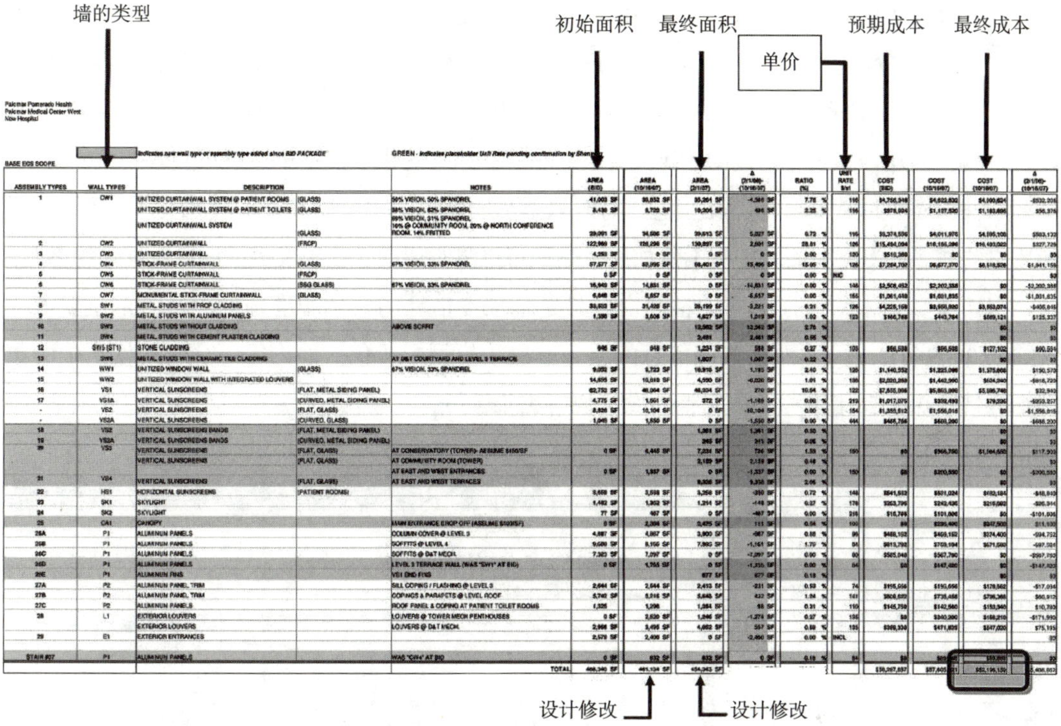

图 1.12　对项目中不同类型的墙体进行预期成本和最终成本的追踪（由 CO Architects 提供）

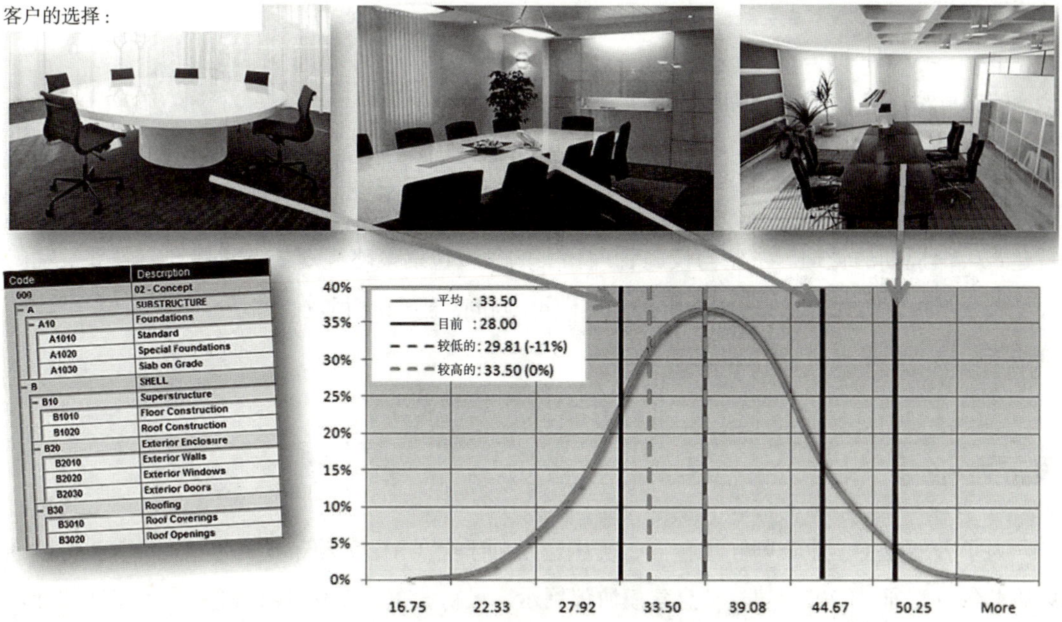

图 1.13　向客户展示成本估算是根据所选择的表面材料决定的（由 Trimble Navigation, Ltd – Vico Office 提供）

与 BIM 相关的成本估算软件方便易用，为建筑师提供了向客户展示不同设计选择与成本之间关系的机会。这解答了客户的种种疑问，使高效的多方案探索成为可能，并最终提升了设计质量。

通常当项目投标截止日期临近时，估算员会用图纸（CAD、pdf 文件、扫描件、纸等）和设计说明去创建一个相对完整的建筑文件进行估算。BIM 提供了使这个过程更有效的解决方案。一些软件程序可以从 BIM 中收集信息，有时只是从明细表中得出简单的工程量统计清单，然后与成本关联。而更复杂的软件则不仅如此，它还可以将类似的、已经建成的项目数据作为参照。

BIM 及其成本的数据库的质量和内容是影响成本估算的质量和准确度的两个最重要方面（Hardin2009：153）。然而，这些信息的质量取决于模型中所包含的内容。有时把模型中的数据纳入估算可能要比参考一套完整的设计说明更难。

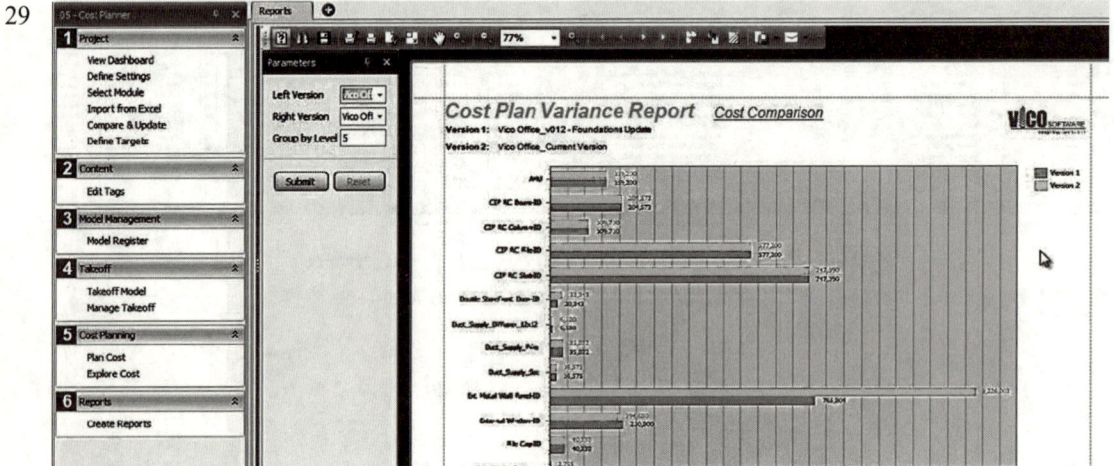

图 1.14 施工中创建的成本差异报告（由 Trimble Navigation，Ltd-Vico Office 提供）

六维和七维 BIM：生命周期管理

一个数据丰富的 BIM 可以扩充计算机辅助设施管理软件中的信息，其中包括建筑管理系统和计算机维护管理系统等。建筑师和施工专业人员也刚刚开始学习如何利用建筑信息来进行建筑生命周期的管理。一些与设施管理相关的领域包括策略规划；空间规划与管理；室内环境质量与可持续性管理；运营、维护、基础设施和应急管理；租赁、翻新、采购及资产管理。这些将在第 2 章里进一步讨论。

发展水平

为了方便业主、建筑师和承包商，美国建筑师学会（AIA）颁布了 AIA 文件 E202 等标准以协助各方沟通。E202，建筑信息建模协议展示，最初发布于 2008 年，它帮助在 BIM 的开发过程中定义一套程序和标准，该文件中包括一个条款表，其中包含一般规定、协议、对发展水平和模型元素的定义等内容。随着它不断地改进，结合这些概念的 AIA 合同文件的新版本也在逐步发布。有三个概念对理解 BIM 很重要：发展水平（LOD）、模型发展规范（MPS）和模型元素作者（MEA）（AIA E202–2008）。

发展水平（LOD）

AIA E202 为业主、建筑师和承包商提供了关于模型复杂程度的导则，明确了发展水平应该和模型在项目不同阶段的预期用途相关联。这被称为发展水平（LOD）。LOD 包含了 100 / 200 / 300 / 400 / 500 等层级（以下均有解释）。发展水平决定了模型的用途、适用的分析程序，以及预期的准确程度。

总体而言，对 BIM 的预期包含了对每个建筑构件恰当的参数描述、协同和设计性能分析。在这种情况下 LOD 并非指"细节水平"——构件在图形上的精细程度。发展水平明确了细节应当实用且富含信息，而不只是使一个构件比另一个在图形上有更"详细"的额外线条。例如，建筑师既可能把灯具建模成一个简单的方框、也可能建模成一个适用于室内渲染的复杂对象。虽然后者拥有更多的几何细节，但两者却有可能处于同一发展水平。事实上，更逼真的枝形吊灯完全可能比含有成本、所需安培数、二线或三线插头等参数的简单方框的发展水平更低。

AIA E202 建立了从 LOD 100 到 500 五个层级，并将其赋予具有指定"授权用途"的每个模型元素。2013 年，AIA 更新了这些定义。"AIA 评估了 E202–2008，包括 LOD 的定义。结果产生了更新并重组后的数字实践文档，AIA E203™ - 2013，建筑信息建模和数字数据展示，AIA G201™ - 2013，项目数字数据协议表和 AIA G202™ - 2013，项目建筑信息建模协议表，并附有名为 AIA 数字实践文档指南及说明的详细指导文件"（Bedrick 2013）。有关新定义的详细信息，可以阅读 AIA "对 2013 AIA 数字实践文档的指南、说明和评论"，特别是 G202–2013，第二条（AIA 2013）。

图 1.15 这个示意图显示了复合坡屋顶不同的发展水平。最初只有基本的体量显示。之后添加了洞口、材料层和具体构件（由 Trimble Navigation，Ltd – Vico Office 提供）

从本质上讲，AIA 定义了几何表达方式，所预期的准确度，以及相关数据的发展进程。模型复杂性和授权用途也被规定了出来（设计与协同、成本估算和进度表）（Bedrick 2008，2013）。

- LOD 100 规定了构件可以用符号或其他一般性的描述方式来表示。鉴于这种数据类型的特点，只能用作概念性的分析。例如，设计者可能为建筑创建了一般性的功能体量。这些体量可以用来定义房间面积，计算体积和分区，并将建筑功能数据以平方英尺为单位链接到电子表格。概念性的成本分析（美元 / 平方英尺）也可以根据建筑类型、位置以及以往的经验来制作。主要构件的施工阶段和项目总的施工时间同样也可以估算出来。尽管发展水平和传统的设计阶段之间无法直接类比，但为了方便比较和理解，LOD 100 相当于方案设计之前的阶段。

- 从 LOD200—400 的图形发展与对象几何形体的特征和精确度有关，例如数量、大小、形状、位置和朝向。LOD 200 包含在数量、大小、形状和位置等方面接近的模型元素、系统和组件。从这个模型中可以进行简单的成本估算，创建显示主要构件施工阶段的进度表。人们也可以基于通用的信息分析某些选定的系统。同上，虽然无法直接类比，但 LOD200 可以等同于方案设计 / 初步设计阶段。

- LOD 300 与 LOD 200 相似，但侧重于提升精度。它可以用于生成施工文件、加工图纸、更详细的成本估算、工程进度表，并基于储存在细部组件中的数据进行性能分析。它等同于施工图设计阶段。

- 对于 LOD 400，它的发展水平相当于传统意义上的加工图纸阶段。LOD 400 用于那些旨在购买、制造、安装和说明的复杂度更高的模型，其中包括完整的加工、安装及细部设计信息。这个等级的虚拟构件非常详细，其模型适用于加工，基于约定购买价格的估价，以及创建包括施工方式方法在内的构件明细表。LOD 400 常被总承包商和分包商在施工过程中使用，通常在竞标成功并且专业承包商到位之后开始实施。

- 在最高级别，LOD 500，构件的几何形体已经被实地验证。它还可能包括规格和产品数据等属性，并可用于设施的操作和维护。档案成本也随之出现。

BIM 论坛的文件"发展水平规范"是关于这个话题的一份很好的额外说明资料。它非常详细地介绍了 LOD 对基础、框架、室内、服务、设备与陈设、特殊施工与拆除，以及建筑场地的规范要求（BIM 论坛 2013）。

模型发展规范（MPS）

模型发展规范定义了设计、成本和进度表如何从早期的设计阶段发展到施工阶段。用这种方法，传统的各个阶段如方案设计（SD）、初步设计（DD）、施工图设计（CD）会被进一步

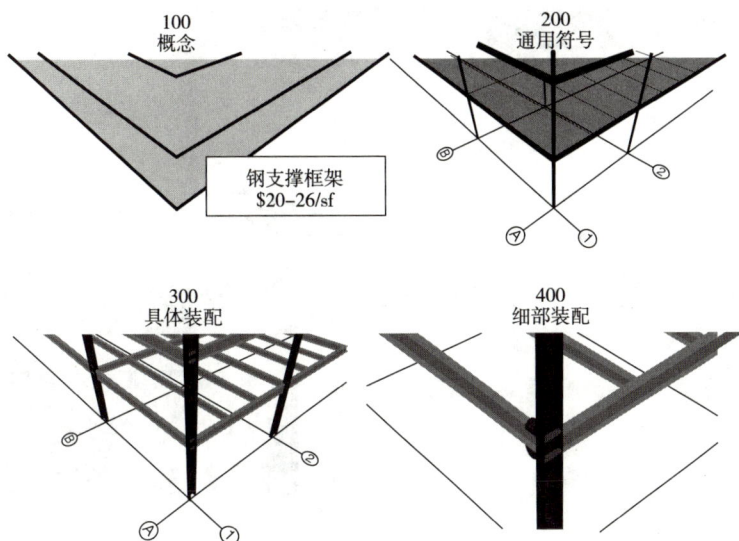

图 1.16　发展水平逐步增加的钢结构图（由 AEC Process Engineering 提供，感谢 James Bedrick）

细分至 2—4 周的时间段。每个建筑元素的细节水平在每个时间段都会从设计、成本和进度表这三方面来具体说明。在这里，相互依赖关系很重要，例如一个 C3 级别的估算需要一个 M3 水平的设计模型（Trimble 2012）。本质上，这是把 LOD 的概念延伸到每个阶段，使我们清楚一个模型应该具备怎样的复杂程度才能实现正确的成本估算和准确的施工进度安排。但不是所有的公司都使用这种类型的规范。

模型元素作者（MEA）

　　模型元素作者（MEA）即创建某个构件的"人"，往往与对象的"所有权"有关系。然而，这种表述并没有充分描述出在协作环境中创建数字文件的复杂性。例如，承重墙由谁"所有"，是建筑师还是结构工程师？管道由机械工程师"所有"，但是墙壁和地板由建筑师"所有"。谁的 BIM 包含三维几何形状体，以及谁负责将模型元素建构到模型元素表所规定的发展水平，谁就是"所有者"。虽然在 BIM 中需要明确区分所有权，但在现实中区分得往往不是很清晰——例如墙壁、地板和屋顶等建筑元素就可能和结构元素重叠。

　　"所有权"可能很复杂，项目成员必须讨论他们的选择可能带来的结果。在某些情况下，它可能使对象重复建模。虽然并不鼓励这种做法，但有时也不无道理，因为对象需要以多种形式存在。例如，顶棚和嵌入式装置可以说由建筑师所有，但一些简单的灯具符号由照明咨询顾问创建，他们需要了解一些与电气专业相关，而在建筑师的 BIM 版本中没有的其他属性。再例如，照明装置既可能以一个精细的枝形吊灯的形式存在来用于渲染，也可能以一个简单的图形符号的形式存在来与电气数据关联。在这种情况下，虽然从外观上看它只是一个对象，但可能会有与之相关的两个模型元素，分别处于不同的发展水平并由不同的作者创建。

方面和等级

方面	等级	说明	目标LOD		方面		
		建筑体量		M	E	S
	M1.5	每个空间类型的建筑体量	100	M1	E1	S1
模型 'M'	M2	具有大致尺寸的建筑元素	150	M1.5	E2	S2
	M3	具有设计尺寸的建筑元素	200	M2	E3	S2
	M4	制造	300	M2	E3	S3
	M5	竣工	400	M3	E3	S3
	E1	空间类型的成本	500	M3	E4	S4
	E2	每个建筑元素的平均成本				
成本 'E'	E3	资源层级的成本				
	E4	资源层级的成本，分包商的定价				
	E5	实际的成本				
	S1	阶段进度表				
	S2	由元素决定的——平均生产率				
时间 'S'	S3	由资源决定的				
	S4	由资源和分包商决定的				
	S5	每周工作计划				

元素详细的类型和尺寸、制造层级

	多元化	根据明细表和其余的特性来确定厚度、类型。复合材料每层单独建模。具有相似特性临近的层当作一层建模。
M5	广度	高
	几何形体	楼板层按照实际厚度建模（像实体楼板类型）。异形层按照实际围合的矩形形体建模。楼板内的构件以独立实体按照实际围合的形体建模（像实体梁类型）。
	穿透	管道/通风口、套管和柱子对封板建模

高度细节（简化的虚拟实体模型和制造）

	多元化	根据明细表和其余的特性来确定厚度、类型。复合材料每层单独建模。具有相似特性临近的层分别独立建模。压型钢板独立于混凝土单独建模—其凹槽也建模。
M6	广度	高
	几何形体	楼板层按照实际厚度建模（像实体楼板类型）。异形层按照实际围合的矩形形体建模。楼板内的构件以独立实体按照实际围合的形体建模（像实体梁类型）

图 1.17 模型发展规范表（由 Trimble Navigation, Ltd – Vico Office 提供）

具体来说，模型元素作者（MEA）是指负责管理和协调模型元素内容的人（或公司）。为了方便记录，需要创建包含相应信息的模型元素表。在这个表中会记录将每个模型元素建构到某个指定发展水平（LOD）的所有者、作者或创建者。它还会把每个构件的 MEA 都列出来，并对模型元素所在的发展水平作简短描述。此外，模型元素表中还可能会包括项目的重要时间节点及其他注释。

对这些元素的组织整理通常参考 UniFormat（由美国施工规范协会（CSI）和加拿大施工规范协会（CSC）维护）。UniFormat 根据功能将施工信息分类，是更常见的 MasterFormat 规范系统的超集。其主要的组元素包括基础、框架、室内、服务、设备与陈设、特殊施工与拆除。这些可以进一步细分为 2 级组元素和 3 级单个元素。例如，以 UniFormat 命名室内门会用"C1020 室内门"表示，C 代表室内 C10 代表室内施工（Charette 和 Marshall）。这与在英国和一些欧洲国家使用的 CI-Sfb 类似。

另外，在 AIA E202‐2008 的第 2.2 节中明确了："模型元素的作者是版权所有者，所有其他模型用户有权使用模型来进行项目的设计和施工，但没有规定可以进行维护"（AIA E202‐2008）。

2.4.1 节将继续描述模型管理的含义，其中包括谁负责维护备份，谁负责支付恢复档案的费用等细节。如果建筑事务所担任这样的管理角色并提供使他人共享 BIM 的技术能力，就应该为此得到相应的报酬（Stewart 和 Tinkham 2011）。AIA 数字文档将在第 4 章中进一步讨论。

结论

BIM 不仅是一个可以用于编制工程文件并且包含丰富数据的三维虚拟表达，同时也是一个可以对模型进一步开发，并对新建或改造建筑的施工与运营进行模拟和分析的工具（GSA 2007）。第 1 章提供了许多与 BIM 相关术语的概述：参数模型、BIM 维度、发展水平（LOD）、模型发展规范（MPS），以及模型元素作者（MEA）。第 2 章将展开阐述 BIM 是怎样帮助建筑师、工程师、咨询顾问、施工经理、承包商、分包商、加工商、设施管理人员，以及业主等不同利益相关者的。

第2章

利益相关者和 BIM 的各种作用

本章从主要利益相关者的角度来探讨使用建筑信息建模（BIM）所创造的各种机会。也讨论了设计和建造过程从合同到运营的不同阶段，展示了 BIM 在这些阶段中是怎样直接影响其中的决策、工作流程和信息的。

建筑信息模型（即 BIM——根据不同情况，BIM 既可以指整个过程也可以指模型本身）在建筑整个生命周期对不同的利益相关者都很有用。这些利益相关者包括业主、操作人员、使用者，以及管理项目的专业人员如建筑师、工程师、咨询顾问、施工经理、承包商、分包商、物业管理人员、房屋使用者等等。BIM 不仅可以作为一种传统意义上类似于 CAD 的源文件，它也可以是一个逐渐开始被了解并使用的建筑信息库。

BIM 在建筑整个生命周期的功能示例		表 2.1
利益相关者	阶段	示例
建筑师	设计前期	场地分析
工程师		太阳辐射
咨询顾问		风向
		空间规划
	方案设计	概念模型
		平面图，剖面图，立面图
		透视图，客户汇报

续表

利益相关者	阶段	示例
		早期能量和日光的研究
		开始创建参数化对象
		简单的成本估算
	初步设计	详细模型——主要的工作
		二维、三维协调
		参数化对象的开发
		分析
		结构和 MEP 的详细模型
		碰撞检测
	施工图设计	带有二维、三维协调的完整模型
		二维细部设计
		设计说明
	投标和谈判	二维图纸 + 可能需要的三维模型
	合同管理	BIM 查看器
		RFI 的追踪
施工经理	施工前和施工中	现场施工
承包商		项目进度安排
分包商		材料统计
		碰撞检查
		专业间协调
	加工商	加工图纸
		组件的自动化加工
设施管理人员和业主	设施管理	策略规划
		空间规划
		室内环境质量
		操作和维护
		翻新

37

续表

利益相关者	阶段	示例
		资产管理
		库存追踪
业主		BIM 档案
		整修
		资产股份管理
		见第 5 章

建筑师、工程师、咨询顾问

38

建筑师、工程师和咨询顾问广泛参与设计和建造的过程，而 BIM 在设计前期、方案设计、初步设计、施工图设计、投标、谈判、合同管理等每个阶段也能起到重要作用。这些阶段的确切划分、数量及名称可能根据公司的不同而有所不同，各个步骤所包含的具体任务也深受每个项目规模和范畴的影响。各传统阶段的定义和细节必然会不断地经历重评估和再定义。

设计前期

设计前期过程的主要目的是确定客户的项目目标与初步设想这两者的可行性与潜力。因此，设计前期其实是对以下各项研究的综合：项目的管理制度、满足客户目标所需的成本、项目开发所遵循的进度表。设计前期主要包括与客户合作来进一步了解他们的想法，并为项目创建具体的建筑目标。它需要先确定一个财务模型。这可能是一个简单的初始预算，也可能是详细的包括经济可行性与项目融资的房地产估价（pro-forma）。在项目初期，合适的选址很关键。绿色建筑的目标和对环境的影响也需要和客户讨论。对于特定的场地还需要进行气候和场地分析。

设计团队在客户的参与下准备初始方案来确定设计的范围。虽然很多前期设计是与研究相关的，但在一些方面 BIM 可能很适合——具体到哪些方面在一定程度上是由定义 BIM 的方式来决定的。例如，BIM 可以用来创建楼板、空间标签与面积及楼面高度的报告，并以图形或明细表的形式表达出来。二维的空间规划工作也能在大多数的 BIM 软件中完成，并可以借此生成为三维体块用于初始的体量研究。在了解 BIM 工具的情况下，还有可能初步创建三维街区平面图和叠加示意图。这也适用于城市设计尺度。

39 方案2

体量楼层明细表	
体量：族	楼面面积
Mass 5	1360 m²
Mass 5	1360 m²
Mass 5	1350 m²
Mass 5	1350 m²
Mass 5	917 m²
Mass 5	917 m²
Mass 5	674 m²
Mass 5	667 m²
Mass 5	47 m²
	75845 m²
Mass 6	3982 m²
Mass 6	4714 m²
Mass 6	3805 m²
Mass 6	3159 m²
Mass 6	3172 m²
Mass 6	3232 m²
Mass 6	3026 m²
Mass 6	3108 m²
Mass 6	3070 m²
Mass 6	2707 m²
	33976 m²
Mass 7	2209 m²
Mass 7	2483 m²
Mass 7	2809 m²
Mass 7	3156 m²
Mass 7	2465 m²
Mass 7	2335 m²
	15457 m²

体量楼层明细表	
体量：族	楼面面积
	31256 m²
Mass 13	3600 m²
Mass 13	4716 m²
Mass 13	4707 m²
Mass 13	4375 m²
Mass 13	3950 m²
Mass 13	3889 m²
Mass 13	3657 m²
	28895 m²
Mass 14	3414 m²
Mass 14	4051 m²
Mass 14	4646 m²
Mass 14	4431 m²
Mass 14	4096 m²
Mass 14	4540 m²
Mass 14	3995 m²
	29173 m²
Mass 15	2478 m²
Mass 15	2590 m²
Mass 15	2825 m²
Mass 15	3633 m²
Mass 15	3697 m²
Mass 15	3697 m²
Mass 15	3697 m²
Mass 15	3520 m²
Mass 15	3498 m²
Mass 15	3333 m²
Mass 15	2747 m²

体量楼层明细表	
体量：族	楼面面积
Mass 23	5521 m²
Mass 23	4929 m²
Mass 23	3858 m²
Mass 23	2384 m²
Mass 23	846 m²
Mass 23	828 m²
Mass 23	807 m²
Mass 23	784 m²
Mass 23	758 m²
	39727 m²
Mass 24	4005 m²
Mass 24	4005 m²
Mass 24	4694 m²
Mass 24	5241 m²
Mass 24	5242 m²
Mass 24	5219 m²
Mass 24	5169 m²
	33574 m²
Mass 25	4026 m²
Mass 25	1998 m²
Mass 25	1996 m²
Mass 25	1586 m²
Mass 25	1217 m²
Mass 25	1215 m²
Mass 25	1171 m²
Mass 25	1169 m²
Mass 25	1074 m²
Mass 25	832 m²

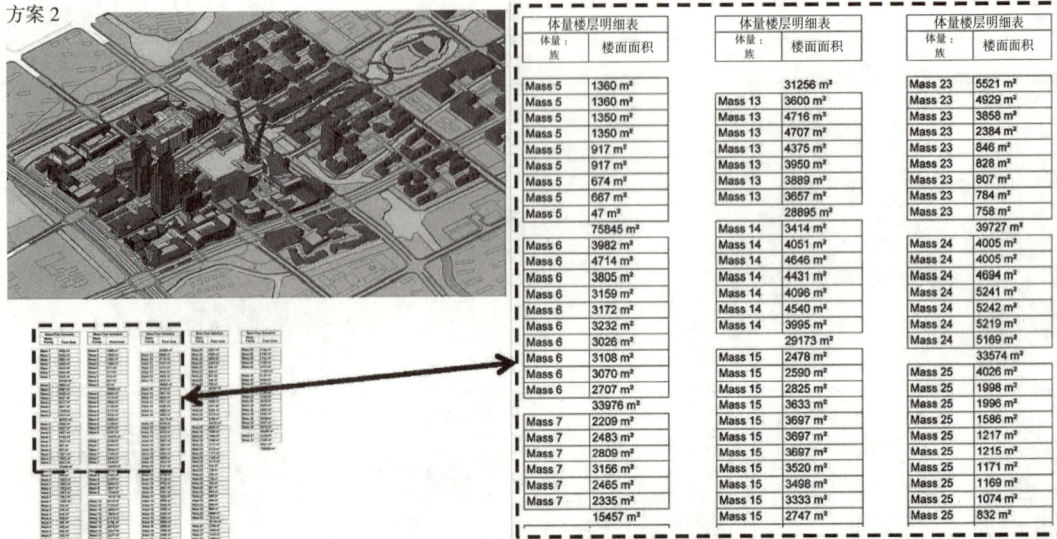

图 2.1 空间和总体规划可以用二维或三维完成。每一块都被指定了楼层高度。明细表计算了各建筑物的楼板面积
（由 Johnson Fain Architects 提供，感谢 Daniel Janotta, Jed Donaldson 和 Mark Owen）

通常，气候分析不需要 BIM，它只取决于建筑的位置，而不是建筑的几何结构和特性。用相对简单的工具就可以查看并解释气象数据文件，包括典型的温度范围、风的速度和方向、平均降水量等。一些气候分析软件程序也会根据气候数据为设计提供一般的建议。例如，根据一年四季典型的温度和湿度数据点的分布，可能会建议具体采用被动冷却技术。由于这些类型的数据和设计建议不依赖于建筑造型，也就不需用三维模型来进行研究。

然而，在对太阳、太阳辐射、阴影和风进行分析时，可以用一个简单的体量模型来确定场地条件和场地上的建筑物所带来的影响。这个概念模型可以在 BIM 软件中创建，通过观察场地全年中处于背阴或者部分背阴的位置可以对场地获得更深入的了解。还可以对利用太阳辐射自然采光和发电的可行性进行初步研究。

在设计前期阶段的一个重要任务是与业主协商创建或更新 BIM 执行计划（BEP），并和所有团队成员包括咨询顾问来讨论文件管理、决策记录，以及具体 BIM 软件标准的审查。第4章论述了 BEP 的创建。沟通在 BIM 流程中的设计、文件编制和施工等各个环节里的作用非常关键，比在 CAD 的流程中更加重要。

即使在设计前期，对 BIM 有经验的业主也会注意 BIM 在下游，比如建筑入住后的潜在使用。预先思考这些问题并早作打算有助于实现 BIM 在建筑整个生命周期中的各种使用。

方案设计

概念设计的目标是建立一个项目虚拟模型来传达设计意图。它从初步设计的草图开始，之后逐步发展成为具有总平面图、平面图、剖面图、立面图和三维图等的项目概念模型。在

湿度

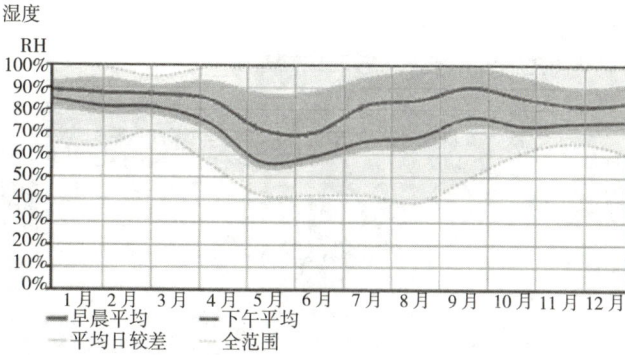

风玫瑰

40

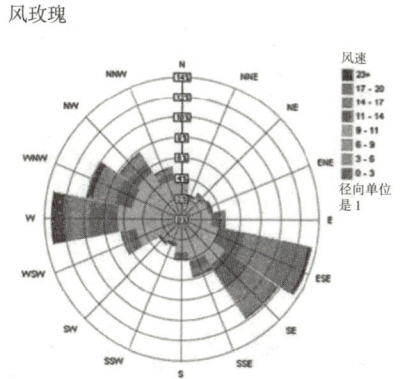

温度范围

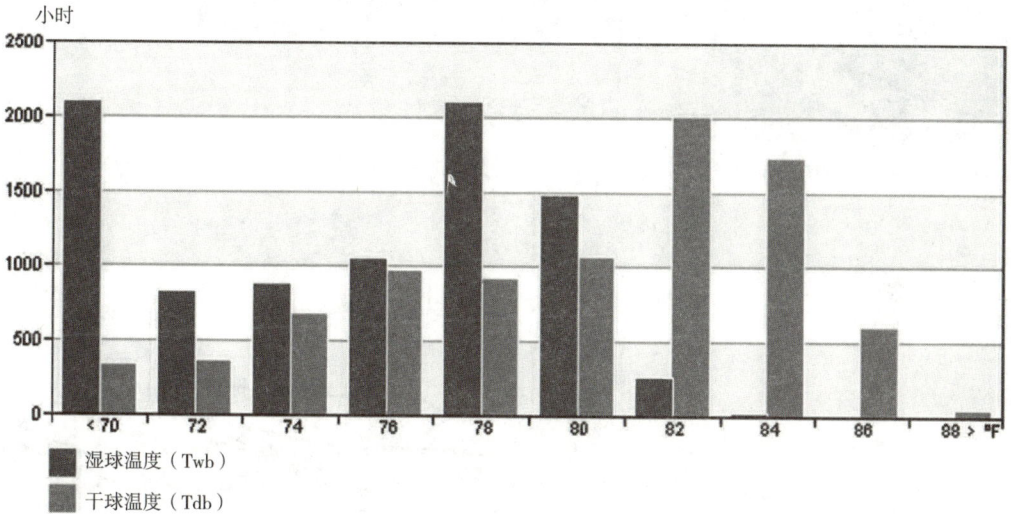

图 2.2 湿度、温度、风的气候数据（感谢 Oleksandra Kazymirska）

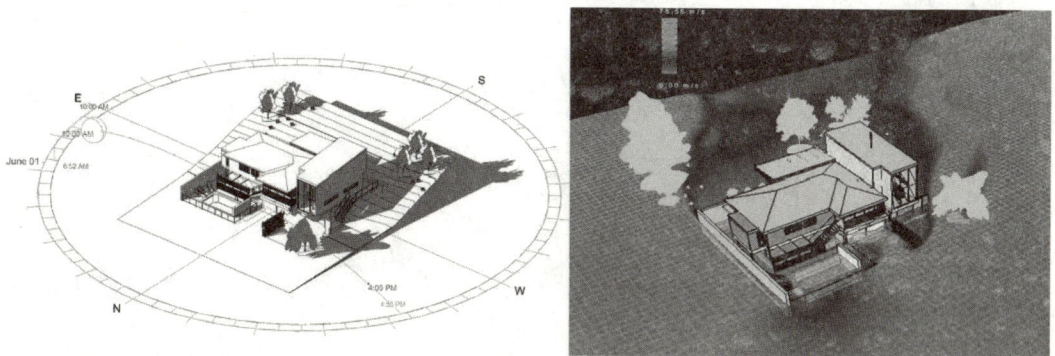

图 2.3 带有阴影和气流分析的太阳轨迹示意图（感谢 Abdul Ali Khan）

41　Revit

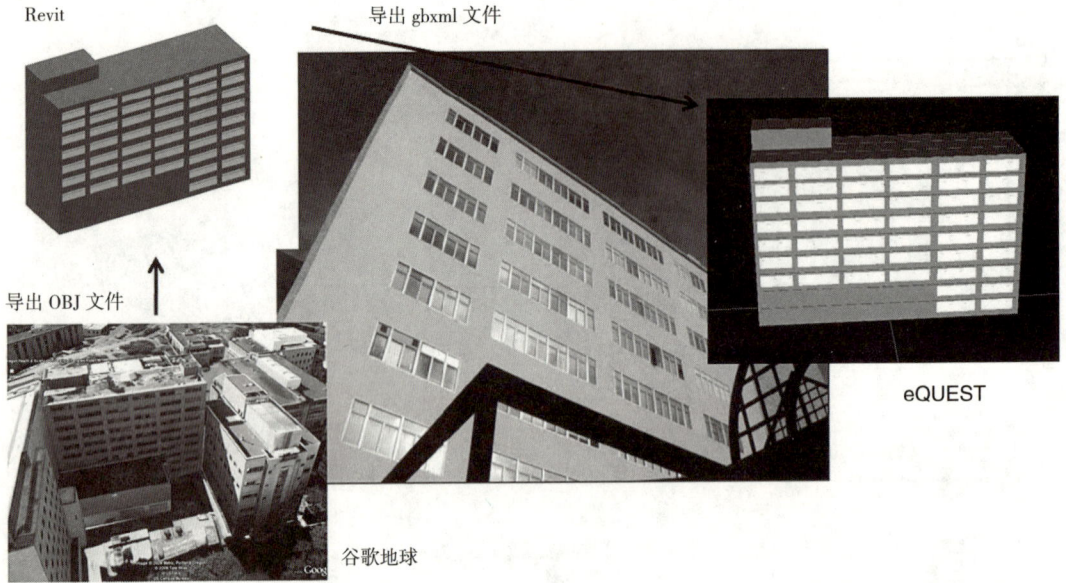

导出 gbxml 文件

导出 OBJ 文件

谷歌地球

eQUEST

图 2.4　即便是简单的模型也可以导入能量软件进行初步计算（由 Glumac 提供，感谢 Mitch Dec）

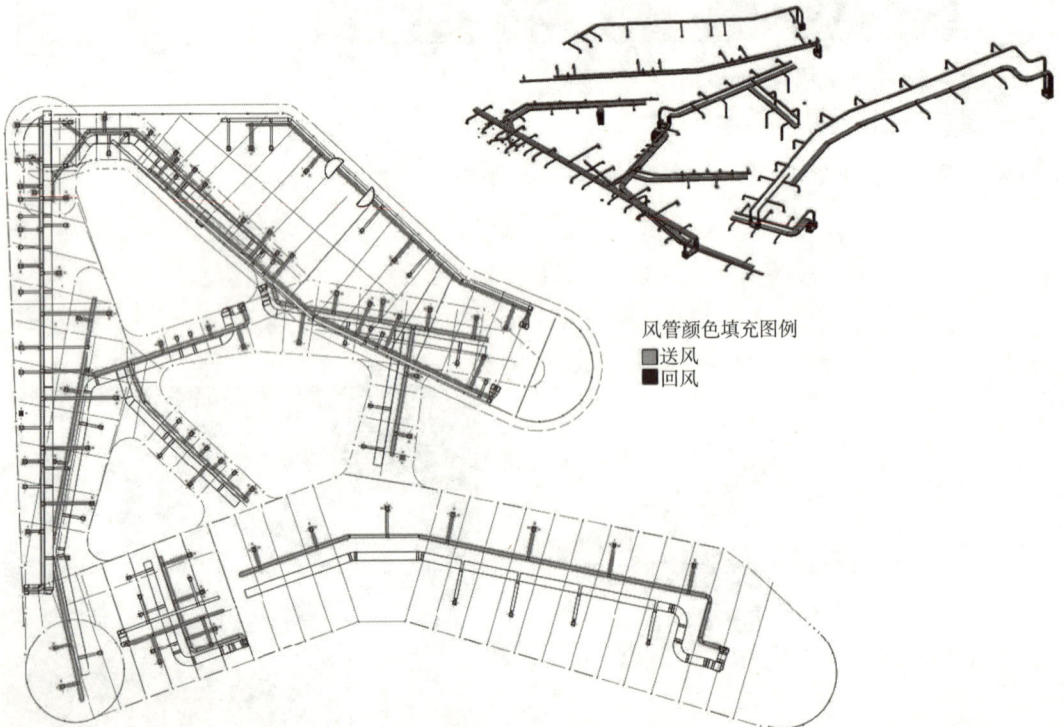

风管颜色填充图例
■送风
■回风

图 2.5　BIM 软件完成的 HVAC 示意图（感谢 Eliseo Fernandez）

此基础上加之初步设计说明，成本估算会进一步细化。设计中还会涵盖早期对能量和可持续设计的考虑。

早期的 HVAC 和结构示意图也会在这个时候进行设计。建筑师或许会对如何调节建筑的冷热温度并使其保持良好状态有一些想法。咨询顾问也可能创建更加详细的方案设计。它们也许会包含在建筑师的 BIM 里，但更有可能的是咨询顾问的 BIM 会与整体设计的 BIM 关联。许多与建筑信息建模不直接相关的其他工作也将进行。

方案设计常被外行人认为是建筑师的工作。创建和编辑模型，建立视图和图纸，并与团队成员沟通各种标准将花费大量时间。如果还没有这样做，就非常有必要让团队成员审核办公标准，认真审慎地将它们应用到 BIM 的创建中，并建立新的参数对象。在此一阶段对工程预期的各种要求进行周全的了解可以避免未来的很多问题。虽然需要尽早作出决定，但这些决定并非是一成不变的。事实上在设计过程中随着建筑设计复杂性的增加，对新知识的了解将不可避免地促成其他选择，BIM 在其中可以起到促进作用。例如，人们可以把最初的普通内墙更新成用石膏板做饰面的轻钢龙骨内墙。如果对象已被正确定义，把普通墙类型更新到特定墙类型会非常简单直接。所以在项目早期阶段留出一定的灵活性并允许在未来更新非常重要，但团队应遵循同一套标准。

因为参数对象是按几何图形来设计的，其他数据也会添加进来，其中可能包括成本、制造商、门的五金套件、防火等级、材料等。明细表也可以从这些数据中生成，其中包括：门、窗、材料、空间分配等。由于明细表是查看 BIM 数据库的另一途径，人们可以改变明细表中的数据，从而更新整个模型数据。它虽然是一个强大的工具，但如果用户不了解其中的数据关联，也可能造成严重破坏。这一点必须要了解而且值得反复强调。BIM 是一个集成数据库，有不同的显示方式，包括明细表和图纸，如平面图、立面图、剖面图和轴测图。在一个视图中编辑对象将改变该对象在所有视图中的显示，即便被编辑的属性当时没有在电脑屏幕上显示出来。

在设计过程中的每个阶段，包括方案设计，都可以进行模拟研究。有关的实例可以是对窗的设计，或是对眩光与日光采集之间关系的研究。对于分析建模，使用 BIM 有以下几个优点：

- 一般来说项目在方案设计中付出的努力最多，因为创建参数化三维模型需要大量时间。
- 在方案设计中实施变更比之后实施的成本要低，而且对项目的影响更大。
- 即使在方案阶段，三维模型也可以作为模拟研究的基础。

MacLeamy 曲线展示了这种关系。

一些模拟可以直接在 BIM 软件中进行，而另一些模拟则需要更复杂的软件。效果图和动画也是同样如此。

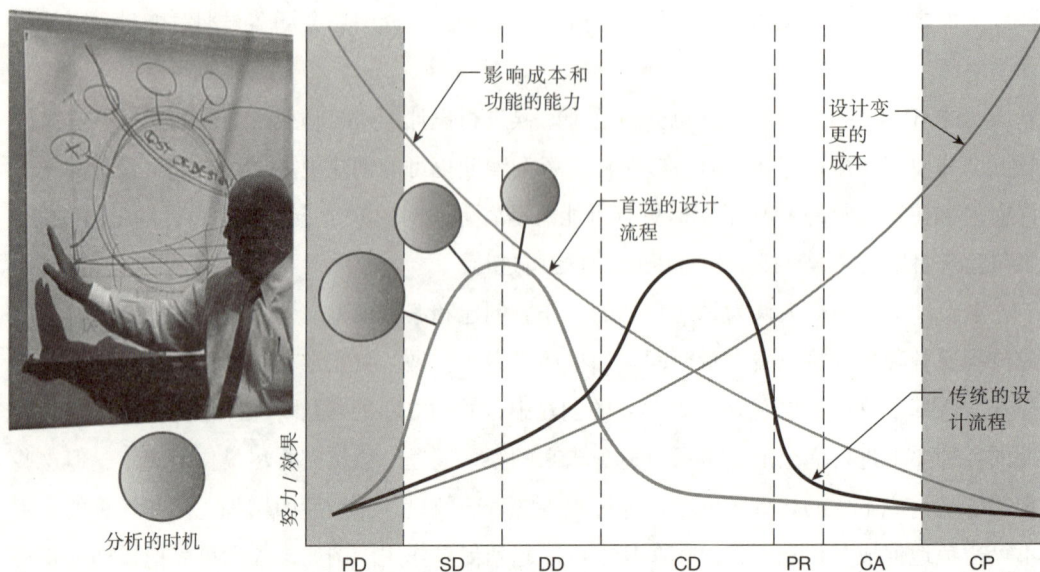

分析的时机

努力／效果

影响成本和
功能的能力

设计变
更的
成本

首选的设计
流程

传统的设计
流程

PD　　SD　　DD　　CD　　PR　　CA　　CP

图 2.6　通过将设计过程曲线前移到变更成本更低且更有效的项目早期，BIM 可以提供额外分析的机会（由 HOK 提供，感谢 Patrick MacLeamy）

图 2.7　室外效果图（感谢 Oleksandra Kazymirska）

初步设计

　　初步设计的目标是加强和完善建筑的方案设计，并为创建施工图文件做好准备。更多的技术信息被添加到三维模型中（与平面图、剖面图、立面图、一些细节和明细表进行协调）。模型与设计说明（部分可基于 BIM 编写）一起可以生成一个包括项目中建筑材料、设施、装修在内每个部分准确而"完整"的描述。咨询顾问和工程师必须要通力合作。设计和文件编制也要在结构、机械与 HVAC、电气与照明、管道与消防等主要系统中进行。项目的规定和要求也要随着设计的进展进一步研究解决并努力使其遵守法规。

　　BIM 的重要优点是二维和三维信息的协调。随着建筑构件被更新并变得更加复杂，这些变化会显示在更新的图纸里。其他更多的技术信息也将被添加，新的图纸也将被创建，其中包括：图纸索引、带有图例的进度表、包含其他专业的信息、典型的节点图纸，以及用于解释建筑师设计意图的其他施工信息。

45

图 2.8　协调机械、电气、水暖、消防（MEPF）的 BIM（由 Matt Construction 提供，Safdie Architects 设计）

　　一些对象组件是专属于某个项目的，但有机会也可以开发一系列用于其他项目的新组件。最好假定组件的使用范围不仅限于一个项目，除非它真是一个完全独一无二的、不能修改和再次使用的组件。现有的组件或许既可用也可修改，但需要注意的是——组件创建者们一般不太可能有完全相同的需求，所以使用并编辑别人的组件比从头开始创建也许需要花费更多的力气。然而已有的组件可能提供有用的思路。

　　一个具体组件的例子是医院的病床。预期的用途将决定其发展水平（LOD）和细节：

- 如果是作为效果图给客户汇报，那么病床及周边设备在几何形态上会比较复杂并表现材质。
- 如果是为了对医院病房进行空间布局，那么它可以是一种非常简单的形体，能显示出尺寸以及医院工作人员接触病人所需的空间即可。
- 客户也可能想要一份详细的家具目录清单，那么它可能还需要包括比如制造商、型号、成本等参数信息。 46

　　人们往往会不由自主地增加过多复杂或错误类型的信息。重申一下，明智的做法是考虑眼前的用途和未来潜在的用途而不是过多关注单一的某个元素。在决定元素适当的发展水平和其所需数据的丰富程度时，可能既需要根据常识也需要着眼实际。随着 BIM 经验逐渐增多，做这些决定会变得越来越容易。为项目所创建的模型元素作者表（在第 1 章讨论的）应该消除在这个过程中的主观臆断。还应该结合实际和预期的元素发展水平经常进行更新。

分析存在于设计过程的每个阶段中。随着模型信息量的增加,可能得到更准确的分析结果。然而,在分析的复杂性达到一定程度时,建筑师就不是最适合的人来解释这些结果了,甚至他们并不了解得到准确答案所需要的全部数据。BIM 可以作为咨询顾问进行工程分析的基础模型,其中包括电气、机械 HVAC 的布局与尺寸、结构柱与梁的荷载计算,以及节能咨询顾问为遵守法规所做的详细分析并生成的文件。

施工图设计

正是在这一阶段,大多数建筑公司发现与以前 CAD 制图方法相比 BIM 不可思议地强大。施工图设计阶段的重点是创建有关建筑施工的描述。这将包括对初步设计模型的进一步细化(包括三维模型、平面图、剖面图、立面图、更多的细部设计、材料和组件明细表)以及更多针对项目具体内容的书面设计说明和手册。

施工图设计阶段的最终结果是一套集成的文档,以便在投标和建筑施工过程中使用。BIM 非

47

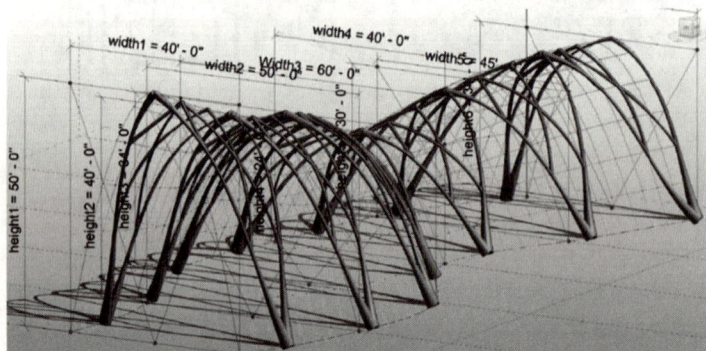

图 2.9　自适应组件和格架结构都有便于修改设计的参数(感谢 Wu Ji)

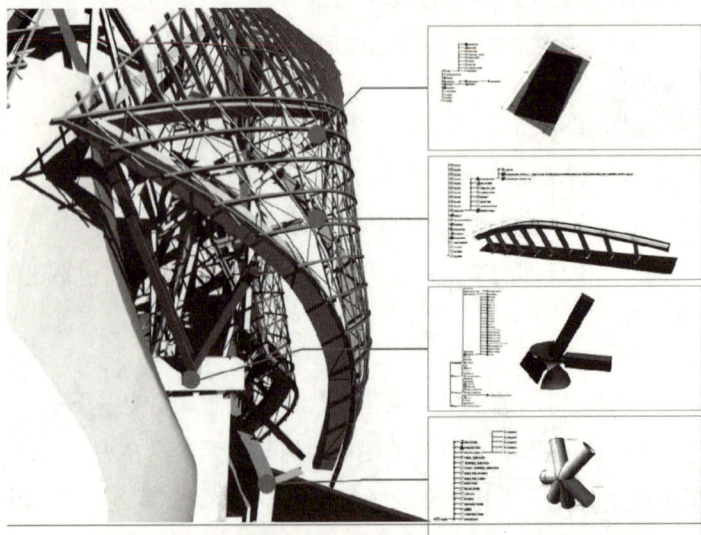

图 2.10　生成式组件(玻璃、桁架、连接 1 和连接 2)根据位置来改变其自身的具体特点(由 Gehry Technologies 提供)

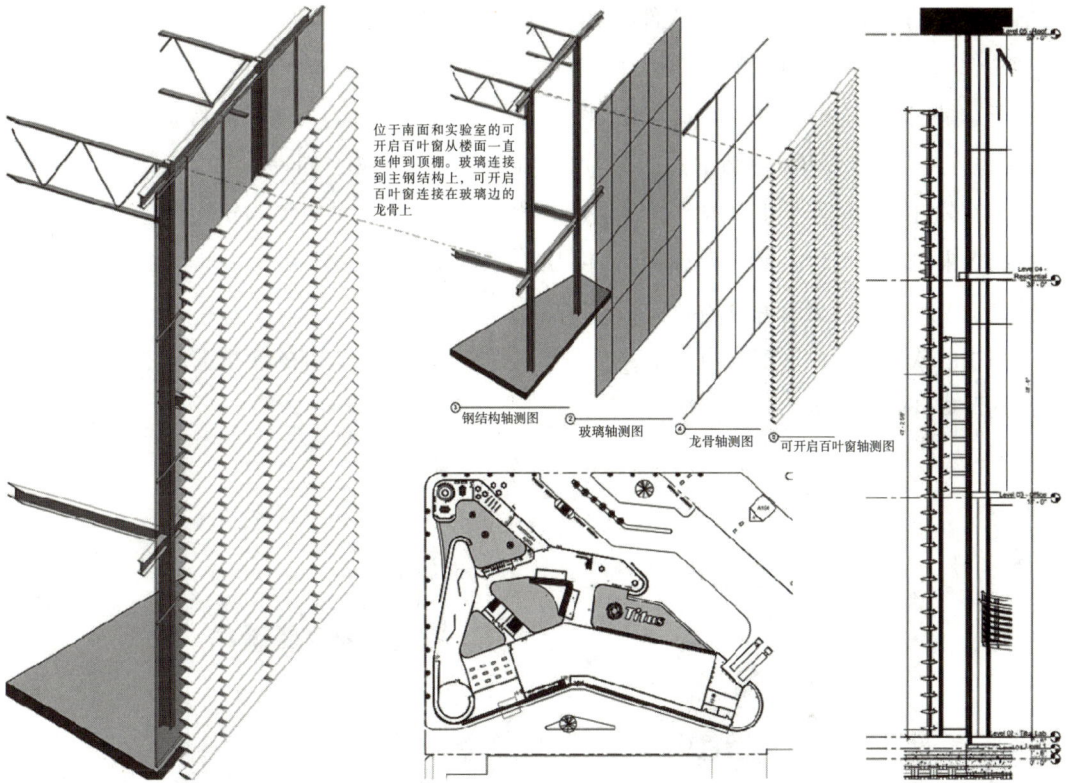

位于南面和实验室的可
开启百叶窗从楼面一直
延伸到顶棚。玻璃连接
到主钢结构上，可开启
百叶窗连接在玻璃边的
龙骨上

钢结构轴测图　　玻璃轴测图　　龙骨轴测图　　可开启百叶窗轴测图

图 2.11　三维细节和二维图纸是在 BIM 软件中创建的（感谢 Eliseo Fernandez）

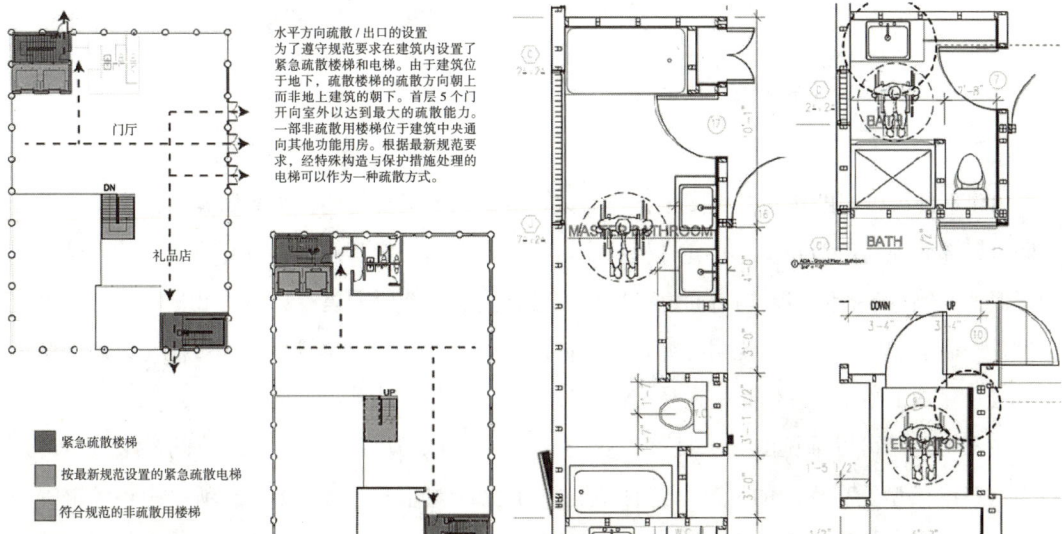

水平方向疏散 / 出口的设置
为了遵守规范要求在建筑内设置了
紧急疏散楼梯和电梯。由于建筑位
于地下，疏散楼梯的疏散方向朝上
而非地上建筑的朝下。首层 5 个门
开向室外以达到最大的疏散能力。
一部非疏散用楼梯位于建筑中央通
向其他功能用房。根据最新规范要
求，经特殊构造与保护措施处理的
电梯可以作为一种疏散方式。

门厅

DN

礼品店

UP

■ 紧急疏散楼梯

■ 按最新规范设置的紧急疏散电梯

■ 符合规范的非疏散用楼梯

图 2.12　三维模型被用来作为绘制二维疏散出口和美国残疾人法案（ADA）示意图的底图（感谢 Ty Harrison 和 Eliseo Fernandez）

常适合这个阶段，尤其是对于二维文件的制作，尽管各工作流程之间还不能达到完美衔接。如果模型包含施工图文件所必需的所有信息，从三维文件到二维文件的转换会非常协调。然而事实并不总是这样。有时，自动生成的二维图纸必须"再加工"。这可能只是调整线宽并添加尺寸，但也可能需要创建基于三维底图的新图纸。虽然这破坏了 BIM 自动的二维、三维协调功能，但在现有软件的功能水平上，或许这才是最有效的解决方案。大多数 BIM 软件内置有基本的二维指令来实现这些功能。它们还能导出供 CAD 软件使用的二维文件。CAD 图纸也可以重新链接到 BIM 中以实现查看和打印的功能。

高端的软件还可以创建参数化组件，安排事件，标记每个类型的使用量，并且用三维和二维的形式自创建不同版本的文档。

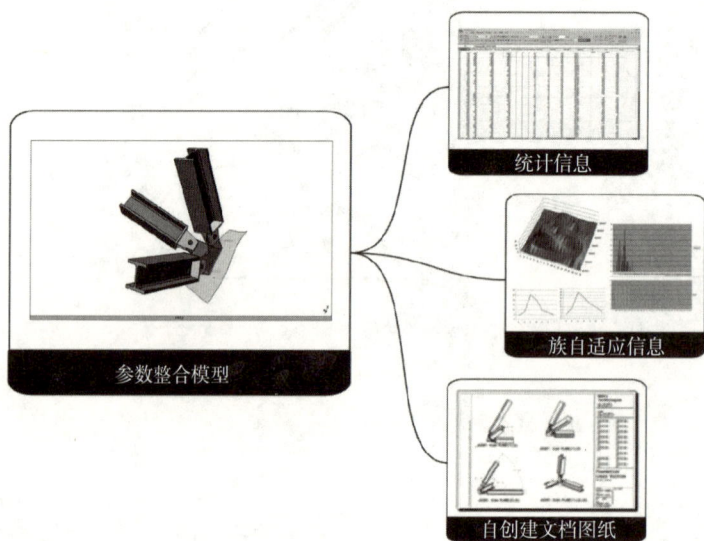

图 2.13 统计信息、族自适应信息、自创建文档图纸可以从参数化模型中提取出来（由 Gehry Technologies 提供）

BIM 不仅可以帮助建立二维图纸，还可以生成书面的设计说明。如果数据可用，电子设计说明可以部分地与模型同步。它允许模型和说明之间具备一定程度的自动化和一体化，从而有助于保持一致并节省时间。制造商也可以提供带有技术文档所需集成数据的 BIM 组件来促进这个过程。话虽如此，写设计说明终究是一个高度专业化的技能，尽管其大纲可能是由制作精良的 BIM 所生成的衍生品，但正文还是应该经过专业书写设计说明人员的审核。

在未来几年可以预见的一个显著改变是，设计文件会从目前占主导地位的二维表达形式转为对三维模型更高程度的依赖。这种情况在过去十年间已经出现在一些项目中，建筑师和承包商都愿意以三维模型为主来交流设计意图。此外，将 BIM 和半自动规范检查与审核功能对接的研究也正在进行。

投标和谈判

在这个阶段，建筑师会根据合同文件来管理业主和总承包商之间的合同。这个过程具体如何实施基于建筑师与业主之间的合同。如果采用传统投标，会创建一组信息作为投标文件。实践中往往是建筑师审查这些文件和与客户有关的信息。客户需要了解在设计和施工过程中不同参与者的角色和职责。

为了实现更准确的报价，尽量减少错误、遗漏和误解，承包商了解投标建筑的复杂性至关重要。根据招投标的类型（例如，竞争性的密封投标或固定成本投标），BIM 能以不同的方式起到作用。在某些情况下，三维 BIM 实际上可能是文档编制的一部分，它可能拥有"依赖权"。依赖权是一个术语，特指人们是否可以使用三维模型（除图纸或设计说明外）来作为建造的依据。在三维模型的帮助下，详细的成本估算可更易进行，有关材料和方法等复杂的问题也能更快得到解答。

合同管理

51

为了充分拓展 BIM 的作用，在合同允许时与承包商进行磋商会很有用。当然，早期沟通讨论 BIM 的使用方式也会对所有建设相关方有帮助。

BIM 的重要性和应用性在逐步增长：在施工场地上配备计算机，可以协调 BIM 在最后时刻的变更。这借用了日本在效率研究方面"准时制"（just in time）的概念。智能手机和平板电脑上的 BIM 查看器（增强现实技术）可以比较经过 BIM 协调后的设计和建造情况，其中包括：

- 项目被检查部分的状况；
- 地理参照图；
- 法规审核时所做的记录；
- 给图纸注释部分所涉及的相关方发邮件；
- 链接到数据库；
- 将项目"过一遍"的能力。

建筑师和承包商所提到的 BIM 一个非凡的成就是能够减少在施工过程中 RFIs（信息请求书）的数量。通过使用 BIM 而减少的 RFIs、时间和精力，相当于为建筑行业节省了数百万美元。虽然 BIM 的方法大幅降低了 RFIs 的数量，但 RFIs 仍然有用。因此相关的软件被创建出来，与 BIM 一起协助追踪 RFIs 直到找到解决方案。它大致上是一个 RFI 日志的自动版本，可以追踪：

- 询问的日期；

- RFI 的现状；

- 回复的日期；

- 解决问题的时间和方式。

52　施工经理、承包商、分包商

设计模型与施工模型

"设计模型"这一术语指的是建筑师创建的用于描述设计意图的模型。它可以作为承包商创建用于项目实际建造的"施工 BIM"的基础。可是一个必须解决的问题是如何处理这个 BIM。是否将它交给承包商？使其具有依赖权，还是仅用于查看？甚至对承包商来说它到底有没有价值？设计 BIM 和施工 BIM 之间有一个需要跨越的鸿沟。

通常体现设计意图的模型（建筑师使用的）与可施工的模型（承包商使用的）是不同的，但如果能规划得多一些灵活性和预见性的话，设计模型可以更容易地转变为对施工模型很有用的初始 BIM。换句话说，为了使设计模型对施工人员有用，需要有的放矢地提前对它进行规划。

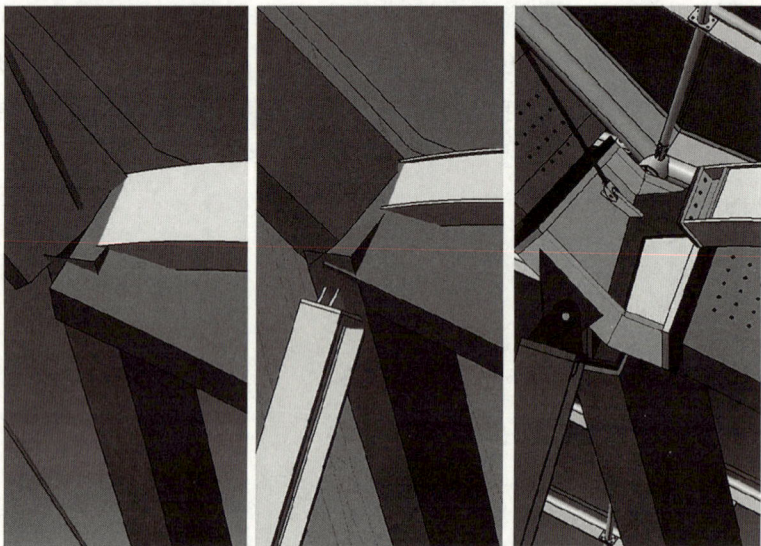

图 2.14　三种表达方式：概念模型、合同模型和交付模型（由 Gehry Technologies 提供）

53　　设计 BIM 可以产生一套高效、高度协调的文档，其中包括：合同、明细表、报告、设计说明链接、为客户汇报的图片。其主要目的是辅助设计过程并生成准确描述建筑、许可规定、规范检查、投标的文档。施工模型结合了建筑模型和结构模型，提供了可以添加专业合作方和分包商信息的核心数据。模型包含了建筑组件，如基础、外墙、顶棚

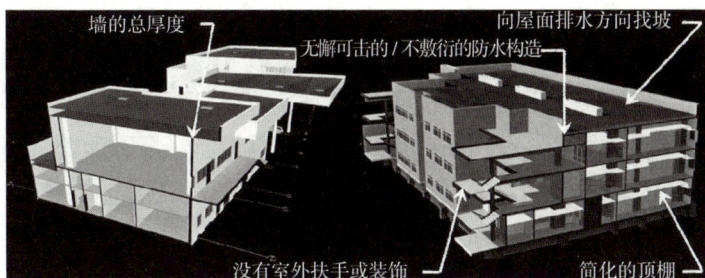

图 2.15　体现设计 BIM 和施工 BIM 之间差异的实例（由 John Stebbins 提供）

和屋顶、门窗、楼板和内墙。结构对象包括柱和梁、挡土墙、基础、抗震支架、楼板穿洞、预埋件，但一般不包括小元件如螺栓和连接件等。施工模型试图在三维中模拟实际的建筑组件，从而表达建筑物真实的建造过程。这句话强调了一个关键的定义性特征——数字化施工模型必须像承包商和分包商实际建造它们那样准确地描绘建筑元素（Stebbins and Conrad 2009）。

设计模型和施工模型之间的关系在合同上极其重要。可能有以下三种情况：

1. 可能有两个完全不同的模型。虽然不是很高效，但承包商完全可以重新创建一个供自己使用的 BIM。

2. 或者设计模型可以移交给承包商，并保证模型是完全正确的，承包商可以完全信赖这个 BIM 并继续将它发展成施工模型。双方需要了解 BIM 的"依赖权"具有明确的法律含义，特别对设计者来说，因为他承担着提供给承包商的信息必须准确的风险。

3. 现实往往是介于两者之间的。例如，建筑师可能会给承包商一份 BIM 文件作为承包商创建自己 BIM 的基础，但不给予依赖权。这里会出现和第二种情况一样的价值转让问题：谁会最终为 BIM 中信息的价值买单。客户不仅需要了解设计 BIM 和施工 BIM 是不同的，而且这两种 BIMs 创建的费用应该包含在总费用或者附加服务的费用中。

对于设计模型的依赖权、项目参与者的角色，以及修改模型的过程，其中包括模型元素作者、发展水平及责任分配等，合同和 BIM 执行计划中都应有非常具体的说明。

施工前和施工概述

承包商和建筑师在施工阶段开始之前就一起工作，这对于他们双方来说是互惠互利的。例如，承包商可能会在初步设计过程中以辅助设计的名义被聘请来为建筑事务所提供意见。承包商的参与会有助于早期的成本估算或材料选择。BIM 在这期间是很有用的。承包商会随着项目的进展对项目有更全面的了解。他能够提醒建筑师什么应该包括在 BIM 执行计划中，这既有助于未来的工作也能避免重复性的劳动。

此外，承包商还需要建立起一套自己的标准、惯例，而且公司也应该有自己的 BIM 执行计划。

55

CSC PH-II 协同绘图概述

楼层	高度	风管	机械管道	水暖管道	消防喷淋灭火器	电气	安全	背景
面积	网格线	图纸编号						
地下室	–17′ –6″	MD–000	MP–000	P–000	FS–000	E–000	L–000	Z–000
北		MD–000N	MP–000N	P–000N	FS–000N	E–000N	L–000N	
南		MD–000S	MP–000S	P–000S	FS–000S	E–000S	L–000S	
一楼	+0′ –0″	MD–100	MP–100	P–100	FS–100	E–100	L–100	Z–100
北		MD–100N	MP–100N	P–100N	FS–100N	E–100N	L–100N	
南		MD–100S	MP–100S	P–100S	FS–100S	E–100S	L–100S	
二楼	+20′ –0″	MD–200	MP–200	P–200	FS–200	E–200	L–200	Z–200

图纸修改	
0	原始 / 无修订
1	第一次修订
2	第二次修订
3	第三次修订
4	第四次修订
5	第五次修订

这些是图纸命名规则的基本准则。以在 FTP 站点的一个图纸名称为例，P–300–3.dwg，这说明它是三楼水暖管道图纸的第三次修订

图 2.16 建立图纸命名规则，并按不同的专业用颜色编码（由 Morley Builders 提供，感谢 Reginald Jackson 和 Edward So）

图 2.17 物体的颜色按照不同专业进行编码，与项目标准所规定的相符。施工完成的建筑与 BIM 相符（由 Morley Builders 提供，感谢 Reginald Jackson 和 Edward So）

在施工前和施工中会有许多施工管理软件和 BIM 一起使用，而且新的软件也正不断开发。下面虽然不是一个完整的清单，但它展示了现有 BIM 可以使用的范围：

- 可视化展示；
- 变更管理；
- 可施工性分析；
- 工程量统计、成本的计划和估算；

- 项目进度安排和施工顺序；

- 投标管理；

- 生产管理；

- 碰撞检测；

- 碳核算；

- 管理绿色建筑认证文件；

- 追踪回收材料；

- 施工物流，如混凝土泵送和浇筑、材料堆放、起重机的日程安排。

56

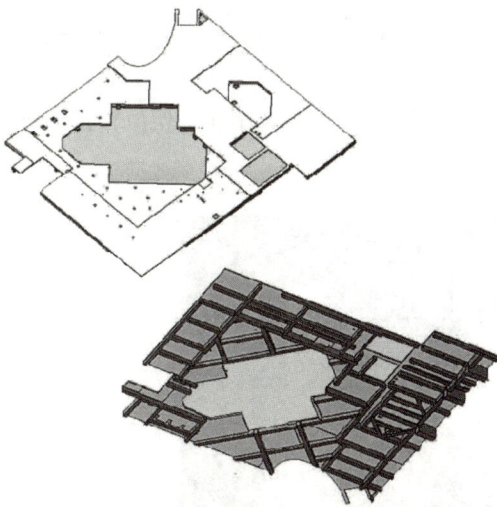

第 79 组浇筑材料估算		
族	类型	材料体积
混凝土矩形梁	G3 = 26 x 38 (-12")	3 立方码
混凝土矩形梁	G3 = 26x38 (6" 钢筋混凝土楼板)	10 立方码
混凝土矩形梁	G3 = 26x38 (6" 钢筋混凝土楼板)	5 立方码
混凝土矩形梁	G4 = 26 x 38 (6" 压型钢板楼板)	1 立方码
混凝土矩形梁	G4 = 26x38 (6" 钢筋混凝土楼板)	7 立方码
混凝土矩形梁	G4 = 26x38 (6" 钢筋混凝土楼板) 6" 筛选器	14 立方码
混凝土矩形梁	G6 = 20 x 30 (6" 钢筋混凝土楼板)	1 立方码
混凝土矩形梁	G6 = 20 x 30 (6" 压型钢板楼板) 厚度 6"	0 立方码
混凝土矩形梁	G7 = 20 x 38 (6" 钢筋混凝土楼板)	4 立方码
混凝土矩形梁	G7 = 20 x 38 (8" 钢筋混凝土楼板)	1 立方码
混凝土矩形梁	G7 = 20 x 38 (x36in)	1 立方码
混凝土矩形梁	G9 = 26 x 48 (6" 压型钢板楼板)	5 立方码
混凝土矩形梁	G12 = 20 x 38 (6" 压型钢板楼板)	4 立方码
混凝土矩形梁	G22 = 20 x 30 (-6")	1 立方码
混凝土矩形梁	G31 = 20 x 33 (6" 钢筋混凝土楼板)	2 立方码
混凝土矩形梁	G31 = 26 x 38 (-6in)	4 立方码
混凝土矩形梁	G32 = 26 x 38 (6" 压型钢板楼板)	6 立方码
混凝土矩形梁	G34 ~ 38 x 79 (6" 钢筋混凝土楼板)	13 立方码
曲梁 1	曲梁	4 立方码
楼面	1'-4" 楼板回陷重叠	2 立方码
楼面	1'-6" 楼板回陷重叠	1 立方码
楼面	6" 钢筋混凝土楼板	154 立方码
楼面	7" 钢筋混凝土楼板	4 立方码
楼面	9" 钢筋混凝土楼板	31 立方码
楼面	12" 钢筋混凝土楼板	64 立方码
楼面	尽端区域 6" 钢筋混凝土楼板 (-2'-0")	11 立方码
楼面	尽端区域 6" 钢筋混凝土楼板 (-4')	19 立方码
楼面	尽端区域 8" 钢筋混凝土楼板 (-2'-0")	11 立方码
楼面	尽端区域 6" 钢筋混凝土楼板 (-4')	9 立方码
G3=26x38 (12" 压型钢板楼板) 2	G3=26x38 (12" 压型钢板楼板) 2	2 立方码
G3=26x38 (12" 压型钢板楼板)	G3=26x38 (12" 压型钢板楼板)	3 立方码
G9 = 26 x 48 6" 压型钢板楼板	G9 = 26 x 48 (6" 压型钢板楼板)	3 立方码
总计		602 立方码

图 2.18　通过把混凝土浇筑记录加载到 Revit，Moley 的现场人员能够直观地了解每次混凝土浇筑的过程，并通过在 Revit 中筛选每个浇筑组可以了解所浇筑的构件（由 Morley Builders 提供，感谢 Reginald Jackson 和 Edward So）

利益相关者之间互相协调的问题是很重要的（Hardin2009：37）。这些包括：

- BIM 标准和工作流程的规划；

- 使合适的合同准备就绪；

- 明确数字模型的责任和所有权；

- 确定数字信息标准；

- 利用模型进行预测和现场协调。

如果业主（或任何项目参与方）仅仅简单地宣布某个项目是 BIM 项目，却没有具体的行动计划来贯彻执行的话，是远远不够的。不能假定每个利益相关者都了解建筑信息建模在项目中的意义，都知道其他团队成员的需要和期望。也不能不切实际地期待 BIM 在没有努力协同的

57 情况下就能使整个设计、施工过程完美地衔接，并且无须修改就满足各方的需求。业主、建筑师和承包商在施工前就应参与进来；最好其他主要的利益相关者，如未来的居住者和主要分包商也参与早期的会议。需要随时通知他们最新的情况并询问他们对 BIM 具体的需求。

BIM 目前已经被应用在施工行业的很多方面中，并且带来了很多好处。常见应用包括现场施工、项目进度安排、材料统计、成本估算、碰撞检测。三维扫描也是一项很有用的技术，可以作为创建 BIM 的第一步。

三维扫描

三维扫描创建了"点云"，即在三维空间里准确定位了数百万个三维点。点云是非常有用的。例如，一个三维模型（例如 BIM）可以与这些点重叠来验证建筑构件是否适合现有的空间，或者 BIM 能否与当前的施工情况相匹配。下面是两个例子：

1. 礼堂内装修完成后可以用点云来确认安装在顶棚上隔音板的大小和确切位置，以保证声学设计装置的质量。

图 2.19 照片和模型数据的合成图（由 Mortenson Construction 提供）

58

图 2.20 整个 BIM（建筑、结构及所有 MEP 系统、设备等）是从点云来建模的（由 Mortenson Construction 提供）

2. 通过扫描施工中建筑楼板的确切位置来确认它和模型是匹配的，从而使玻璃幕墙组件能够安装在正确的位置上。

如果点云可以转化为容易理解的实体的话，如墙、水管和风管等，它的用处会更大，尤其是对于改造项目。软件的存在让这个转换过程变得更加容易，可是将三维点转换成 BIM 仍然需要大量的工作。但一旦转换完成，模型将会非常准确，并可以在改造设计中使用。

现场施工

现场施工计划包括现场物流、施工准备、交通规划、起重机安置、废料管理、环境减灾，以及其他与施工准备相关的问题。4D 施工动画软件结合 BIM 和项目进度安排软件可以展示工地上即将进行任务的时间和地点。即便是场地和拟建建筑物简单的体量模型也能创建信息量丰富的示意图。

图 2.21　场地示意图标明了施工的主要交通通道和雨水管理方案（由 Balfour Beatty 提供，感谢 Bradley Hardin，Daniel Shirkey 和 Stan Zhao）

项目进度安排

BIM 补充了现有的项目管理软件，并提供了一个三维图形组件。如前所述，4D 施工动画是用来预测潜在问题的。例如，在新机场扩建项目中，使用 4D BIM 可以显示施工活动之间的相互关系以及施工对仍在使用的跑道与滑行道的影响。在潜在的冲突发生之前将其解决节省了数目可观的金钱。

基于位置的进度安排也直接与 BIM 关联。流线图显示了各方专业人员在工地各区域工作的具体时间和地点。通过利用真实的数据，例如完成各种任务所需的时间（生产率资源）、基于建筑构件组装时长所确定的进度时间、工作的地点，可以预计并解决交叉重叠的工作，还能节省时间和金钱。使用正确的话，4D 模拟实际上可以成为基于位置的进度安排的一个有效衍生品。

材料统计

BIM 提供了材料统计所需的数据，可以据此编制一个所需材料以及建筑构件的请购与采购表。材料统计除了可以追踪绿色环保材料和废料管理的目录清单，还能追踪绿色建筑的认证要求。

成本估算

成本估算软件可以与材料统计相关联。成本信息可以作为一个对象属性添加到 BIM 中，或可以将工料数量直接从 BIM 导出到估算软件中。单位定价是一种方法，而相似工程项目的工料比例也可以为准确的成本估算提供依据。材料和劳动力成本也要计入成本估算中。在选

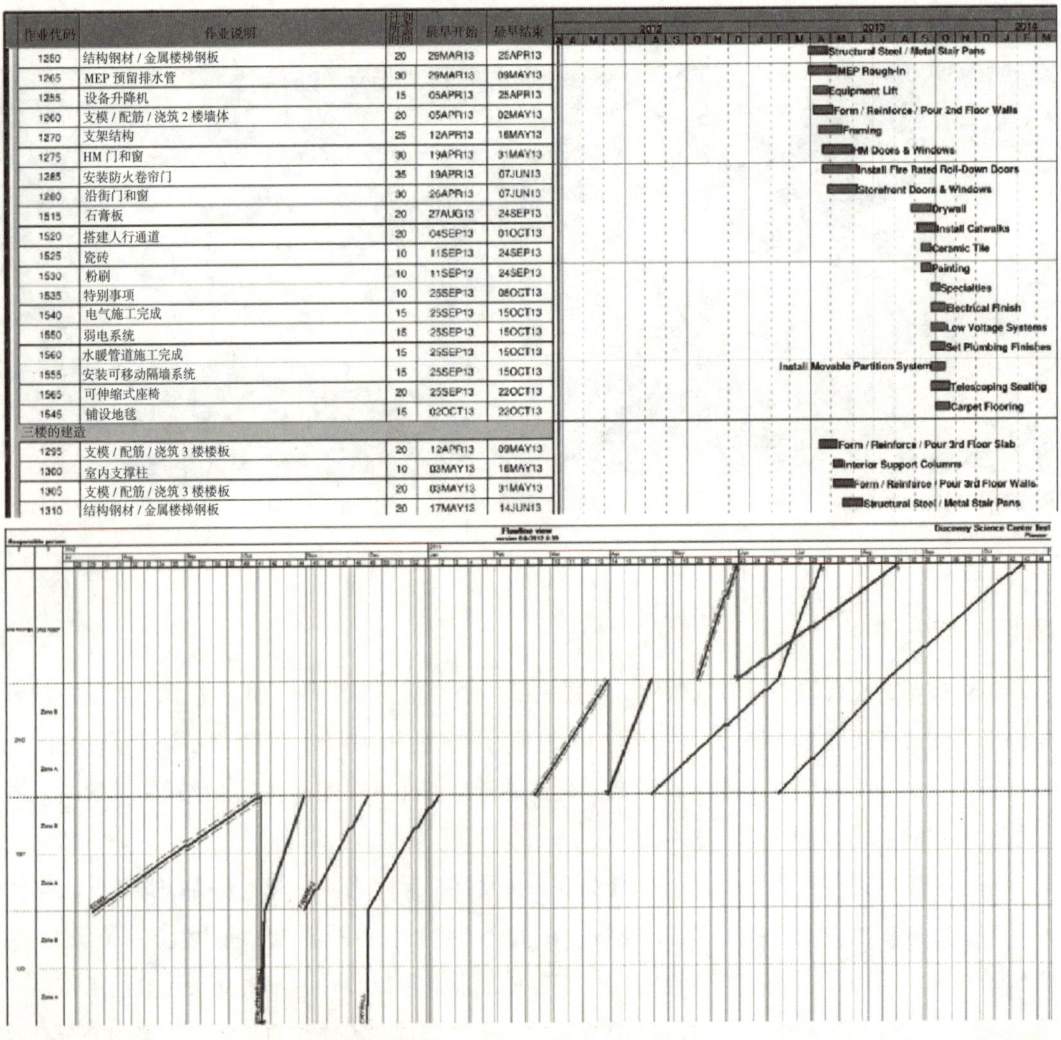

图 2.22 传统项目进度表与将模型链接到工作地点的流线进度表的对比（由 Balfour Beatty 提供，感谢 Bradley Hardin，Daniel Shirkey 和 Stan Zhao）

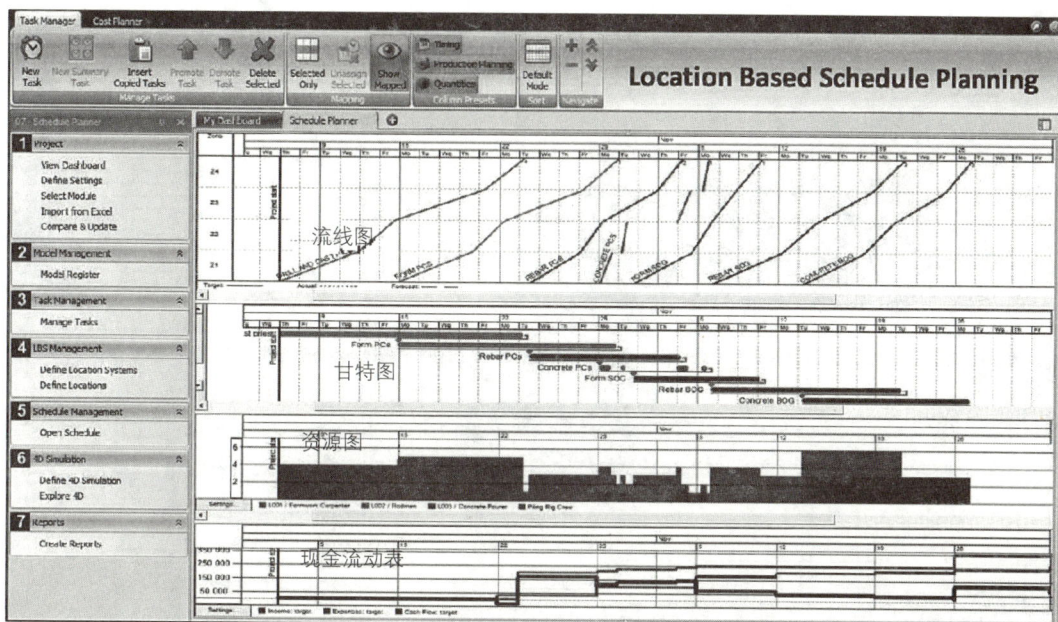

图 2.23　基于位置的进度安排包括四种类型的图表：流线图，甘特图，资源图和现金流动表（由 Trimble Navigation，Ltd-Vico Office 提供）

61

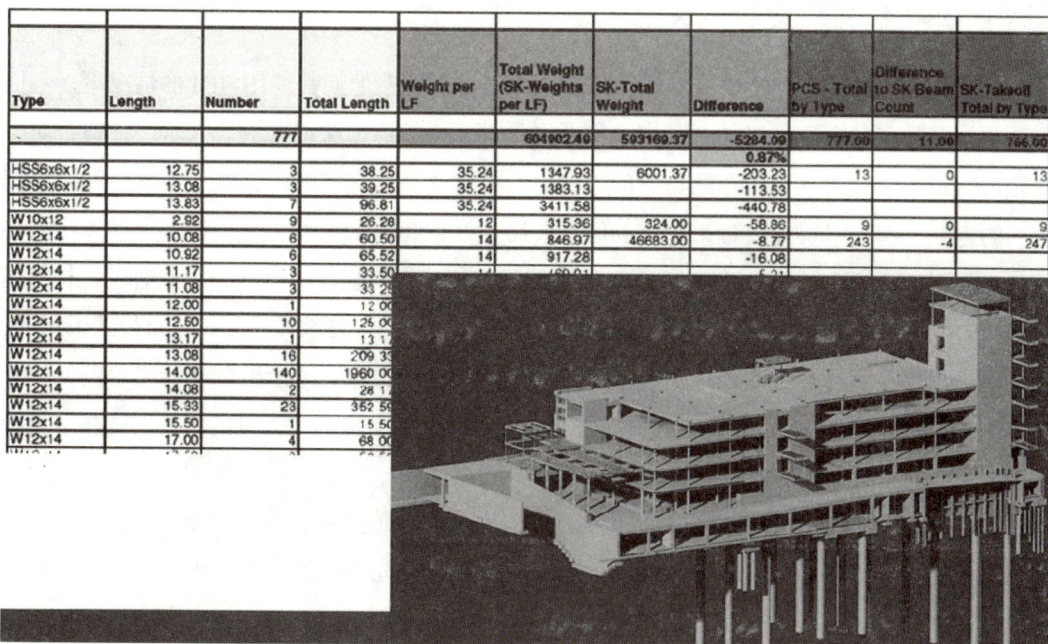

图 2.24　钢构件的工程量统计（由 Skanska 提供，感谢 Greg Smith）

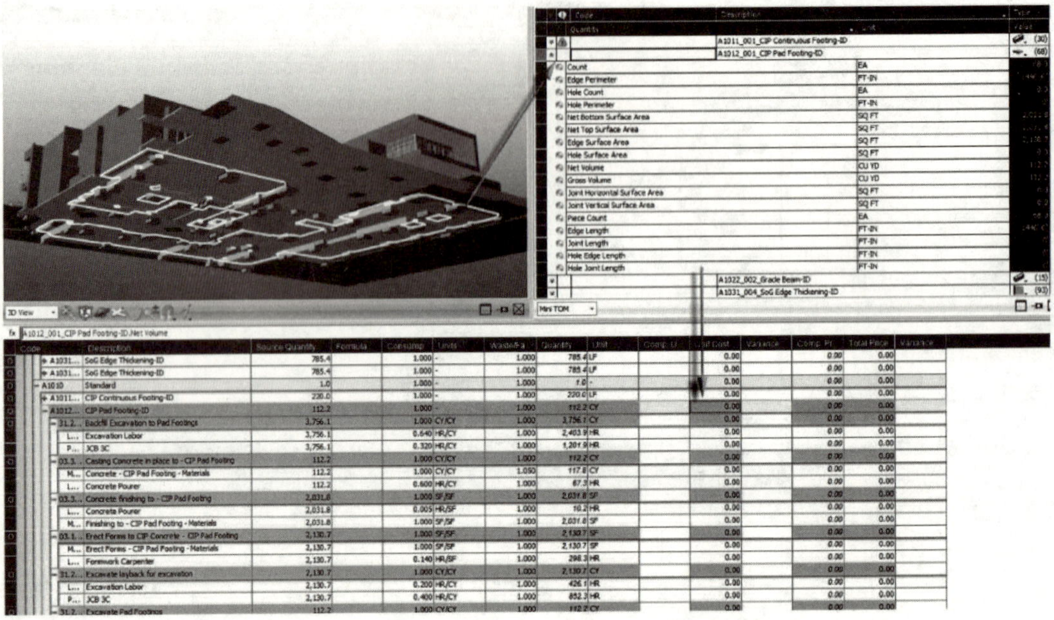

图 2.25　与 BIM 中材料估算相关的成本（由 Balfour Beatty 提供，感谢 Bradley Hardin, Daniel Shirkey 和 Stan Zhao）

62　择使用成本估算程序时需要考虑的功能包括：与具体 BIM 软件的互通性、所使用软件的现有功能、用户界面、可允许的细节水平、与成本数据库的结合、报表功能，以及在不同设计间进行对比的能力（Eastman 等人 2008）。

碰撞检测

一套集成的文档有助于所有专业之间的协调，特别是在他们都使用 BIM 的情况下。不同专业所创建的三维模型可以结合起来进行冲突检查，也被称为碰撞检测。它是一种检查对象是否占据了与其他对象相同空间位置的方法。有时候这是没有问题的，例如窗户会和墙占据相同的空间；但有时候却会带来很大的问题，而且处理起来的成本很高，特别是如果没有在施工之前注意到的话；冲突可能在二维 CAD 图纸中不是很明显，结构梁和机械通风管相交就是这样的例子。这种机械/电气/水暖（MEP）与结构冲突的例子是软件推销宣传时最常引用的，但这也是出现在实际冲突检测中的问题。为了避免使软件报告成千上万的小冲突（例如门和墙的冲突），指定出可用来比较的子类别是非常重要的。如果检测出大量的冲突，这些结果将难以理清，而且更重要的冲突可能会在无意中被忽视。

冲突可以分为"硬冲突"——两物体确实是位于同一时间同一地点；或"软冲突"——一个对象周围存在一定的允许偏差而另一对象恰巧和这个安全区域相交。无论是在整个模型中还是在模型子集中，软件都能设置对任意一种冲突进行回应。例如，承包商可以链接来自建筑师、结构工程师和 MEP 咨询顾问的文件，运行建筑物某一楼层中建筑构件与机械设备的冲突检测。软件会在模型中发生碰撞的每个位置创建视图并生成报告方便以后查看。可以作为"软冲突"的一个例子是检查管道是否侵入到钢结构周围 2 英寸的范围内，通常钢柱上的防火涂料不在三维模型中建模。虽然距离柱子很近的管道不会被报告为硬冲突，但会被显示为软冲突，因为它们在允许偏差的范围内。配电板的净空间距或维护人员在建筑竣工后的使用区域也可以建立允许偏差。这一概念的逻辑延伸是使 BIM 应用于规范检查。但目前碰撞检测是 BIM 的一个非常普遍的应用，而规范检查仍然是实验性的。

　　对三维建筑模型的碰撞检测并不是 BIM 进行冲突检查的唯一方面。检查起重机在施工现场的安置和移动可以避免它在工作时阻碍交通或造成危险状况。最终，软件将不仅能检查静态的情况，还能自动检查动态实时的情况。

　　发现冲突只是第一步，处理它们可能会更难。传统上这会通过团队会议或虚拟会议完成。冲突报告显示在大屏幕上，然后逐一对碰撞进行探讨。软件提供了以下内容作为冲突报告的一部分：

- 冲突图像；
- 冲突点和距离；
- 显示软硬冲突类型；
- 发现冲突的日期；
- 问题的状态：忽略的、已检查的、批准的、解决的；
- 用复选框来标记是新冲突还是旧冲突。

　　团队既可以当场解决问题，也可以委派给合适的人来处理并通过更新在线碰撞检测数据库的方式报告。当完整的三维模型可以使用的时候，碰撞检测尤为重要，特别是在施工时。然而，碰撞检测只要有多个咨询顾问参与就可以进行，甚至在初步设计过程中都可以对建筑图纸进行检查。

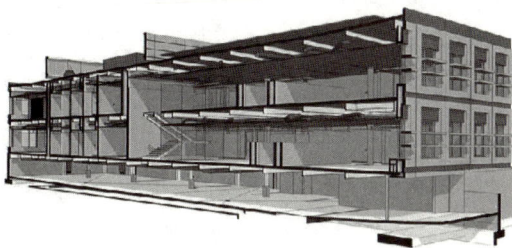

图 2.26　Navisworks 碰撞检测的结果（由 LPA，Inc 提供）

　　冲突检查是至关重要的。事实证据支持这个论断：使用 BIM 的成本可以通过节省的时间和金钱来弥补，因为在虚拟模型中寻找碰撞会比在施工现场中寻找碰撞产生更少数量的 RFIs。

在非 BIM 项目中的浪费——大约相当于 3%~10% 的施工预算是有可能追回的。

专业间协调

碰撞检测有助于专业间协调。反过来说，通过有效地运用 BIM 进行专业间协调也可以减少碰撞。此外，MEP 和加工商等咨询顾问可以使用三维模型来开发自己的设计说明和加工图纸。每个承包商和营造商都有自己的一套与 MEP 专业进行协调的方法，这依赖于公司标准、项目具体细节及 BIM 的实施。Morley Builders 公司明确规定了他们与 MEP 专业进行协调时所使用的 6 个步骤，包括：合同中的 BIM，设立协调流程，运行碰撞检测，追踪提交的文件，追踪协调完成后的变化（从 Jackson 和 So 2009 引用，包含少量调整并得到引用许可）：

1. 招标的分包合同应包括关于 BIM 的详细信息，详细描述每个 MEP 分包商的角色并根据专业来细分每个人的职责。它应描述承包商和分包商之间的协调过程。这很可能会结合多种方法：电子邮件、文件、电话交流并记录所需的跟进和会议（计划的和临时的）。

2. 为所有项目成员之间的协调制定标准和步骤非常关键。根据所签订的合同协定，这可能包括在与建筑师一起创建的整体 BIM 执行计划中。然而，取决于具体项目，这也可能是针对承包商和分包商而言的。它应该是一套完整的项目标准，并至少包含：

- 一个使用 FTP（文件传输协议）站点为图形文件和其他重要文件协调的流程；
- 一种让所有参与者使用共享文件管理系统的方法；
- 为每次图纸修订的编号制定标准；
- 制定命名规则；
- 根据不同区域细分建筑；
- 在所需图纸上注明对如颜色和线宽等细节内容的要求。

3. 必须在三维模型中运行碰撞检测来寻找冲突问题。然后相关的分包商来确定哪些重要以及谁负责处理。应该采用一个系统来确定优先次序，管理并改正这些冲突。

4. 通常合同文件以二维形式来交付，即以二维加工图纸作为提交文件。即便图纸是由三维模型生成的也是如此。应该使用一个提交追踪系统来确保对文件的控制。

5. 所有分包商需要签订一个协定：MEP 的安装将按照最新的模型实施，任何与模型的偏差都需要变更通知，并且造成变更的分包商将承担所有相关费用。

6. 即便协调完成，也需要追踪变更。设计变更和解释说明是必不可少的，而这些 RFIs 和公告需要在模型中更新来生成准确的竣工文件。与三维细部设计人员每月甚至每两周召开一次会议可以确保所有的变更都能准确地在模型中包含并更新。BIM 也应与现场实际的施工情况进行对比。

一份长达 5 页详细描述 MEP 协调与图纸的展示文件是 Morley Builders 公司标准合同的一部分，其中详述了不仅限于以下部分的内容（Morley Builders 2013）：

■ 将各专业图纸的设计说明和各方面的具体要求包含在水暖、消防、电器、暖通空调，以及二级分包商的协调加工图纸上。

■ 分包商的数字设计能力和软件版本。

■ 对三维模型、格式、模型架构的要求：如文件格式、实体建模要求、模型架构、层名称、各专业的颜色、自相交模型、文件命名规则、FTP 站点的文件夹结构。

66

■ 协调会议组织架构。

这些问题中的一部分会在第 4 章中进一步讨论。

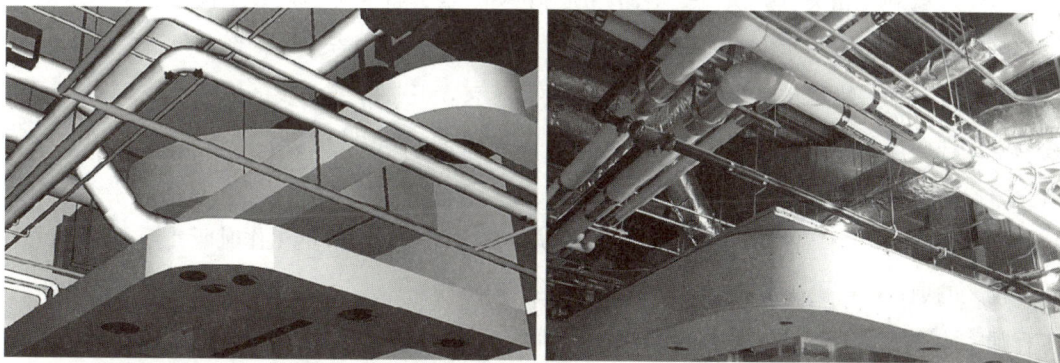

图 2.27　注意数字模型和实体建筑之间的密切关系（由 Mortenson Construction 提供）

图 2.28　Revit 模型和 Tekla 模型与最终安装的比较（由 MATT Construction 提供）

大房间

当问题需要在现场解决的时候通常会在"大房间"（Big Room）* 进行。顾名思义，"大房间"可以是一个设立在施工现场或其周边的大型会议室，目的是在建筑项目建设的不同时期，

---

* "大房间"是建筑设计施工中的一种概念，使团队所有人员待在一个大房间里，有助于相互交流与协作，产生新的点子。详见：http://www.bdcnetwork.com/big-room-concept-using-building-leam-collocation-ensure-project-success——审校者注

67

图 2.29　大房间里的协调会议（由 McCarthy Building Companies，Inc 提供，感谢 David McCool）

为各方众多的利益相关者提供一个工作场所。例如，承包商、分包商、结构工程师、建筑师等都可以在大屏幕上展示 BIM，仔细检查一系列的碰撞检测报告，讨论谁来负责并应采取怎样的措施，立即解决用传统沟通方法可能需要几天甚至几周才能解决的问题。协调员也可以在其中管理会议和与会人员。如果运作得当，大房间可以最大限度提高团队效率，降低成本，减少影响项目进度的障碍。

"大房间"这一术语也用于描述将项目团队聚集在同一地点开展工作时所使用的空间。这对于较大的项目而言更有意义，如医院，当在施工现场周围把建筑设计师、业主代表、施工经理、工程师、主要专业代表和其他咨询顾问召集到一起时，就更加经济有效。通过让主要参与者直接接触，可以将问题及早解决以免出现在施工中（例如，电线管道和水暖管道之间细小的碰撞检测），处理突发问题（异常的暴雪推迟了混凝土浇筑时间表），对建设过程中的重大变更（业主增加了项目涉及的范围）迅速做出回应。

大房间本身虽然不能解决问题，但它可以通过提供协调的场所间接地帮助解决问题。这不仅仅是把参与者置于双倍于常规工作拖车的空间里，希望一切圆满解决，其中还包含几个物质和精神方面的必要组成部分：

68
- 工作空间
- 网络系统和文件存储；
- 拥有投影仪或智能白板的多媒体会议室；
- 日历；
- 描绘项目时间表、重要阶段、每天进展的纸质图表和图形；
- 一个使不能亲自到场的参与者也能参与其中的策略；
- 一种能使项目按时按预算完成的同志情谊。

　　这种"一起工作"来解决问题的方式常被认为是集成项目交付的一个优势，但是为项目参与者安排工作地点与业主、建筑师和承包商之间的合同类型没有太大关系。大房间也可能是一个虚拟的场所，一个协作和解决问题的数字会议空间，但这种方式相对较少使用。

BIM 信息服务亭和平板电脑

　　实际上不仅在工作拖车里，在施工现场通常也可以方便地使用数字信息。加固型笔记本电脑是一个解决办法，项目经理和现场管理人员可以用它来提供 BIM 和二维图纸。另一个办法是在主要的位置安装"BIM 信息服务亭"。BIM 信息服务亭是一个可移动的围合空间，包含一台高性能的工业级电脑，并支持无线上网。这使得它能更容易地检查到 BIM 的最新更新，审查设计说明，并阅读当前通知。

　　无线连接还允许平板电脑和智能手机等设备访问 BIM 数据。用移动产品进行施工现场管理有许多有益的功能，例如：

图 2.30　在规划室和在工作现场的 BIM 信息服务亭查阅图纸（由 Mortenson Construction 提供）

图 2.31　数字"工具箱"（由 McCarthy Building Companies, Inc 提供，感谢 David McCool）

- 追踪未解决的问题；

- 核对清单；

- 现场访问文件；

- 用标记软件处理图纸与图像，包括 BIM 查看器。

施工竣工核查表的应用程序具备图形界面并能方便地使用表格，它们可以协助追踪问题从发现到解决的全过程。管理员能够：

- 提出实时人员预测与实际进展情况；

- 形成"工作地点"负责制；

- 组织检查；

- 完成安装确认；

- 记录安全问题。

70

图 2.32 工作现场使用的平板电脑（由 Mortenson Construction 提供）

图 2.33 安装验证软件（由 Trimble Navigation, Ltd-Vico Office 提供）

调试和移交软件捕捉并追踪了从设备交付、测试到最终运行的诸多细节。自定义的应用程序允许质量控制和协调。这些应用程序的数量和可用性将随着时间的推移继续增长。

增强现实解决方案正在进行开发，它可以使数字图像与现场情况实时合并。这项研究中的应用程序已经用于了在施工现场对施工进程图像进行图像配准，在竣工场景中虚拟漫游，将与三维模型的偏差可视化，自动化进度追踪（Golparvar-Fard 等人 2009）。这个想法并不新奇，但要使它在施工现场完美运行，并通过 GPS 更新位置和视图并不容易。 71

图 2.34 增强现实软件数字模型叠加的早期实例（感谢 Anish Tripathi）

图 2.35 iPad 在施工现场的使用（由 Suffolk 提供，感谢 Anamika Sharma）

加工商

72

加工商，尤其是钢制品加工商，已经使用精密数字方法许多年了。这包括用 BIM 生成加工图纸和某种形式的自动化构件加工。从设计到加工的流程既适用于简单对象，也适用于用其他方法很难创建的复杂对象，它还能使定制化的设计更加经济实惠。BIM 可以应用于现场和场外制造建筑构件的过程中。它的数据可用于计算机数控（CNC）铣削，以及预制金属、混凝土、木材、玻璃纤维和其他材料构件。

计算机数控（CNC）铣削

CNC 已经应用在汽车和航空航天等行业许多年了。三维模型被转化成一系列指令来运行计算机数控（CNC）机械设备，如水刀、等离子切割机、铣削机床。弗兰克·盖里（Frank

Gehry）在 Dusseldorf 设计的 Zollhoff Towers 就是一个杰出的建筑案例。通过使用 CNC 软件来对砌体墙所用的钢支架进行等离子电弧切割；通过使用在 CATIA 中建模和数控铣削形成的大块泡沫材料来制作曲线形承重外墙的混凝土模板。几百种不同的模具被创造出来，成为浇筑混凝土的造型工具。

金属：钢材，金属片

Bentley 的 ProSteel 3D，Trimble 的 Tekla Structures 和 Dassault Systemes 的 Steel Structure Design 是用来辅助钢结构加工和装配的三个三维建模软件。在三维环境中做细部设计可以与使用 BIM 的其他项目组成员在以下方面进行合作：概念设计的初始阶段、包括有限元分析的结构仿真、施工场地外的加工。为了进行 CNC 加工，数据被转换成适当的文件格式，然后发送到仿形机床、钢板切割机、弯曲机、五轴成型机等设备中。这些软件通常有许多共同的功能和特点：

■ 生成二维图纸和 BIM 报告；

■ 相关组件的自动更新；

73　　■ 材料成本估算清单；

■ 钢材节点和样板的综合信息库；

■ 集成 CNC 数据加工；

■ 安装协调和规划的项目管理工具。

加工商也可以使用 BIM 来制造镀锌钢板、不锈钢、铝和其他金属构件，并从中获益。例如，CO Architects 在健康科学教育大楼（Health Sciences Education Building）的建造中使用了铜板（Knudsen and Korter 2010），BIM 为加工商提供了关键信息从而使制造过程更加顺利。

BIM 通常会被转换并输入到专门的模拟软件中，以便对机器进行预编程，及时发现可能在车间中产生的问题，并帮助确定合理的建造顺序。在真正进行切削或者造型之前人们可以从电脑屏幕上看到机器的操作顺序。精密的机器甚至可以测量金属板弯曲的实际角度，而且需要的话可以对该部分再弯曲。这些技术常常被用于风管、配件、特殊物件，如个性化排气罩和紧固件的加工。

用于制造众多消费品的工业生产过程也适用于建筑预制：

■ 用金属板材来冷轧大型曲线形或圆锥形形状；

■ 金属板材切割；

■ 冲压和压花；

■ 焊接；

- 研磨和抛光。

混凝土

CNC 铣削可用于现浇混凝土模板的预制，为此它被用来切割大块泡沫材料。另外，织物模板也能从使用 CNC 织物裁剪机中受益。BIM 还能对混凝土中钢筋复杂的排布方式建模。

BIM 可以使建造预制混凝土构件从以下几个方面中获益：已建好的三维几何形体；可以运行荷载模拟；可以计算混凝土的体积和完成面的表面积。实际中有许多种预制件，包括结构构件：梁、墙、预应力楼板；立面面板和夹芯墙；储罐和管道；甚至更小的对象如厨房台面和壁炉架。目前的做法趋向于将预埋件、连接件和加强构件也包括在三维装配模型中。如果有必要，二维加工图纸可以由三维模型生成。在承包商和分包商的软件程序之间具有良好互通性的前提下，可以相对直接的检查冲突，协调二维和三维的变更，追踪生产材料。为实现这一目标，人们正在开发预制混凝土和现浇混凝土的 BIM 标准。第一阶段——混凝土国家 BIM 标准着重于创建一个信息开发手册。第三阶段——预制混凝土是来确认转换模型和预制研究委员会的规格要求，同时也准备测试材料，以便软件公司能验证自己的程序并获得认证（Eastman 提供）。

纤维增强塑料

已经成功完成了几个将 BIM 用于加工的实例。其中包括建筑的立面构件和暖通空调设备（HVAC）的围护构件。

图 2.36　虚拟的和实际的立面面板（由 Thornton Tomasetti 和 360 Architecture 提供，感谢 Jonatan Schumacher 和 Joseph Burns）

图 2.37 由 CATIA 模型创建的玻璃纤维增强塑料（GFRP）面板模具的加工（由 Thornton Tomasetti 和 360 Architecture 提供，感谢 Jonatan Schumacher 和 Joseph Burns）

图 2.38 数字化设计和加工的暖通空调围护构件（由 MATT Construction；Design Architect Renzo Piano Building Workshop；Executive Architect Gensler 提供）

75 其他例子

钢材和金属板材的加工也是 BIM 能够起到重要作用的常见例子。预制的候选材料还包括其他金属、纤维增强塑料，甚至木材。加工对象的范围可以从整个卫生间到定制化的厨房橱柜。

在木结构设计中，BIM 可以通过对每个楼板托梁、隔墙龙骨、建筑细节进行建模，成功 76
地控制木结构的设计尺寸和材料数量，潜在地节约材料和成本，尤其是对于不常见的木结构
情况（Johnson and Fund 2010）。

BIM 其他更不常见的预制应用包括玻璃纤维壳肋的模板、大型玻璃立面单元构件、钢索
网结构。在 Louis Vuitton 创作基金会的建设中，1.6 万块墙板采用了超高性能的特白混凝土来
制作——形体使用了能够适应任何曲率的软模具进行真空密封造型。

设施管理人员和业主

设施管理开始于将竣工的建筑调试完毕并交付给业主之后。同样地，一旦家具、设施和
设备（FFE），如电脑，交付和安装完成，且住户搬入以后，运营和维护便着手进行。然而，
设施管理也适用于最初决定建造的策略规划阶段以及选用翻新还是拆除的投资方案之时。计 77
算机辅助设施管理（CAFM）系统追踪核心投资组合、场地、建筑构件，而建筑信息也在设施
管理的所有阶段都有必要。它对利益相关者的价值包括在实际中强化集成、收集标准化数据
以供施工与设施管理人员使用（Cholakis 2011）。

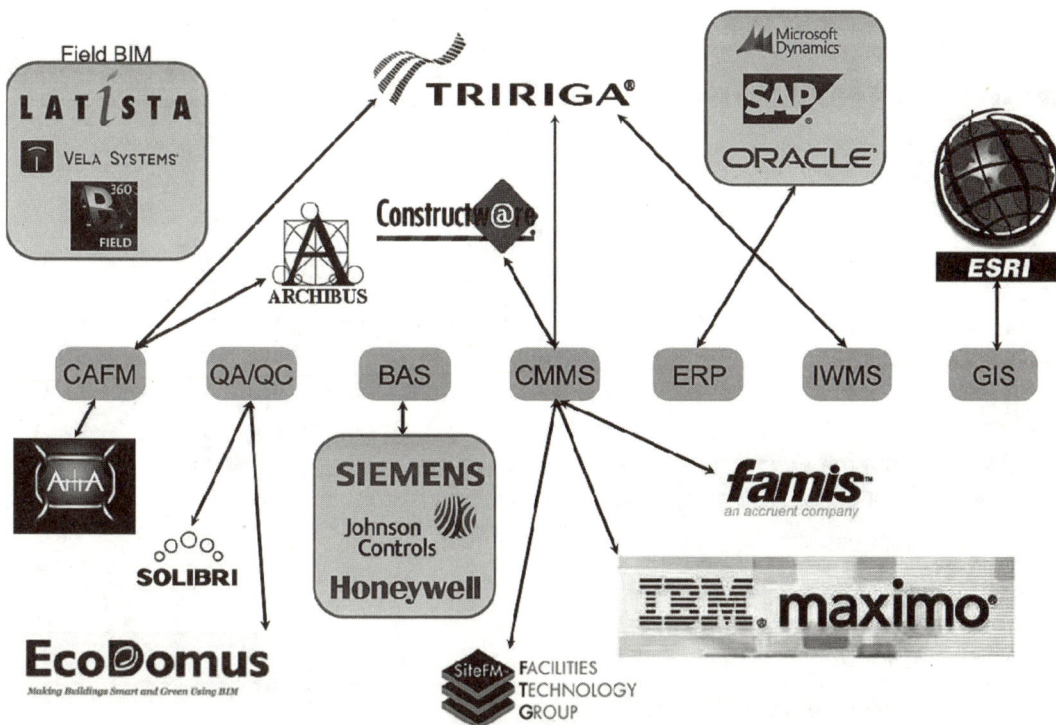

图 2.39　不同的设施管理软件及其常用的互操作连线（由 Mortenson Construction 提供）

设施管理人员和业主的工作与责任不仅限于 BIM。但是 BIM 毕竟是上游输入，可以提高效率。在策略规划、空间规划与管理、室内环境质量与可持续性管理、运营与维护、翻新、资产管理等方面，它都可以起到直接作用。第 5 章中会继续详细介绍对 BIM 应用更加成熟的业主，他们应该或将会有怎样的要求，以及这将会如何影响建筑师所提供的服务。

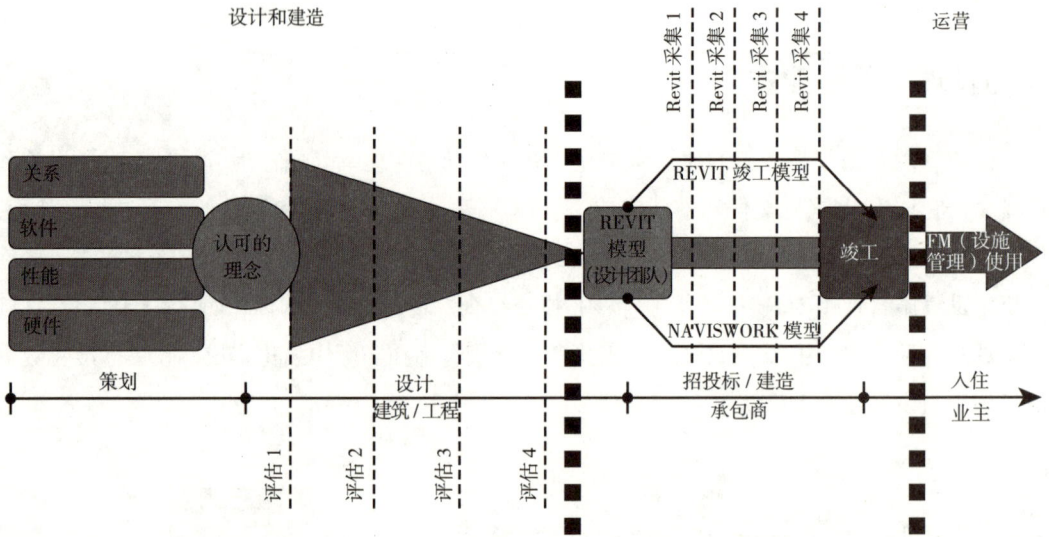

图 2.40 设施管理中的 BIM 数据流程示意图展示了工作移交的过程（由 Mortenson Construction 提供）

| BIM + 设施管理 | | 表 2.2 |

类别	实例	说明
策略规划	预测未来空间需求 预测投资回报率 规划新的商业机会	REES，一个建筑、规划、室内设计事务所，提出了 BIM 在医疗环境中的创新应用。他们设想将病人的恢复状况和建筑的性能数据（后来与财务数据）相关联，提供循证设计（evidence-based design）的信息（Rees Associates 2010）
空间规划与管理	可以准确有效地追踪部门、空间类型与用途，以及家具与设备 生命周期成本模拟 为满足安保需要与 BIM 链接的空间实况摄像机 远程控制设备 带有 RFID 标签的库存管理 图形化进度安排以及空间再利用	现有的 BIM 软件可以轻松地提供空间和区域规划、入住信息，以及可用于空间规划分析的进度表。面积和体积的计算也可以从 BIM 中输出；并可以输入住户所在单位、坐席安排、电话号码和个人信息

续表

类别	实例	说明	
室内环境质量和可持续性环境管理	将 BIM 融入现有的楼宇管理系统（BMS） 调试报告和检验报告可以与 BIM 链接 预测由于暖通空调（HVAC）系统改造而节约的能源 说明通过改进自然采光能节省能源和资金 模拟屋顶太阳能发电系统	设施管理也包括积极为楼宇住户的舒适和安全提供服务，包括室内质量和性能管理。BIM 可以为校准建筑模型提供依据，从而预测性能。之后与现实情况的再次比较有助于发现有故障的设备、性能未达标的产品，以及与预期使用不符的居住模式	79
运营和维护	追踪随时间推移楼宇的耐久性和运行情况 关于建筑构件、设施、家具陈设、设备使用寿命的报告 预防性维护 设备清单、零件规格和保修 景观规划和灌溉系统控制 记录基础设施的位置（如水、气、电，包括电信和 IT 线） 减少或消除为完成任务而搜索文档和检索相关信息所花费的时间	BIM 既可以是一个显示问题所在位置的三维地图，也可以是一个产品数据存储库。BIM 还能从一开始就预防问题的产生。作为冲突检查的一种形式，空间缓冲区可以设置在虚拟设备周围，对软冲突检测中允许偏差的模拟可以确保留出必要的工作空间来进行维护操作。例如，建筑师为采暖和通风设备设计了足够大的一个房间。但设备操作人员可能发现，由于房间内设备布局的原因——设备和墙壁或顶棚之间的间隙太小，在安装时并不能接触到关键部件。如果 BIM 在 HVAC 构件周围设置了虚拟空间缓冲区的话，这个问题原本可能在运行碰撞检测软件时就已经能够注意并避免	
租赁管理	将租赁文件数据库和总平面图联系起来 三维建模、效果图和动画可以用于市场营销 公用事业的历史数据可以提供给潜在客户		80
翻新	追踪升级和设备采购 住户的临时搬迁和安置 施工废料管理 遵守规范 文件管控	就像在工程建设初期那样必不可少，BIM 还可以在建筑翻新的规划和实施时被用作主要的信息库	
资产管理	为对象编制目录清单并确定其空间用途 家具、设备和其他资产的折旧财务分析 在 BIM 中包含财务信息，链接不动产所在位置的实时市场数据，分析资产的财务状况	"一旦设施在微观层面管理得当，相关实体就能够从宏观层面分析各种决策与影响。BIM 可以为贷款机构直接提供公司经营策略的信息，并方便这些机构分析他们的核心业务；它还可以使贷方的核准工作自动化，并为相关部门提供高水平的信息"（Harris 2010：15-17） 重点不应该放在信息数量上，因为其中很多可能是无效信息，而应该放在可以指引公司决策的、结构化的、准确的数据上。这些数据将被添加，修改，甚至部分在一段时间后被删除 不同的用户需要有不同的模式。正因为各利益相关方有着各自的观点和商业视角，这也使得订制化了解信息的方式成为必然（Smith and Tardif 2009）	81

关于这个主题的更多信息，可以参考由宾夕法尼亚州立大学计算机集成建造研究项目 John Messner 主任于 2012 年 4 月主持完成的"设施所有者的 BIM 规划指南"1.0 版。这是一个很好的免费资源。

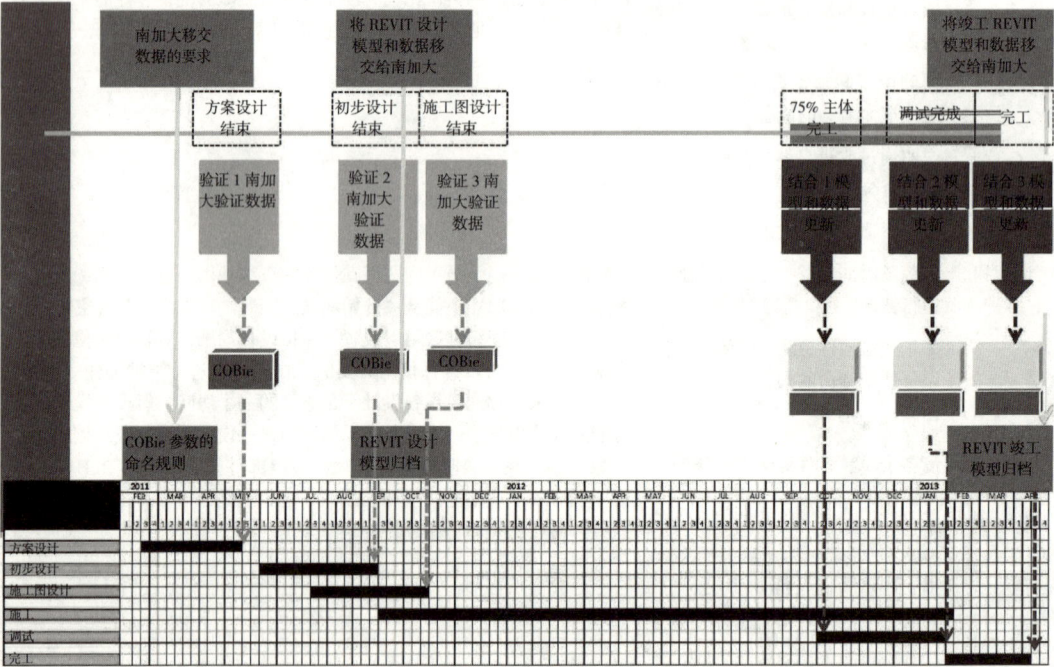

图 2.41　表格详细描述了南加大电影艺术学院 1 号楼 3 期从概念设计到竣工过程中 BIM 数据的说明、创建和移交（由南加大设施管理部门提供，感谢 Jose Delgado）

82　结论

建筑信息模型的实用性基于利益相关者当前和未来的需求。从设计前期到设计和施工，BIM 贯穿于项目的整个过程中。项目完成后，它的一部分被应用到设施管理系统中，其余的部分也能为业主未来的项目提供参考。第 3 章将讨论数据交换和互通性的问题。

第 3 章

数据交换和互通性

本章着重通过了解现有数据交换的工作流程和技术，介绍对建筑信息模型（BIM）的利用。尽管在许多情况下 BIM 被认为是单一的模型，但把工程项目的 BIM 描述为一个由许多模型、数据库和文件组成的集合会更好。无论是从短期的设计、分析、施工、加工而言，还是从建筑整个运行的生命周期来说，它在设计和施工协调中的应用都可以潜在地节省时间和金钱。然而，这个论断的前提是数据可以简便有效地在不同专业（如建筑、结构、MEP 等）及其平台和软件程序之间共享。

互通性

从定义上说，互通性是指有效地将项目数据传输到不同专业领域和平台的能力。BIM 本身就提供了一个比二维 CAD 更容易协调的产品。但只有具备有效而流畅的互通性，人们才可以利用项目信息建立比传统人力为主导或 CAD 为主导的流程更高效的 BIM 工作流程。当然，这预先假定存在兼容的数据格式。

工具的互通性

理想情况下，建筑信息模型是一个服务从设计到拆除整个建筑生命周期各个阶段的集成数据库。为了充分地利用 BIM，在项目的不同阶段会使用多种软件程序。建筑师在制定项目的工作方法时，不应低估工具的互通性、文件交换格式，以及不断进化的 BIM 标准等各方面的价值，其主要原因如下：

84

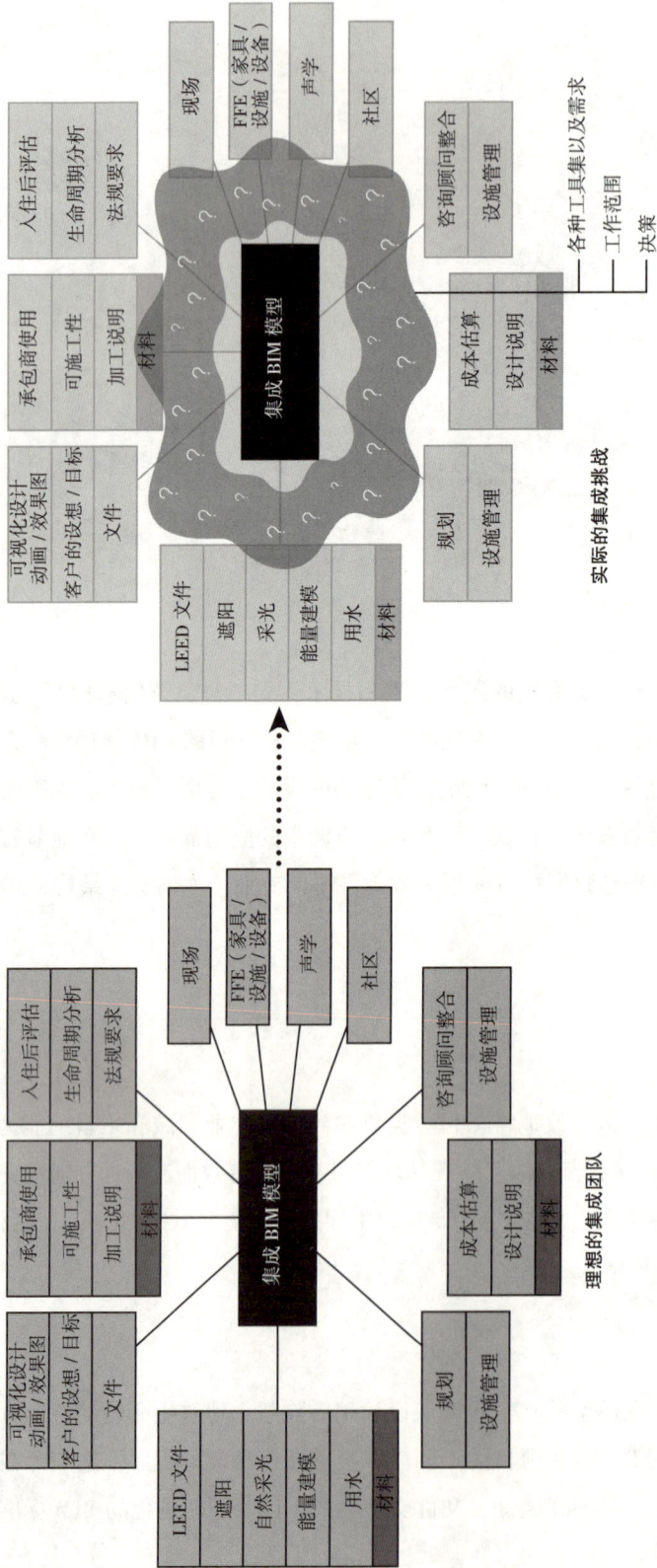

图 3.1 理想的集成 BIM 示意图与实际应用 BIM 所面对的挑战（由 NBBJ 提供，感谢 Nathan Miller）

- 设计演化。当我们试图在 BIM 软件程序内置功能以外使用三维模型时会行不通。
- 文件共享。咨询顾问和承包商要求提供给他们的文件是其首选格式以便于工作。
- 创新。非主流的程序中常会出现新功能，能把之前生成的 BIM 数据传输到这些程序中非常重要。
- 标准和新服务。与标准有关的知识，如在本章后面讨论的 COBie（施工运营建筑信息交换），将设法创造为客户提供新服务的机会。

内通性和互通性的方法

如果有不止一个文件或模型使用多个平台，内通性和互通性就很可能会成为问题。内通性的定义是指在某个软件公司内部软件套件中的模块或程序之间传递项目数据的能力。假如软件公司提供了一套集成的软件套件，则会理所当然地把主要注意力放在模块的内通性上，以便数据可以准确便捷地在其中传输。在这方面做得好的话，内通性通常是没有问题的。但假如软件公司没有创建出所需的全部工具，或没有确定出满足用户需求的最佳解决方案，则会带来一些难题。

在不同软件程序之间工作需要有效的互通性，但其解决方案可能很复杂恼人、令人沮丧。如果问题在项目初始阶段就出现的话还会耗资巨大。

通常在一个项目的 BIM 中所包含的信息是多种多样的，而且各分支专业人士和利益相关

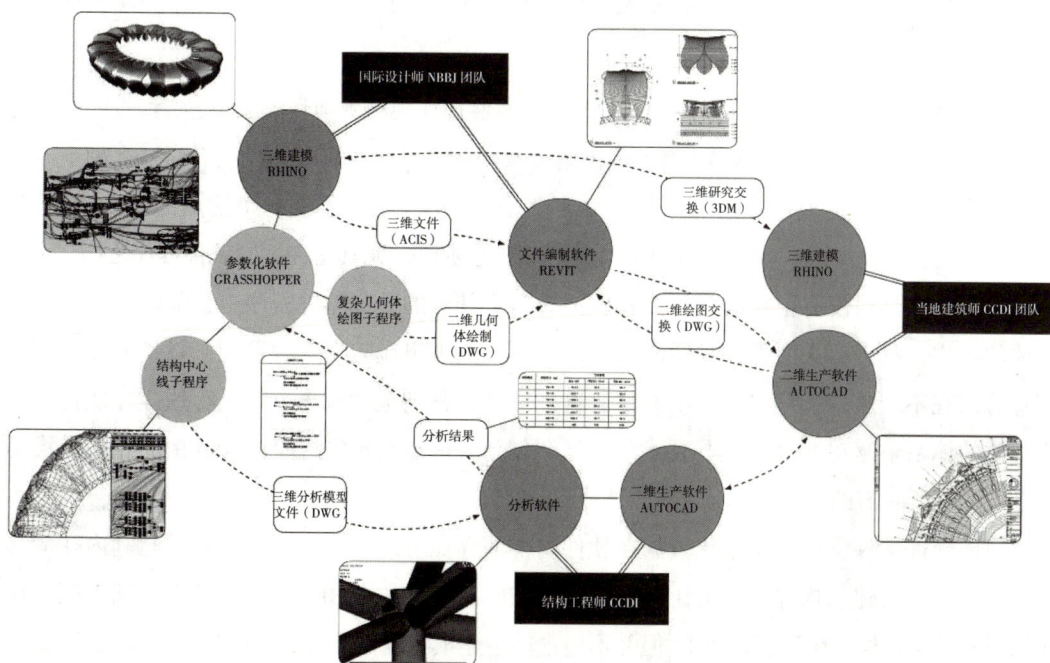

图 3.2 上图展示了设计项目中信息流的真实情况（由 NBBJ 提供，感谢 Nathan Miller）

87

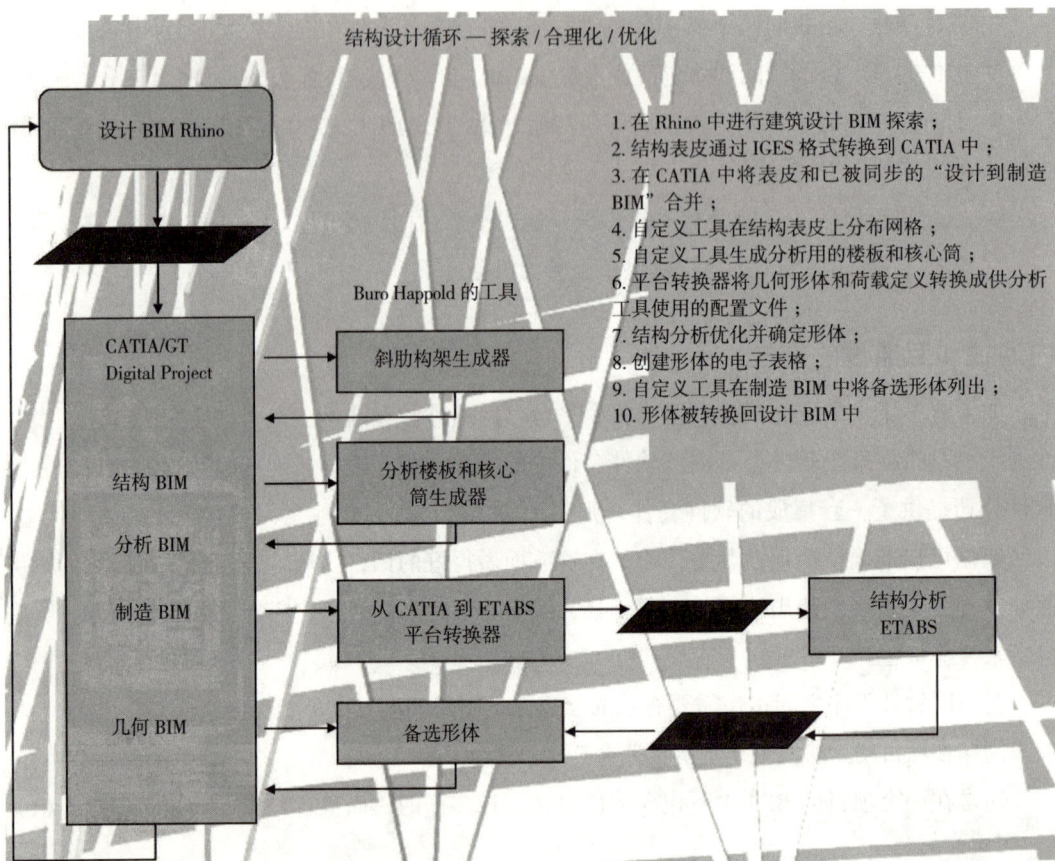

结构设计循环 — 探索/合理化/优化

设计 BIM Rhino

CATIA/GT
Digital Project

结构 BIM

分析 BIM

制造 BIM

几何 BIM

Buro Happold 的工具

斜肋构架生成器

分析楼板和核心筒生成器

从 CATIA 到 ETABS
平台转换器

备选形体

结构分析
ETABS

1. 在 Rhino 中进行建筑设计 BIM 探索；
2. 结构表皮通过 IGES 格式转换到 CATIA 中；
3. 在 CATIA 中将表皮和已被同步的"设计到制造 BIM"合并；
4. 自定义工具在结构表皮上分布网格；
5. 自定义工具生成分析用的楼板和核心筒；
6. 平台转换器将几何形体和荷载定义转换成供分析工具使用的配置文件；
7. 结构分析优化并确定形体；
8. 创建形体的电子表格；
9. 自定义工具在制造 BIM 中将备选形体列出；
10. 形体被转换回设计 BIM 中

图 3.3 即使在单一专业领域如结构工程中，几何数据也可能在很多软件程序之间共享（由 Buro Happold 和 Woods Bagot 提供，感谢 Kurt Komraus）

者对其如何编码和使用也会各有期待。但缺乏互通性往往会导致项目失去机会，浪费时间（特别是返工会降低项目的利润率），多次重复输入数据会为系统引入误差，或者当一个副本没有传输所有数据时会造成信息遗漏。互通性需要存在于若干层面：同一个地点的设计师之间，不同地点的设计师之间，同一项目的不同时间节点与阶段，尤其是在不同软件程序之间。

通常软件公司没有很强的意愿让其模型导出到其他的外部软件程序中，除非有来自用户群体的要求。尽管有必要保护公司的知识产权，但至少也应实现一种平衡，以使重要的项目信息可以在不同软件程序之间自由共享。这当然是一种利他的观念，但只有这样才能提供一个开放的体系来驱动 BIM 工具与技术的发展和创新，这也是建筑行业将 BIM 的应用发展推动到下一阶段所必需的。

即使允许文件交换，数字化数据在软件内部的存储方式（如表面与实体）与其内在的结构体系（对象与建筑构件）也会让交换变得困难。例如，一个 BIM 也许包括在空间上围合场所的所有元素（墙、屋顶、地板），但并不包含能量建模可能需要的一个明确的"分区"对象。或者一个三维建模工具可以创建一个看起来像门的对象，但并没有恰当的参数把它在 BIM 中

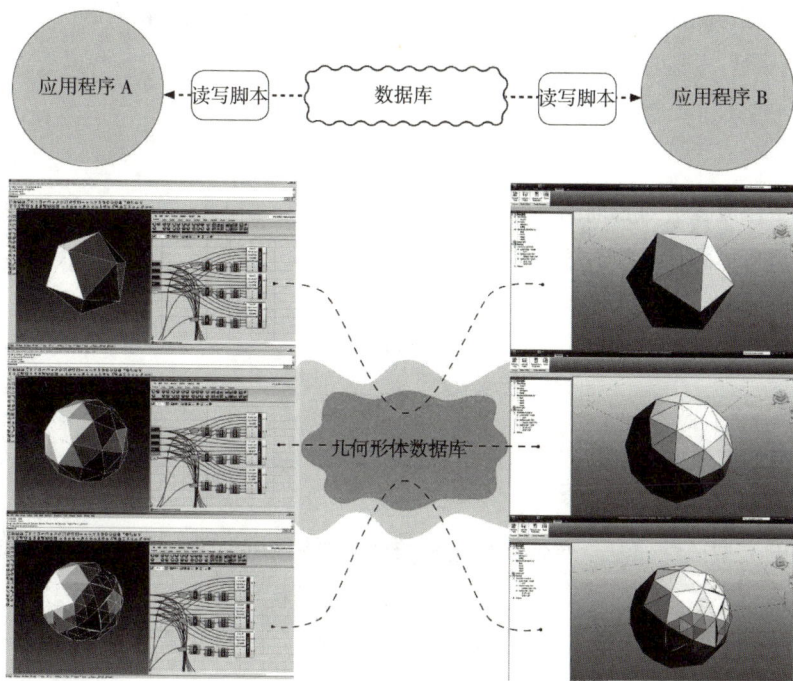

图 3.4　这是一个转换程序用自定义脚本将 Grasshopper 和 Rhino 传输到 Revit 原生文件的例子。数据首先被转化成为另外一个应用程序可以访问的数据库格式（由 NBBJ 提供，感谢 Nathan Miller）

88

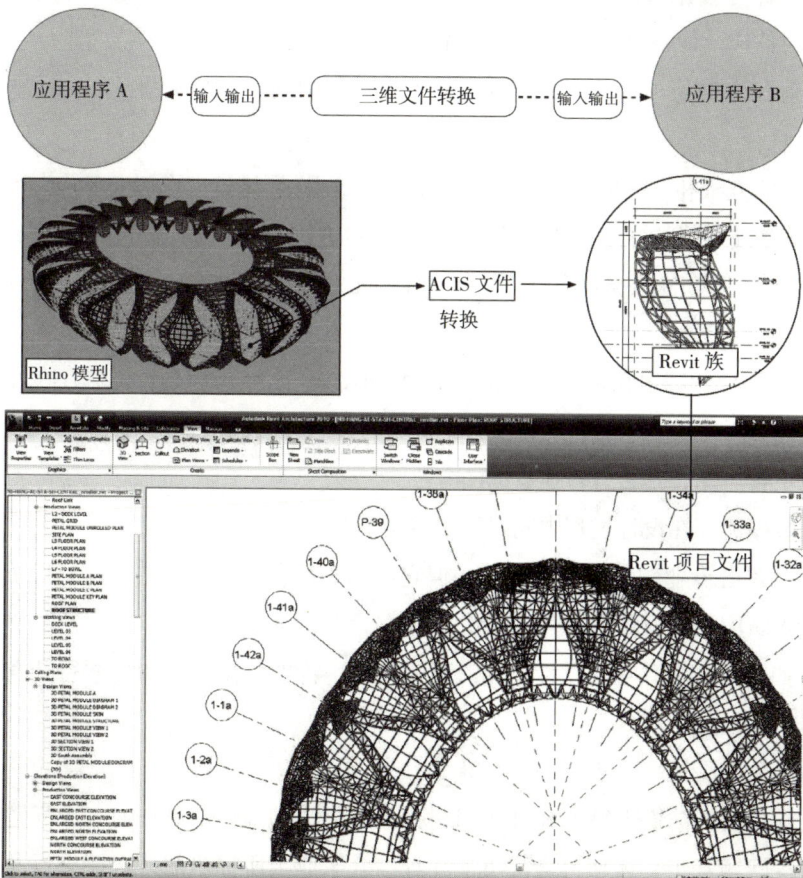

图 3.5　这个例子使用了既可以输入又可以输出的文件格式，完成了从 Rhino 到 Revit 文件的三维转换（由 NBBJ 提供，感谢 Nathan Miller）

定义为"门"。因此，一些公司不得不自己编写转换工具，来克服软件供应商所没有解决的那些互通性问题。

89　　　在解决互通性问题时必须要考虑：

- 哪个数据交换的工作流程会对目前的项目最有效；
- 可以实现特定项目目标的技术或数据格式；
- 在项目开始时所明确的要求。

数据交换工作流程

过程数据流（动态）与档案库（静态）

确定 BIM 数据交换的类型或性质基于对数据短期和长期主要用途的了解。过程数据流和档案库之间的区别如下：

1. 过程数据流（建筑信息）是动态的，并被不断地共享和转换。

2. 档案库数据流作为保存数据合同"状态"的一种方式被存储或归档，例如在设计的最后阶段，或是采集拟定的备选设计，或是移交给业主最终项目（BIM 档案）。

在利用最佳的工作流程来交换项目所用的数据、技术和格式的同时，每种选择都会带来特有的取舍。

例如，存储 BIM 档案的方法和文件格式需要经受将来的可访问性测试，也许在未来几十年间都需要访问数据。尤其是在项目整修、重建，甚至拆除时。PDF / A 就是一个基于 ISO 标准、常见的档案文件格式的例子。但 BIM 数据档案具体是什么样的呢？有很多重要的问题需要解决：

- 最初用来创建 BIM 的应用程序在未来 1 年、5 年、10 年，甚至 20 年后是否仍然存在？
- 鉴于当前软件只能向后兼容几个版本，该文件格式是否能被以后的版本访问？

90
- 如果原来的平台不再可用，是否有转换数据的方法？
- 对于一个动态的数据流，在设计过程中同时使用多个平台会怎样？
- 虽然有许多能够满足各专业领域所需的软件，但它们并非都在同一软件供应商的目录或平台上。设计团队应该如何跨平台分享这些数据？
- 除了格式以外，如何让数据共享与设计工作流程相契合，特别是在多个 BIM 并行开发的情况下？

所有这些问题都（或应当）被置于每个 BIM 项目讨论的开始。但遗憾的是任何一个问题都不容易回答。通常这些问题基于具体项目来解决，并且结合了业主所提出的特定要求以及工程与施工团队的才能和专业知识。在未来不可预知、且一切皆有可能的前提下，这可能是目前最好的方法。

文件陈旧过时的问题在设计公司里屡见不鲜。许多公司很难打开他们早期的一些 CAD 图纸。即使从前的操作系统和 CAD 软件的模拟器可以在当前的电脑上运行，但如果没有像 5 英寸或 3.5 英寸软盘的媒介阅读器，"存档"文件也可能无法访问。BIM 文件也有同样甚至更严重的问题——大量与项目相关的文件也很有可能需要被访问。

多域数据集合和交换的实际问题

一直以来，有关 BIM 的讨论都围绕着一个理论性概念，那就是在建筑施工前，一个独立的建筑信息模型可以对建筑做一个完整、生动、互动并准确的虚拟描述。大多时候，人们认为该解决方案只包括单一的一种数据结构和格式，并使用通用的应用接口和技术。

现实中，多个数据子集不是同时创建的。信息根据需要添加（通常按不同实体），在适用的情况下使用，并且通常不能提前预测。而且，当把模型与其嵌入的信息给其他项目参与者使用时，项目团队会经常听到信息的表达"不正确"或不符合他们的特定需求，因此可能需要创建一个特制的新模型。

以下是几个例子，阐述了将基于单一目的所创建的模型共享给希望用它实现其他目的的项目参与者时所产生的影响。这些例子都假设了软件间的互通兼容性为 100%，尽管通常并非如此。

1. 建筑师提供一个 BIM 副本给节能咨询顾问用于分析。依据模型的性质，建筑师所提供的信息很可能不足以满足能量分析的使用。但这并不是说 BIM 有缺陷，它只是没有某些所需的信息。所以取决于模型创建的方式，特别是软件程序之间文件交换的能力，对节能咨询顾问来说建筑师的模型可能只是部分有用或完全无用。

2. 另一个例子是说不同参与者看待对象的方式。在第 2 章所探讨的建筑师和承包商之间关于"设计模型"与"施工模型"的对话中，这显而易见。试想一个三层楼高的混凝土墙，在设计早期阶段，它被建筑师或结构工程师作为一个普通的墙元素来建模。在初步设计中，它被细化，包括精确的厚度、构造层次，以及与楼面的结构关系。但它可能仍然是一个单一的组件，具体的细部设计或许还没有以二维的方式来解决。接收到设计模型后，承包商可能需要修改这个设计模型以使其在施工（包含混凝土浇筑批次）、工程估算和成本估算中更有用。"修改"在这种情况下可能最终意味着"完全重做"。这会非常遗憾，因为它不仅代价高昂，而且操作不当还会引起诉讼。但是如果能够进行一些前期的规划和沟通，其实部分问题还是可以避免的。

只有所有项目参与者进行规划、沟通、秉持切合实际的期望，才是避免造成设计模型与施工模型间不连续以及其他不良后果的唯一途径。一个由所有相关方一致同意、全面详细的

92

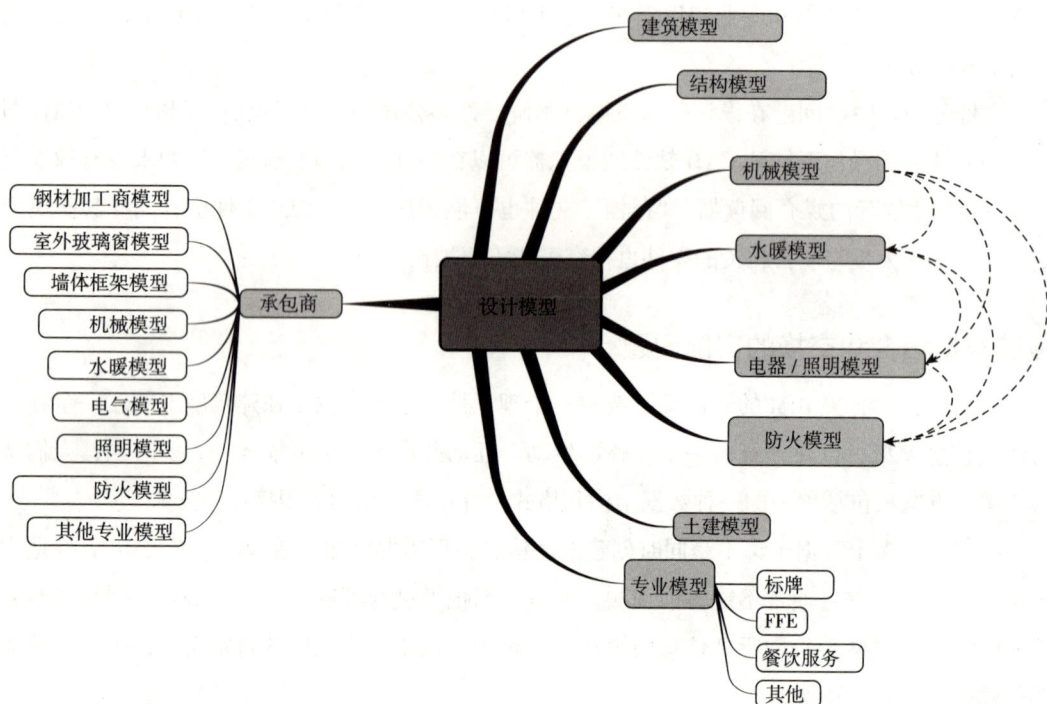

图 3.6 承包商模型与设计模型分别解决不同的问题（由 HNTB 提供，感谢 David Graue 和 Gautam Shenoy）

BIM 执行计划是个好的开始。首先要清楚地了解：每一组 BIM 的使用用途，相应地应该如何完成建模，以及每一组应该负责哪些信息编码。这会在第 4 章中更加充分地描述。在这个过程中可能会出现分歧、未知和变化，但事先的约定可以防止 BIM 大量的重建。

通常在这个过程的起始阶段承包商并不参与，而这使得前期规划更加困难，并可能导致 BIM 最终被重建。所以特别有必要让业主或其全权代表理解这个关于设计模型和施工模型的基本问题，以使他们不会奢望一个一成不变的 BIM 就足以解决一切。业主必须支持项目团队对每个项目进行的 BIM 规划，并从中发挥更积极的作用，而且合同必须反映以数字交付为主要工作形式所面临的新情况。

交换 BIM 数据可以有多种工作流程，它们可以分为两大类：单一整体模型和联合域模型。

93 这两种模型都有多种方式来共享或合并 BIM 在设计、模拟和分析过程中的数据，每种方式也各有利弊。

单一模型和联合模型系统

如今在实践中，即使在单一的软件平台上，各专业（如建筑、结构、MEP、承包商等）其实都是在模型的并行版本或者副本上工作，用必要的数据来完善该模型。目前的争论集中在协调这些并行数据流的两种方法：

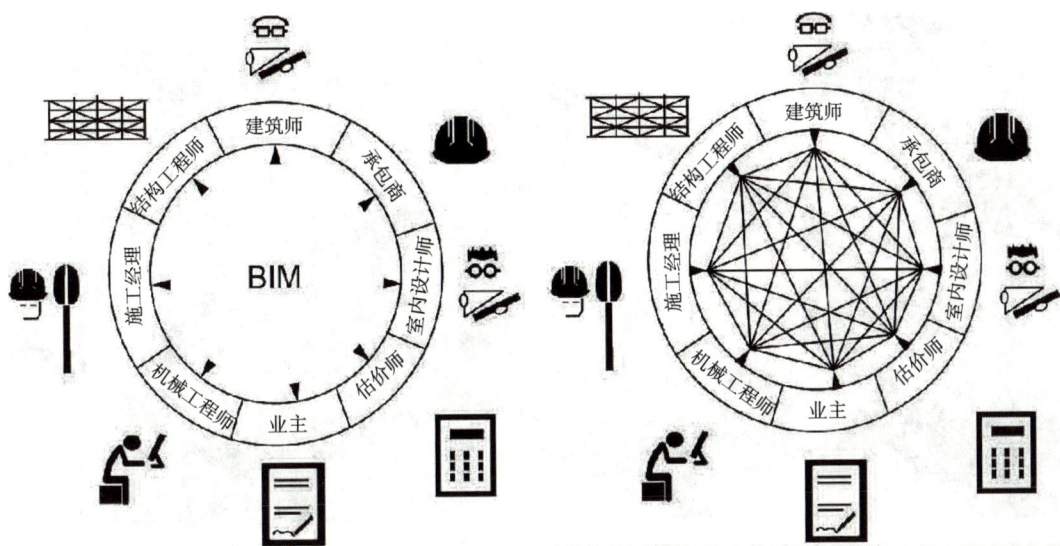

图 3.7　除了非常小的项目以外，一个项目基本不可能只用一个模型。但将文件（尤其是建筑、结构、MEP、防火）链接在一起却是一种常见方法（感谢 Jinhua Ashley Peng）

1. 使用一种专有数据格式或者通过另一种通用的开放格式来链接多种格式；
2. 使用一个中央模型服务器或者链接多个服务器并拥有多个客户端连接。

单一模型系统和高清晰 BIM 的例子

　　一个单一、整体、互动且全面的模型被一些人看作是建筑信息建模的"圣杯"。这个独立的虚拟建筑模型可用在设计、与咨询顾问协调，以及建造和设施管理的过程中。作为建成环境的一个完整描述，它可以查询关于建筑的任何信息。理论上，人们可以将一个三维的体量模型开发成一个能够生成施工图纸的设计模型，用它进行模拟和分析，将其转变成一个可用于施工的模型，并提供给业主用于未来楼宇的管理。

　　然而，单一模型的方法极少使用，而且在多数情况下，它也不是最好的方法。即便如此，这里还是有一个单一模型非常好的例子。它之所以运行良好正是由于它仅限于单一专业中。结构工程师 Gregory P. Luth 博士展示了不但可以创建一个供建筑结构构件从设计到施工使用的单一 BIM，而且还可将其发展水平提升到高清晰的程度。他称之为"高清晰 BIM"，即把加工图纸水平的细节包含到了设计模型中（AIA LOD 500）。他在几个项目的不同发展水平中都应用并验证了这个想法。通过在三维模型中集成更丰富的、包括结构细节的施工信息，他创建了一个可用于建筑整个生命周期的单一 BIM。（高清晰 BIM 这部分内容的引用得到了 Gregory P. Luth 的允许，基于 Luth 2012）

　　方式、方法和工序必须在设计阶段考虑。因此，施工知识需要提前介入来支持设计过程，而不是在后期添加。这就需要制定一个实用的集成项目交付（IPD）过程并且创建一个虚拟的

图 3.8 BIM 中所包含的高水平细节（由 Gregory P. Luth 及其合伙人提供，感谢 Gregory Luth）

图 3.9 钢筋的细部设计以及最终装配（由 Gregory P. Luth 及其合伙人提供，感谢 Gregory Luth）

设计和施工模型。从 BIM 到高清晰 BIM 最重要的转变是信息数据库处于加工图纸的发展水平（LOD 400）。

两个方面的例子突出了传统实践和结合了单一模型的高清晰 BIM 以及其他形式的功能性集成项目交付之间的区别：预算与投标，以及变更管理。

在传统实践中，合同文件反映建筑设计，却并不限定施工具体的装配顺序或方式方法。建筑师和工程师可能对施工方法有主意，但历来（通常在合同上和法律上）这由承包商负责。然而，随着采用集成的方法以及在协调中使用 BIM，作为结构工程师（SEOR）的 Luth 通过预测最高效的建造顺序创建了一套完整的设计，并调整了结构、地形和细节，提高了效率，优化了经济性和质量。

这些额外的细节提高了投标中成本估算的准确性。在目前的实践中，固定价格估算往往是基于不完整的文件，或只是对项目局部的了解。因此，分包商不得不以更高的报价来防范一些不可预见的风险。有时直到投标结束很久，加工图纸制作完成时才能确定最终的工程量。最终的价格是基于对概念图纸估算的修改并通过变更通知的过程来调整。而对于高清晰 BIM，单位价格基于模型中的准确数量，并根据实际交付数量来调整。这减少了信息索取所带来的成本。分包商通过用这种更高效的、更经济的方式来加工和交付特定构件，与竞争对手相比也有了显著的优势。传统预算所带来的"风险"成本可以从项目成本中剔除。但更确切地说，风险并没有完全消除，而是转嫁给了结构工程师（SEOR），所以这并不是一个令许多设计师满意的解决方案。

　　通过创建一个准确反映设计意图与施工细节的精细模型，在获得合同时就可以给供应商提供施工图纸，或者将模型移交给加工商来制作加工图纸。这比传统实践所用的方法能节省几个月的时间，例如，钢筋翻样员在准备完整加工图纸的过程中必须理解结构工程师（SEOR）的意图，并利用 RFI（信息请求书）的流程来解决问题。

　　目前变更管理在很大程度上依赖于 RFI 的流程；变更一般由项目中的一方提出，由设计团队修改，并转化为草图和新的加工图纸，然后将信息传达给承包商和分包商。在高清晰 BIM 的集成项目交付中，这个过程需要在有效地管理变更的同时保持高效的施工作业。结构工程师标记出可能会与预定施工活动相冲突的潜在变更。变更会同时体现在书面文件和加工图纸上。修订后的加工图纸发给承包商进行施工，最大限度减小或者消除拖延。变更通知基于交付的工程量。团队相关成员之间的直接沟通会使总体流程进行得更加顺畅（Luth 2012）。

高清晰 BIM 方法的局限性

　　对 Luth 来说这是一个奏效且乐观的角度和方法。然而，由于坚持要求高水平的信息并与设计过程同步建模，高清晰 BIM 可能会扰乱企业目前的工作习惯；专业人员也需要适应其工作流程以便能最大限度地从该技术中获益。Luth 倾向于创建一个基于特定专业领域单一模型的方法可能并不适用于其他专业或公司，这里有以下几个原因（Boucher 2013）：

- 目前，对设计师的错误和疏漏所购买的保险并不涵盖施工的方式和方法。
- 设计师经常使用的软件程序和承包商与分包商使用的不同。把 BIM 合并成为一个模型，既不切实际也不可能。
- 设计师仍然需要在其设计上签名并盖章，但如果他们不是整个项目的设计者就会比较难。例如，如果单一模型中包括了分包商所做的细部设计。
- 设计软件和加工软件之间经常会有互通性问题。许多分包商和供应商的软件程序直接与他们的制造设备（如计算机数控、管道加工、屋架等）和分析软件链接（如消防设计和钢结构）。

- 客户通常不愿为这种额外工作支付更高的设计费。
- 不同的软件工具服务于不同的目的，他们通常既不重叠，也不共享各自的数据。共享一个单一模型不是目前设计实践中的主流操作。

Luth 使用单一模型进行设计、施工、创建加工图纸，这表明单一 BIM 至少在结构工程中应用是可行的。但是，其创新的方法太理想，不能成为大多数企业的准则。单一模型的想法是明确的，可实现它的途径却不那么平坦可行，甚至有时连方法本身也并不完美。它的缺陷可分为三类：技术、流程和人员。虽然硬件在不断改善，但目前的运行速度依旧不能快到足以应对大型复杂建筑模型的需求。建筑公司已经放宽了对 BIM 实际文件尺寸的限制，对于大项目常常需要把模型分解成多个部分。这除了造成效率低下、不得不"买杯咖啡来等待模型加载"外，还导致协调方面的问题。目前，软件还没有达到随时都能提供模型所需部分的最理想状态，而且由于组件间具有相互依赖性，这不是一个容易解决的问题。此外，BIM 不仅被来自同一公司的不同人员访问，有时还被来自全国或全球其他公司的人员访问。传输时间仍然是个问题。能够将数据和图形分离的软件程序拥有速度和访问方面的优势。

对于较小的项目或假如计算处理速度大幅提升、内存管理良好且文件传输速度不错时，单一模型可能在技术上可行。但另外两个方面：流程和人员，会成为项目的短板。虽然建筑设计的流程有很多，但一般来说其交付方式具有一定程度的相似性：策划、方案设计、初步设计、施工图设计，以及在施工过程中的一系列阶段。服务、风险、责任等事项的费用在传统项目交付时间表中划分明确，而 BIM 的使用会模糊这些界限。尤其是涉及法律问题的新案例需要被开发出来，从而在整体上真正推动 BIM 项目的交付。

专业人员有各自具体的角色、责任和工作方法，这可能并不利于创建单一 BIM。例如，建筑师和机械/电气/水暖（MEP）工程师在工作时所要求的细节水平和信息都不同。虽然他们可以把各自的信息都添加到 BIM 里，但会出现一些交叉重叠，这就需要额外的协调。建筑师可能需要照明灯具的一张精细效果图，而 MEP 工程师则更关心灯具的电气或照明性能，甚至在各自模型中对构件的图面表达方式也有不同的偏好。另外，设施管理员可能需要 BIM 包含零件更换和保修信息。这当然是个挑战，却并非难以克服。关键是明确一个可行的工作流程来接纳多个项目参与者的数据输入。随着所有项目参与者各自的需要被包含在这个预先明确的过程中，模型的复杂性将不断增长。不同人员使用不同的建模技术也可能使得将所有信息包含在单一模型中不适合。例如，模型经常被简化，甚至只保留与建筑设计相关的信息，比如用于能量模拟程序。但这些能量模型并不简单地是主模型的子集，因为在多数情况下，能量软件在其专业领域以外处理数据有局限，所以能量模型需要从建筑模型中分离出来才能运行。单一模型可能不具备存储用户所需多种信息的能力。

对于一个项目综合性的单一 BIM 来说还有很多其他概念模型。可以在个体建构对象的层级上创建一个基于构件的 BIM，这依赖于链接到反映构件属性的制造商数据库。这些属性"将建筑师、工程师、咨询顾问、加工商等所有人的工作融合成一个精确的电子施工模型"（Harfmann 2013）。当然，"从复杂性、认知性和文化性这三个方面考虑，其中也产生了 99 关于 BIM 一体化局限的许多顾虑"（Johnson 2013）。

联合域 / 专业模型

有别于单一模型，大多数公司创建的是一系列具有特定用途的模型，例如：

- 建筑设计：体量、分析、视觉研究；
- 结构设计：几何形体、分析；
- MEP 设计：机械、电气、水暖、安全、消防；
- 施工：分包商模型、成本估算、进度安排。

但这并不意味着以上的这些都是完全独立的小型 BIM。数据只是被整理和存储在所需的地方，以便于快速访问和持续利用。通常，这些模型的发展水平和详细程度也会有所不同。这些 BIM 之间相互关联的方式可能有以下几种：

- 从另一个模型中获得（例如能量模型从设计 BIM 中获得）；
- 将信息链接到主模型（例如结构 BIM 被链接到设计 BIM）；
- 转化而无须完全重建（例如设计 BIM 被用作施工 BIM 的基础）；
- 吸收进其他模型（例如施工 BIM 的信息被调入到设施管理 BIM 中）。

即使在单一的子模型中，组件的复杂程度也很有可能不同。在 HOK 公司设计的 Cedars Sinai 高等健康与科学馆中（AHSP），随着设计逐渐深入三维建筑模型变得越来越复杂，HOK 创建了三种类型的模型（LOD 100、200 和 300）。他们还把主模型细分成了多个 BIM 以便于操作，分别代表核心筒与框架、桥梁、场地、实验室层，以及用户工作改善区（Dave 和 Shaykh 2011）。其他公司则倾向于尽可能把模型简化，以减少由于内存和存储空间的限制而导致的文件崩溃。在某些情况下会故意不把数据直接输入到 BIM 中，而是将其包含在与对象链接的电子表格里以减少文件大小。其他可行的方法还有当没必要使用三维组件来沟通设计时，可以插入一个数据丰富的二维对象来代替三维组件。

100

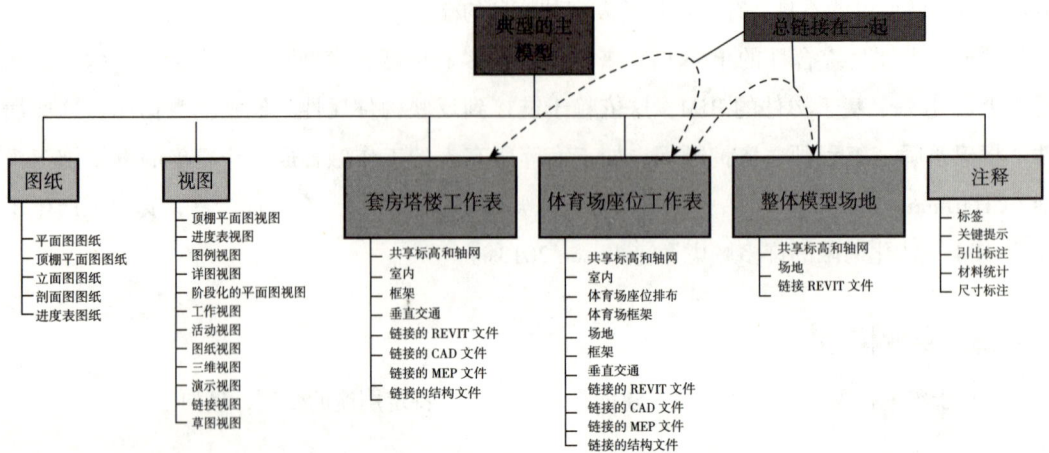

图 3.10 一个体育场项目链接模型的局部示意图（由 HNTB 公司提供，感谢 David Graue 和 Gautam Shenoy）

101

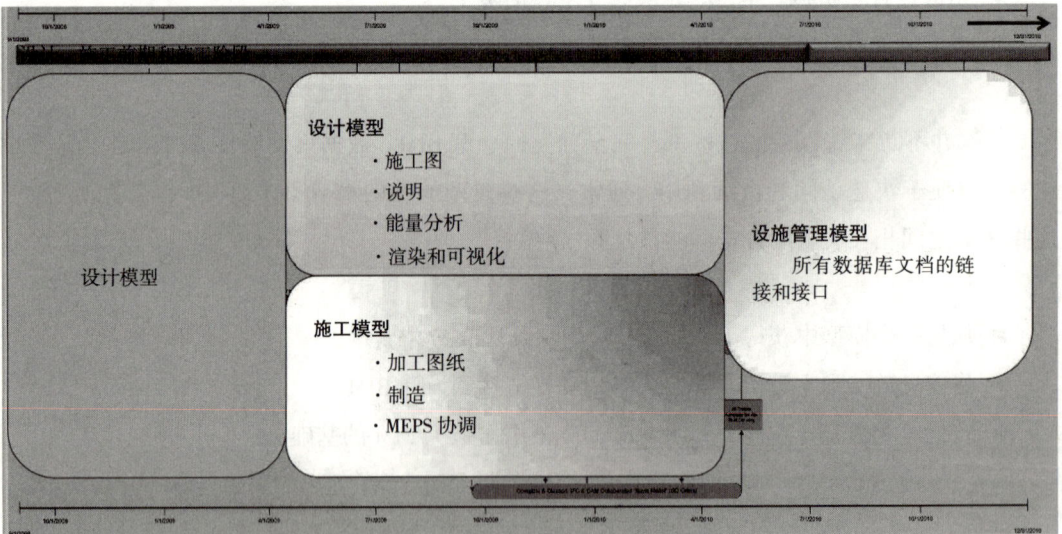

图 3.11 校园设施管理对项目中不同 BIM 期望的示意图（由南加大设施管理部门提供，感谢 Jose Delgado）

BIM 服务器作为 BIM 文件库

　　选择并不一定非要在一个大型的单一 BIM 文件和横跨多领域特定专业的小型子 BIM 之间进行。BIM 模型服务器或网络模型是一个可以辅助文件管理的概念，其中存储着模型的共享信息并可供整个项目团队访问。BIM 服务器在单一模型和联合模型的概念中都能使用，但其成功与否实际上取决于在项目开始阶段采用的是单一策略还是联合策略。不管怎样，让任何人在任何时候都能访问数据并不如让恰当的人在需要的时候使用数据更重要。

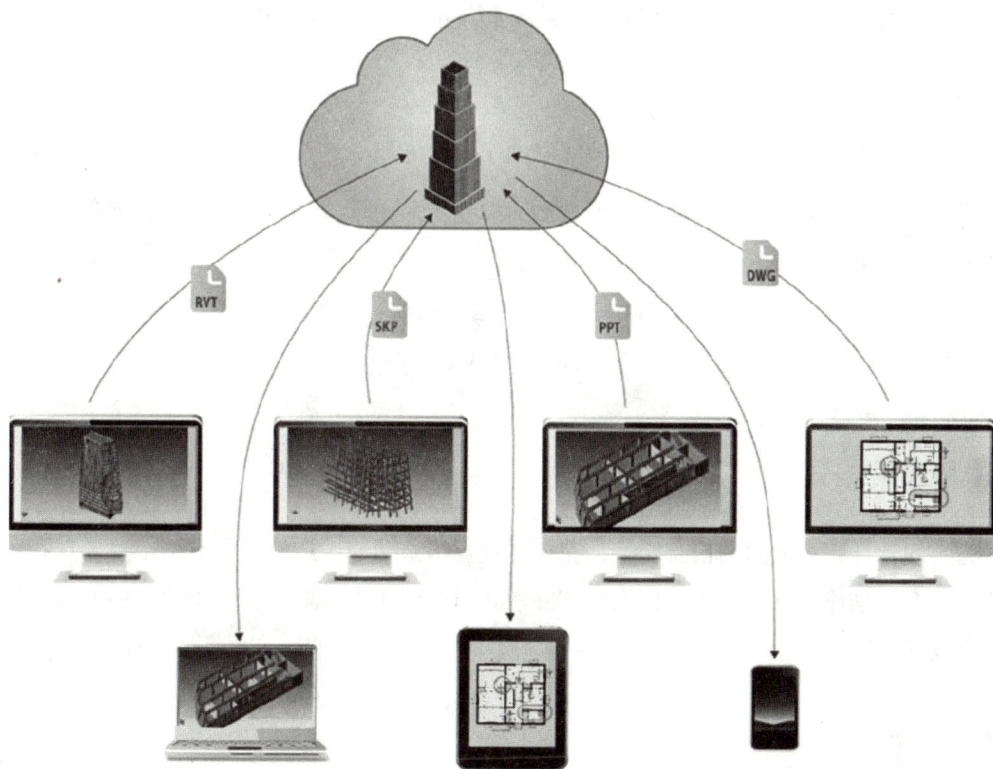

图 3.12 通过移动设备把项目中不同类型的数据文件放到云端中以便轻松访问（由 Gehry Technologies 提供）

单一与多个模型，专有与开源

"正如目前的实践，即使在单一平台上，每个专业领域其实都是在模型的并行版本或副本上工作，用所有必要的数据来完善其性能。对如何协调这些并行数据流的讨论涉及两方面的问题"（Ouellette 2013）：

1. 使用一个单一模型还是链接多个模型？

2. 使用一种专有数据格式还是通过一个常见、开放标准来链接多种格式？

对 Gregory Luth 结构模型的讨论表明，使用一个高度开发的单一模型来管理设计和施工是可能的。实现这个概念既可以通过将单一文件移交给其他专业，也可以通过使用一个中央BIM 服务器。单一 BIM 在概念上很简单，但在实践中面对许多专业不同的需求与预期，试图解释数据复杂使用的时候却往往过于简单。无论是用单一文件还是 BIM 服务器，单一模型方法的缺点通常多于优点。

目前多模型的方法能更好地适应行业的不同需要。下面是联合模型运作的几种方式（Ouellette 2013）：

■ 一个通过模型链接和数据交换而创建，在时间上异步的点对点网络模型；

■ 一个随着项目逐步完成，相关模型被异步合并到一起的贡献体系；
■ 一个中央 BIM 服务器；
■ 一组相互连接的 BIM 服务器。

但是，联合模型的方法受到不同模型之间"差异"的干扰。例如，在第 2 章介绍的设计 BIM 和施工 BIM。此外，这些不同的模型可能在不同的软件平台上创建。例如，钢结构行业从预制零件到安装建造的整个过程都直接面对这个问题。美国钢结构协会（AISC）从技术、实践和合同等方面阐述了阻碍联合 BIM 的因素（AISC 2013）。

数据和通信格式

为实现软件程序之间的信息交换，需要对数据格式达成一些约定。有两个主要选择可以考虑：专有标准或者开放标准。国内和国际的建筑行业正在不同项目中检验使用专有数据格式或开放标准格式的优点和缺点。

专有

随着对 BIM 使用的日渐增多，建筑行业有足够的理由增加对软件开放标准的需求。但也有一些原因可能会让人们在某些项目中选择使用专有解决方案。

104　　从用户角度：

■ 可能没有选择。适用于特定任务的软件程序数量很有限。
■ 专有系统可能比开源系统在行业中应用的更普遍。
■ 单一供应商提供的软件套件能更好地运行由其自身创建的模型，而且可以产生更可预见且稳定的结果。总的来说，软件可以很好地在其自身、内部模块，以及未来更新的版本中运行。
■ 用户界面更熟悉，学习曲线更平缓。例如，在特定 BIM 软件中内置的能量工具可能要比不常使用的独立程序更加易用。
■ 技术支持会更好。不同的软件公司之间不会相互推卸责任。

从供应商的角度：

■ 他们可能不想投资创建开放标准或者花时间把他们的文件格式转换到通用格式。

- 他们可能认为把开发资金用在提升自己的产品上会更好，而不是试图解决与其他供应商产品间的互通性问题。
- 他们可能觉得所谓的标准数据格式不足以也不能够容纳他们所有相关的数据。
- 他们可能认为公司间的竞争会促进创新，因为他们会添加新功能以避免用户转用其他软件系统。

但总体上对用户而言，相比开放标准所能提供的好处，专有标准所列举的理由并没有更吸引人。

开放标准

开放标准是真正实现数据互通的关键，它会使过程和结果都好于由一个供应商技术所提供的专门软件和所形成的潜在市场垄断。就像 HTTP 等开放标准协议和 HTML 等格式确保了互联网和万维网的成功和普及一样，开放标准的数据技术有利于整个建筑行业并能使 BIM 在世界各 105 地更好地使用。

美国建筑师学会（AIA）已正式表示支持透明、开源的标准。

> AIA 认为，所有行业配套软件必须协助而非约束项目的规划、设计、施工、调试和生命周期的管理。软件必须支持非专有的开放标准，来交换可审计的信息，并允许信息随时随地可以在不同的应用程序之间交换。这要通过专业人员、公共和私营部门采纳开放标准才能最好地实现。AIA 鼓励其成员和其他行业组织在开放标准的持续发展中担当领导角色。（AIA 2009）

AIA 在 2009 年核准的互通性声明中描述了互通性和开放标准之所以重要的原因。互通性的关键在于并非所有的专业人员都使用相同的软件。相反，他们依赖最有利于完成实际任务的软件。要想使建造过程更加高效，应该有一种不阻碍信息流动的数据交换方法。其他技术密集型领域如地理信息系统（GIS）和金融已经认可了开放标准的价值。为了创建数据交换的方法，AIA 支持开发一个中立于建筑、工程和施工（AEC）行业的数据传输架构来支持业务流程。

AIA 的声明中还提到了由于开放标准的缺失而导致的效率低下、机会缺乏及软件市场竞争不足等缺点。

- 由多次录入相同数据、复制时产生错误及访问关键信息不畅而导致工作效率降低。
- 没有开放标准可能会导致与不同合作方在不同项目上合作机会缺乏（例如，一些客户可能要求以开放标准的形式交付），并降低了采用集成项目交付项目的利润。

106　　■ 软件市场竞争不足可能导致软件选择减少且成本更高。

　　AIA 声明的结论是："需要一个大的、有竞争力的、互通的软件市场来促进创新的蓬勃发展"（AIA 2009）。

　　实现这个目标的一种方法是让软件公司专注于自己最擅长的领域——用户界面、编辑和查询选项，或有别于其他公司的功能。市场上的多样性和竞争性可以继续为创新提供原动力。为使开放标准可行，软件公司应该着手创建一个由所有利益相关者共同开发的通用数据库。这将为操作数据最需要用到开放标准的地方提供最大限度的灵活性，同时为互通创建标准。

> 　　我们需要的是工程数据库。软件企业虽应专注于用户界面、编辑和查询工具，但也应设法解决一个由所有利益相关者共同开发的通用数据库架构。（Luth 2013）

数据交换所用的文件格式

　　有些应用程序完全依赖于开放标准。例如，ASCII 实现了程序之间的文本传输；没有 HTML 互联网就不会存在；JPG 文件被普遍用于像素数据的存储。表面模型可以用 IGES、DXF 和 DWG 格式保存，实体模型可以用 SAT 格式保存，XML 格式可以用于各种用途，IFC 格式在 BIM 互通性方面目前处于领先地位。BIM 现有的文件格式有很多，在下面的讨论中将提到一些，也借此阐述 BIM 开放标准的历史和发展方向。

CAD 文件

　　20 世纪 70 年代后期，IGES（初始图形交换规范）被开发出来，成为一个独立于供应商的文件格式用于 CAD 系统之间的信息交换。20 世纪 80 年代早期，DXF（图纸交换格式）被
107 Autodesk 开发出来作为一种允许 AutoCAD 和其他 CAD 程序之间进行数据交换的方法。类似于 IGES，DXF 是一种基于文本的格式，尽管也存在一个二进制的版本。它所复制的 AutoCAD 文件信息不仅包括对象的几何描述，还包括层定义、颜色、线型、视图等信息。但由于 AutoCAD 本来就是基于面的三维建模程序，所以 DXF 不包括基于实体的几何图形。而 Spatial Corporation 的 ACIS 实体建模格式——SAT 则是一种可以保存实体模型的格式。AutoCAD 的 DWG 文件格式也已经被用作一种 CAD 文件的交换格式，虽然它对某些二维和三维的应用程序非常有用，但却并不适合 BIM。这需要回到第 1 章的基础讨论，具体来说 BIM 的基本特点是一个包含数据的参数化对象的集合，而这和 CAD 等其他大部分的三维表面和实体建模程序是不同的。

基于 XML 的模式

　　XML（可扩展标记语言）是一种广泛使用的开放格式。HTML（超文本标记语言）可以说

是被用于网页编码的一种最著名的格式。VRML（虚拟现实标记 / 建模语言）是一个用于表现三维模型的早期标准格式。用在 HTML 上的 VRML 插件允许在网页上与这些三维模型互动。X3D 是它的后继格式之一，但仍不能用于 BIM 的编码。

绿色建筑 XML——gbXML 被开发出来作为一种可以在创建 BIM 的软件程序和能量模拟工具之间互通的文件格式。能量软件程序的一个重要特点是它对"分区"进行编码，而"分区"将用于模拟和分析的过程。这种格式在可持续设计软件工具中很常用。

其他基于 XML 的 BIM 架构包括 aecXML、ifcXML 和 BIMXML。aecXML 和 ifcXML 都是基于 IFC 标准的。而 BIMXML 则描述了：

> 在一个简化的建筑空间模型（拉伸的形状和空间）中用于 BIM 协作的建筑数据（场地、建筑、楼板、空间、设备及其属性）。XML 架构被开发成为全尺度 IFC 模型的一个备选，用来简化建筑、工程和施工（AEC）等各种应用程序之间的数据交换，并通过网络服务来连接建筑信息模型（http：//BIMXML.org/）。

工业基础分类（IFC）

工业基础分类（IFC）是一个基于对象、独立于供应商、开源，并且免费提供给公众和软　108

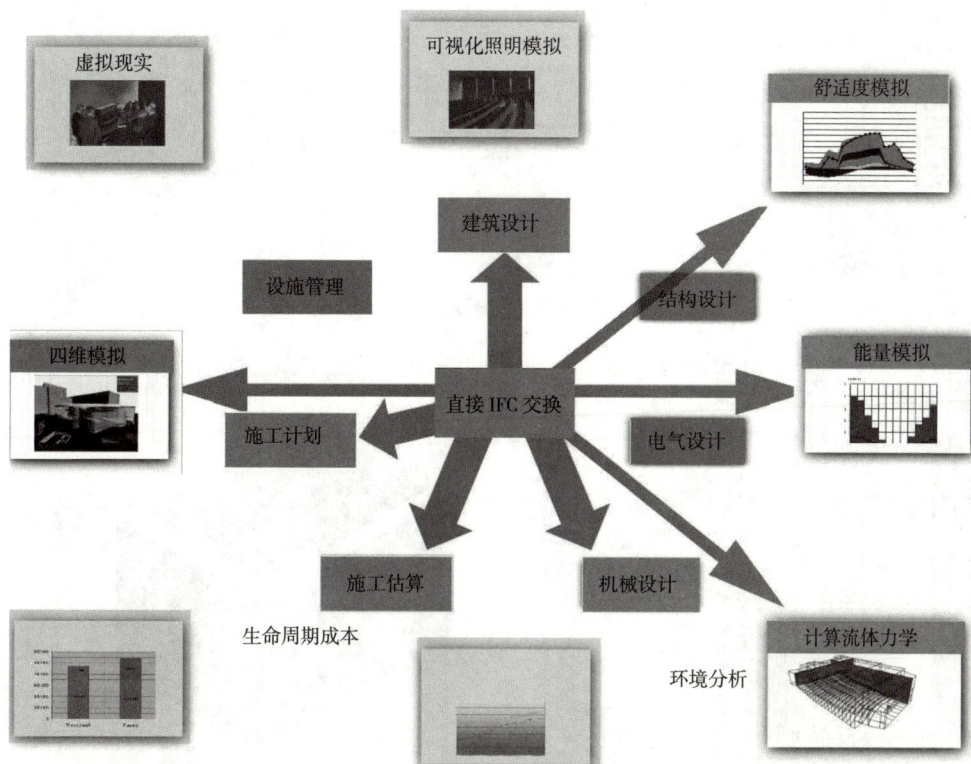

图 3.13　不同于专有 BIM，IFC 在 BIM 互通性中占有主要位置（感谢 Calvin Kam）

件开发商的开发标准数据规格。它致力于支持 BIM 互通性，描述建筑构件和施工数据，并正被 buildingSMART 国际组织积极开发（http：//www.buildingsmart.com 和 http：//www.buildingsmart-tech.org/）。由 100 个供应商和开发者所开发的 140 多个软件工具可以导入或导出兼容 IFC 的文件。最新的列表可参见 http：//www.buildingsmart-tech.org/implementation/implementations。

此外，buildingSMART 国际组织的 IFC 认证过程可以保证终端用户所使用的软件在技术上有能力生成高保真的 IFC 文件进行交换。详情可参见 http：//www.buildingsmart-tech.org/certification/details。

美国钢结构协会（AISC）也在考虑将 IFC 作为新标准（Moor 和 Faulkner 2012）。他们审视了当前标准 CIS/2 的利弊，并列出了十几年的经验体会。他们认为 IFC 或等效格式应被建筑、工程和施工（AEC）行业的所有成员采用。两个关键点解释了其中的原因：

1. 市场推动了互通性，IFC 愈加被认为是解决 BIM 互通性问题的好办法。

2. 公司的工作流程应当决定互通性的程度及必要性。

建立信息交付手册可以帮助解释在钢铁行业中从概念设计到安装过程数据传输的重要性。通过把互通性描述为设计和施工过程中不可缺少的一部分，利益相关者可以了解他们将如何受益。作为一个标准 IFC 应考虑信息流的精简（Moor 和 Faulkner，2012）。

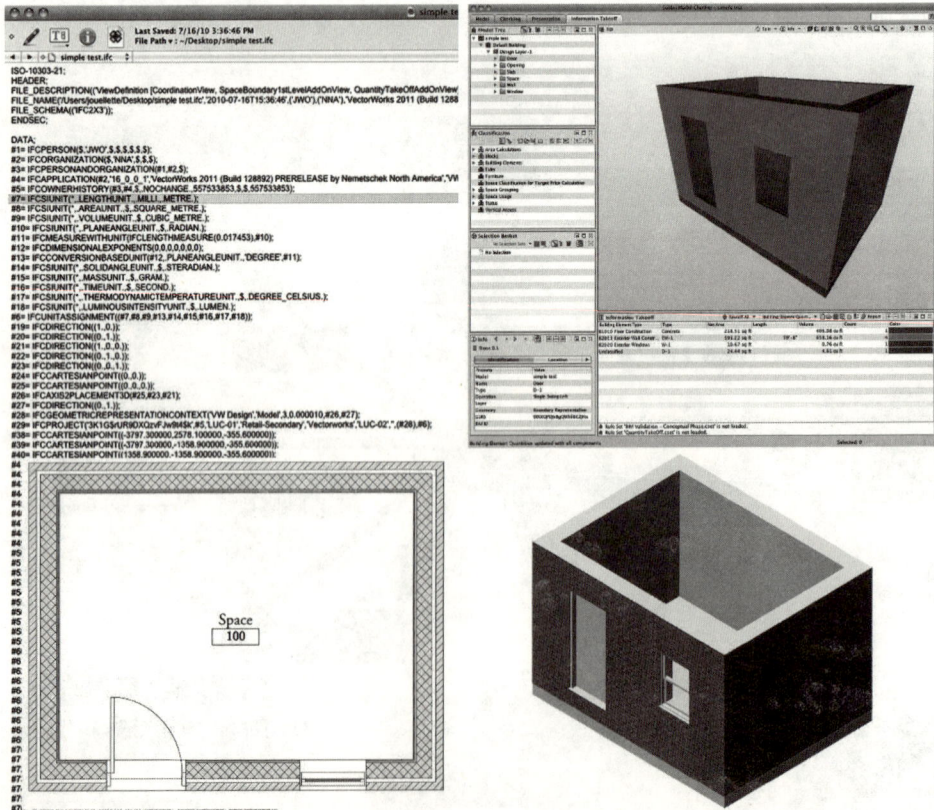

图 3.14 三维模型与其相关的 IFC 描述（由 Nemetschek Vectorworks 公司提供，感谢 Jeffrey W. Ouellette）

IFC 是将对象的几何形体与数据进行编码的数据模型标准。几何形体本身的规格是基于另一种被称为 STEP 的 ISO 标准，它是一种最初为实体建模中的几何形体而开发的数据格式。IFC 的定义包含以下要素：语义、关系和特性。

1. 语义是一个数据集合的特征。

2. 关系展示了数据之间的相互联系。

3. 特性包含实体特性比如材料与定性数据，单位成本与制造商。

IFC 既包括对特定建筑元素的定义，比如 HVAC 设备、空间、分区、家具、结构构件等；也包括对对象特定属性的定义，例如，一个对象可能有相应的形状、成本、维护要求、位置、隐含能，以及和其他对象的联系。这些数据通常是以下面三种文件格式其中的一种来编码的：.ifc 是基于 STEP 的默认文件格式，.ifcxml 是基于 STEP 格式的一种 XML 转换，.ifczip 是以上任意一种格式的压缩存档，它可能还包含额外的关联资料，如 PDF 或图像（Ouellette 和 Server 2012）。

对 IFC 的诟病集中在它难以处理参数化数据，并仍需进一步开发完善。IFC 从来没有打算，也没有一定要涵盖参数信息。它是一个基础分类（真正在计算机科学上对"分类"的定义），本意是成为一种连接不同系统的方式。作为一个开放标准，IFC 可以支持开放 BIM—— 110 "一种基于开放标准和工作流程，对建筑进行协同设计、实施和运营的通用方法"（http：// buildingsmart.com/openbim/ ）。这不仅仅是一个理论性的声明。通过使用 IFC 文件设计的建筑项目已经可以展示出 BIM 是怎样在建筑、模型检测、环境模拟、结构和施工管理软件中切换的（Ouellette 和 Server 2012）。例如在芬兰，Senate Properties（一个国有设施管理公司）就要求使用带有 IFC 交付成果的 BIM。

施工运营建筑信息交换（COBie）

COBie 是一个为设施管理者在建筑生命周期内交换所需数据的非专有平台。COBie 的方法旨在让业主鼓励或要求在相关信息可用时将其直接输入到或链接到 BIM 上（East 2013）：

1. 在早期设计阶段，明确业主要求和设计依据（BOD）。设计师提供建筑面积，体现功能 111 和房间号码（可用于索引）的空间分配，以及设备的平面布局。

2. 在施工图阶段，材料、产品和设备会被指定出来。COBie 的数据交换协议可以让所提交文件的确认函直接链接到 BIM 上。

3. 施工结束后，承包商可以提供已安装设备的品牌、型号、序列号、保修信息和操作手册。 112 产品制造商通常可以把这些信息按照要求的格式提供给承包商。一些州把对操作手册的要求包含在了建筑法规中（例如加利福尼亚的 CALgreen——调试要求）。

4. COBie 也包含关于提交文件的规范，可用于各种系统调试包括指令、测试和认证。

5. 在入住时，业主把 BIM 档案和相关的 COBie 文档数据集纳入到自己的建筑管理系统中。业主和设施管理者可以从具备 COBie 的 BIM 中获益：在竣工之前获得关于建筑运营的信息，

图 3.15 通过 IFC 标准将 BIM 和工程软件链接（由 Nemetschek Skia 提供，感谢 Dan Monaghan）

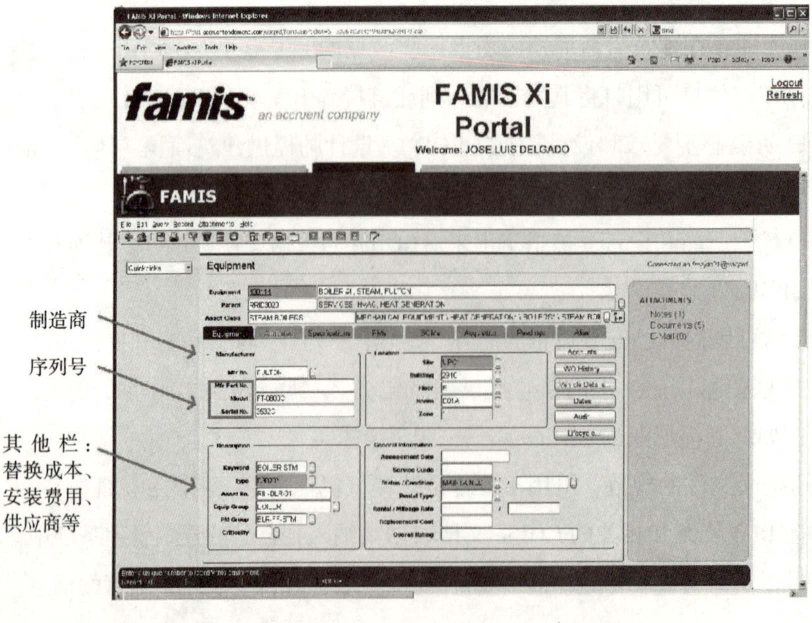

制造商

序列号

其他栏：替换成本、安装费用、供应商等

图 3.16 用兼容 COBie 的 BIM 来录入建筑管理系统中的信息（由南加大设施管理部门提供，感谢 Jose Delgado）

快速将数据上传到建筑的计算机维护管理系统（CMMS）中，并通过调整对象的参数值来节省　113
数据录入时间。

OmniClass 建造分类系统（OmniClass 或 OCCS）

OmniClass（http : //www.omniclass.org/about.asp）在其网站上是这样描述的，"是对整个建筑环境进行分类的一种策略"。它旨在规范从策划到拆除所有阶段、所有建造种类的命名。这是一个开放且可扩展的标准，它包含了现有的规格标准（Masterformat, Uniformat, EPIC），并为整理项目整个生命周期的信息、加快设施管理流程做准备。

OmniClass 是一个包容性非常强的标准。它包括了 15 个相互关联的表，分别反映了从大到小各种组件不同方面的建造信息。下面列举了 15 个类别中的 3 个：

1. 以形态划分的建造实体，如建筑物、土地形态和水形态；

2. 按功能划分的空间，如采光井、墙壁、停车空间、交通空间；

3. 产品，包括用于场地的产品（如停车计费器）、结构和外围护的产品（如骨料）、内部和表面材料的产品（如楼板面层）等。

更多信息：美国国家 BIM 标准

buildingSMART 联盟（http : //www.buildingsmartalliance.org）是美国国家建筑科学研究院的下属委员会，同时也是 buildingSMART 国际理事会的分会。他们在 2007 年 12 月 18 日发布了美国国家 BIM 标准第一版的第一部分（http : //www.wbdg.org/bim/nbims.php）。文件包括了以下部分：

- 介绍，包括概述、原理和方法；
- 国家 BIM 标准的序言；
- 信息交换的概念；
- 信息交换的内容；
- 国家 BIM 标准的发展过程。

美国国家 BIM 标准的更新和扩展版本是于 2012 年 5 月在美国建筑师学会（AIA）全国大　114
会上发布的。它从目录中强调了以下几个关键方面：

- 范围；
- 参考标准包括 ISO 16739（IFC），XML，OmniClass 表（13, 21, 22, 23, 32, 36）；
- buildingSMART 数据字典；
- 术语和定义；

- 信息交换标准（包括 IFC，COBie，能量分析和成本估算）；
- 实践文档包括 BIM 项目实施指南。

该文件（http：//www.nationalbimstandard.org/）是解释 BIM 所涉及范围的一个非常宝贵的资源。

结论

鉴于 BIM 过程本身具有多领域性，各领域所生成数据的复杂程度不相同，可以处理这些数据集的软件工具又很多，所以生成的数据必须能够在各种软件工具和平台之间自由交换。要让用户充分认识到建筑信息处理及所生成 BIM 的潜能，的确是一个不小的挑战。众多的项目参与者都使用特定的软件从 BIM 中访问并生成不同的信息。这些信息可能包括建筑的几何形体、制造商、成本、维护计划、隐含碳、使用者、传感器阵列原理图、HVAC 控制、管道流量、钢的弹性模量、粉刷颜色、过滤器类型等。但是制定一个策略来组织这些信息并使其共享并不容易，特别是这些信息及其目标也一直在变化。互通性才是把 BIM 和模拟软件成功整合的关键。以下是几种目前应考虑的可能会解决互通性难点的方案：

- 理论上可以把所有必要的信息在一个 BIM 中编码，其他软件程序可以在需要时提取。
- 可以在 BIM 程序中集成分析软件。
- 在软件套件中提供链接的模块，以便更有效的沟通。
- 可以创建使不同公司的软件之间数据无缝传输的标准。
- 以上方法的各种组合。

115

行业内需要有除 DXF、DWG 和 SAT 以外的文件格式来交换信息。gbXML 展示了与能量软件程序进行信息交换的前景，但 IFC 却最有可能成为 BIM 信息交换的标准。这并不是超前的预言——许多公司目前正在使用 IFC 作为文件传输机制，而未来的发展只会使其变得更加简单。

第 4 章

BIM 的实施

本章概述了专业建筑事务所从 CAD 到 BIM 转换过程中的关键步骤和可能遇到的问题。还涵盖了项目交付方法及其与建筑信息建模的关系，归纳了在组织和交付 BIM 项目中存在的问题，介绍了开发 BIM 执行计划的相关资源，强调了建筑师的领导角色。最后讨论了便于公司确定 BIM 成熟度水平的可用资源，并列举了出色运用 BIM 的优秀建筑项目。

将公司向 BIM 转变

将公司从 CAD 向 BIM 转变的许多步骤与当初从手工制图到 CAD 的转变类似。尤其是在 BIM 所特有的三维和参数问题出现之前，在最初的二维和工作模式转换的步骤上。最终，人们将发现 BIM 不仅仅是选择硬件和软件平台，而是与实践过程的整合。公司管理层也可以专注其他更重要的问题，如提高生产效率、收益率，以及提供新的服务。

实施的七个步骤

在采用 BIM 实现第一个项目并产生反响之前，公司应该通过七个步骤来解决实施的问题：明确为何使用 BIM、预期目标、行动计划、资金支出、BIM 软件，以及更多的软件和硬件。应当组建一支能够应对这些问题的团队。这个团队的成员应至少包括：合格的 BIM 协调员、IT（信息技术）经理、热情的项目经理，以及至少一个有权实施并把控开销的负责人。特别 对由个人领导 BIM 实施的一个小公司来说，能够找到并雇用那些具备精湛专业知识，并能将其应用于建筑实践各领域中的人才，是极其重要的。

　　1. 动机——为何使用 BIM? 理解公司向 BIM 转变的原因和出发点（管理层? 充满热情的年轻设计师? 从业人员? 客户? ）有助于设定转变目标。原因可能有许多，例如，恰当实施 BIM 可以提高公司的收益率，节省时间，提高工作质量，降低失误，并减少 RFIs 的数量。尽管实际情况有差别，但有很多实例可以支持这种说法。一些公司把 BIM 看作是与使用相关软件的咨询顾问进行合作的一种更有效的方法。转变的原因可能来自外部，例如，为了满足客户所需的交付方式与要求。客户可能已经了解到他们的项目需要 BIM。或者他们可能是经验丰富的机构，甚至有自己的 BIM 实施计划。这些类型的客户通常包括政府（the GSA）、大学、大的学区、企业和卫生保健供应商。他们一般在很长一段时间内持有并维护该设施，而且通常进行多次整修，他们理解 BIM 的应用对于项目的整个生命周期或终身规划具有长远效益。另外，转变也可能是为了赶上行业的发展趋势，扩大公司所能为客户提供的服务范围，或在客户投资组合优化和设施管理领域开拓新的业务机会。

　　2. 目标。一旦了解了升级转型的原因，公司就应该设定目标。估算所需投入的时间和初期转变所需的成本，并制定日程。是否会有新的交付成果? 带来新的客户类型? 拓展新的工作范围? 与咨询顾问的合作方式会有哪些改变? 这些新的目标需要设定。人力资源对规划和培训而言很重要。公司的发展目标可以参考以下内容:

118

- 6 个月——是否正在进行第一个 BIM 项目?
- 1 年——是否具备了合适的样板、标准及培训，使三维建模与二维协调之间的结合得以顺利进行?
- 5 年——是否拥有了自定义工具，实现了贯穿设计始终的 BIM 分析，建立了 BIM 支持的集成项目交付（IPD），提供了新的服务?

　　3. 计划。创建一份由公司决策层审核过的书面整合计划。这份计划书将会涉及对公司目前工作流程的评估。公司的项目在不同阶段大概的费用细目是怎样的? 每个阶段通常持续多长时间? 哪些部分运转良好? 哪些部分需要改进? 如何对具有施工经验的高级雇员、技术熟练的职员和刚毕业的员工进行项目人员的配置? 对当前的方法、程序、支出和收入有详细了解，可以为与其他使用 BIM 的项目比较提供衡量标准。

　　4. 投资。改变需要资金。公司可以投资多少用于初期资金支出? 预期的投资回报率（ROI）是多少? 这些都应当体现在对目标的说明中。一些需要考虑的前期成本内容包括软件、硬件、培训和支持。由软件、额外咨询时间、甚至雇用或培训一位专门的 BIM 咨询顾问来领导实施所提供的支持可能会非常有限。初期最大的投资往往是由于对新软件、硬件、操作需要逐步熟悉而造成的效率低下（"学习曲线"）。

　　5. 软件。选择一个 BIM 软件程序可能是最重要的初期决定之一，但是选择的过程不应延缓应用 BIM 的进程。如果选定的软件与公司的员工或工作方法不相适应，或与已购买的其他软件产品不兼容，也不必过于担忧。短短几年后，便会涌现出诸多新的软件和硬件工具。每个软件产品都有自己的优势和劣势。有一些更受欢迎，有一些则在特定方面表现更好。所有的软件都有自己的拥护者。实施团队的成员应与软件用户群多进行交流，拜访他们的公司，真正去看他们如何使用软件。此外还应参加用户组会议，阅读网络博客，了解当前用户对该软件有什么赞赏和抱怨的地方？软件销售代表一般都很乐于介绍和演示。是否有必不可少的重要功能？BIM 实施团队应该实际试用这个软件，或者接受免费课程来掌握基础技巧。

　　软件的评论也很有价值，尽管可能无法解决关注的具体问题。需要记住，想要得到完全客观的意见是不现实的，最好的信息来源是那些能提出有价值的想法、具备出色的专业能力、并且熟悉公司的工作流程且有经验的专业人员。

　　购买软件时需要对购买单机版还是网络版许可证的成本、优势和劣势进行比较，以及是否包括订阅服务。还应与能满足公司成本、服务、支持、知识等各方面要求的软件代理商建立融洽的关系。

　　6. **工具。**一些与 BIM 实施的目标相符的其他类型的软件也可以考虑购买。有一些公司可能考虑了继续使用 CAD 软件。而另一些公司则选择了碰撞检测软件、BIM 质量保证软件、成本估算软件、协同项目管理软件和分析软件（早期的能量计算、法规审核、结构等）。随着公司对 BIM 了解得更加全面，购买新的软件也将增进工作上的创新能力。

　　7. **硬件。**公司的硬件很可能也需要升级。BIM 文件由于包含建筑及相关数据的三维描述，一般比 CAD 文件大很多，所以需要高质量的硬件。除了提高计算机的处理能力以外，还需要更多的内存和硬盘空间。软件所推荐的最低配置一般是入门级。因此硬件是成功的关键——与电脑升级所带来的成本相比，员工的工作时间要更加珍贵。数据连接（内部和外部）可能也需要进行相应的升级。试想一下某种形式的云计算，例如完成从异地到全功能 BIM 服务器的备份等基础服务。这将在第 5 章中进一步讨论。IT 的技术支持应该研究一些 BIM 不同于 CAD 特有的改变，其中包括 BIM 对现有其他系统的影响。例如，绘图仪和打印机上次升级是什么时候？这些输出设备能处理更大尺寸的文件吗？

人员配备问题

　　可以创建一个组织框架示意图，在其中列出所有公司成员的角色和职责。当新信息出现时，大胆地修改，而不只是试图改变现有角色的名称。当 BIM 为项目引入新的工作方式时——最直接的就是它以三维模型作为工作平台——可能需要重新考虑对工作职责的说明，这也是向 BIM 流程转变的一部分。由于每家公司的情况不同，因此当定义其中每个人的新角色的时候，公司应该通过评估自己的内部流程来决定正确的思路。Bonneau 建议从四个范畴来考虑工作角色：项目管理者、建模人员、注释人员、详图设计人员（Bonneau 2012）。除此之外，还应该有一个指定的 BIM 协调员，他将同时服务几个项目团队，有时可能参与项目的全过程，而有时只是偶尔在必要时作为咨询顾问出现。有些公司将这个职位称为 BIM 管理员、BIM 负责人或模型管理员。BIM 协调员（或类似的角色）将会起到积极的领导作用，他应擅长组织人员，完成注重细节的任务，并与员工进行良好的沟通。

与 CAD 管理员类似，BIM 协调员将会开展一系列工作以使项目流程进行得更加顺利。例如创建和更新 BIM 执行计划，召开并主持会议从而促进团队成员的交流并提高模型一致性，完成数据的备份和恢复，保证模型的安全性等（Lareau 和 Nowicki 2010）。BIM 协调员最主要的目标是保证 BIM 数据的质量和统一性。建立一份明确的、团队成员都能遵循的书面标准会使这一目标更快实现。

公司员工需要明白每个人都要对工作质量负责，并且必须遵守公司规定的项目标准。而咨询顾问（如 MEP 和结构工程师）各自会有不同的 BIM 成熟度水平，其组织框架与标准也可能各不相同。设计团队的每个成员都需要了解他们应当如何处理项目，解决分歧，沟通相关信息，并加以总结归纳。如果公司缺乏关键的人才或技能，可以考虑聘请有经验的人。除了 BIM 协调员以外，公司的其他人员也需要具备与其职位相符的职业技能。

121

公司里 BIM 人员的分类：分配人员时应考虑技术和经验。改编自图标
（Bonneau 2012，由 PBWS 提供）   表 4.1

	项目管理者	建模人员	注释人员 / 详图设计人员	神秘员工
公司职位	项目经理	项目负责人	绘图员——初级人员；虽然团队里有经验的人更有用；高效的工作流程	入门级实习生、高级建筑师、公司负责人
工作年限	6—8 年以上	4—6 年	2 年	0—20 年以上
用 BIM 完成的项目数	4 个以上	2—3 个	1 个	0
至少具备的 BIM 知识	高级 – 特高级	中级 – 高级	低级	从无到低级
培训	持续地学习；参加当地用户的群组；	专业或学术课程	在职课程	在职课程
描述	让 BIM 高效地使用；创建样板；开发标准和 BIM 执行计划（BEP）；建立员工培训；起草互通性协议；了解项目工作流程；具备沟通能力；成为 BIM 爱好者！	三维组件的创建者；对工作质量负责；了解施工装配；能够领导拥有 BIM 专业技术的项目团队	要能够协调二维和三维，但专注于二维交付成果；这一类别很可能在未来消失，转变为初级建模员	这实际上是一个非常多样化的类别，它既可能是一个刚从学校毕业的实习生，精通软件但对建筑业务了解不多，也可能是一个资深人士，懂得如何建造房屋却不了解 BIM

BIM 协调员必须了解软件和行业最新的发展趋势。因此培训至关重要，它应在公司的每一层级都进行。但对于承担不同工作任务的员工，应有不同层次的培训。尽管外聘咨询顾问会产生直接成本，商业展览和研讨会也会花费金钱和时间，但是参加跨领域的研讨会很有价值。例如，建筑专业人员可以偶尔参加面向承包商召开的 BIM 研讨会，了解他们的关注点和问题。当然，公司员工参加培训然后再回到全速工作状态也会消耗时间而产生间接成本。这些成本（包括员工由于工作效率降低所损失的时间）固然需要考虑，但培训是向 BIM 顺利过渡并取得成功必不可少的过程。

122

培训有许多种方式：

- 软件和书籍附带的培训指南；
- 由软件公司赞助、代理商提供的课程。或由大型会议、当地社区学院提供的课程；
- 在线课程、YouTube 视频、在线研讨会；
- 由 BIM 爱好者或其他人在公司提供的午餐研讨会；
- 由参与工程项目的带薪咨询顾问提供的定制课程；
- 用户组也是学习软件新功能的一个良好资源，听取其他专业人士的经验，建立一个非正式的支援网络；
- 网站。可以参考的网站有很多，以下是几个例子：AIA TAP（建筑实践技术）

  （http：//network.aia.org/technologyinarchitecturalpractice/home/），

  BIM 论坛（www.bimforum.org），和 AGC（美国总承包商协会）教育系列项目

  （http：//www.agc.org/cs/building_information_modeling_education_program）。

123

图 4.1 为学员学习项目标准与工作流程而制定的培训课程计划（由 HNTB 提供，感谢 David Graue 和 Gautam Shenoy）

随着时间的推移，企业应该为老员工和新员工开发属于自己的资源、内部教程、公司标准、样板、库、适用于特定项目的组件、公司日常一般性的标准组件、BIM 工作流程导则等等。把资源放在让每个人都触手可及的地方，而不是囤积信息。因为 BIM 就是为了共享和协作，这也是行业快速向前发展的重要原因。

每个人都应该逐步提升自己。相比硬件和软件，人才是实施 BIM 的关键因素。培训应当使团队中的每个人都达到一定水平。但可以先培养一个小而精的团队，使之成为公司的支持和骨干力量（Hardin 2009）。由于客户在项目中投入最大，而且对 BIM 的功能和作用可能有不切实际的期望和误解，因此也可以考虑在项目开始时就对客户进行一定程度的培训。经验丰富的业主是 BIM 实施的宝贵财富。通过传授客户使用 BIM 的方法并培训他们具体技术，可以产生更多机会。当公司的专业知识随着实践经验逐步增多时，专业人员就可以将这些知识转化为竞争的优势了。

需要提前预计在培训和实施过程中可能遇到的困难：缺乏相应的练习时间，陡峭的学习曲线，过分依赖言其实甚至缺乏担当的人。当项目截止日期临近必须"按时交付项目"时，人们可能会不由自主的回归到以前熟悉的工作方式。例如，员工切换回 CAD 图纸或其他熟悉的工作流程，而不再积极地创建 BIM。团队的领导者应当提早意识到这样的问题，记住 BIM 和 CAD 的工作流程有很大的不同，并将大家培训到一个相当的水平。

交付 BIM 项目

1. 确定一个试点项目。公司的第一个 BIM 项目很有可能是一个简单的项目或只是在某个项目的一部分中应用 BIM。这既可能是在建筑设计中利用三维模型创建 CAD 程序可以编辑的基本二维图纸，也可能是使用三维模型来制作效果图和动画。公司可以先从容易实现的目标着手，选择一个比较熟悉的建筑类型，而不应涉及一些之前没有相关经验的全新项目。

2. 为试点项目选择一个团队。和其他项目一样，团队的规模和组成会随着公司项目的推进不断变化。建议先培训一个小而精的团队。把这些精明强干且热情高涨的人和有经验的员工整合到一起来促进项目的成功。随着公司 BIM 项目数量的增长，这些成员会成为其他设计项目的催化剂。

3. 评估项目的实际情况。在第一个项目的过程中和完成后都应该进行评估。信息收集应该涵盖从总负责人到实习生各个级别。可以对每个人进行如下提问：

- 哪些流程是有效的，哪些是无效的；
- 如何能使制定的标准更好地反映实际情况；
- 哪些地方出现瓶颈——在设计中还是生产中，是咨询顾问还是承包商，或其他地方；
- 是否配备了足够的人员；

■ 公司是否做好了准备投入到一个更复杂的项目中。

员工应当讨论：在一些任务中 CAD 是否仍然比 BIM 更加有效；如何保持 CAD 和 BIM 之间的良好的平衡；如何在一段时间后进一步向 BIM 转换。

员工应当了解是否创建了对项目目标贡献不大的多余模型。他们可以创建一种能让模型更加精确可靠的方法，并解决 BIM 过度建模的问题（尤其是在早期阶段）。对于这些问题并没有一个适用于所有公司的标准答案。公司的领导层必须意识到这些潜在的问题，把握可以利用的机会，并确定应对的办法。对一个正在进行或已经完成的项目，可以考虑所选的软件工具是否明智，公司是否也应该考虑购买其他类型的软件，以及专家自定义和过程自动化是否有帮助。后者将在第 5 章中讨论。

BIM 是一种投资。它需要不仅限于对其自身的支出。一个衡量成功的方法是计算需要花多长时间才能和当前的生产效率相当。基于设定的目标，公司何时会达到一个新的生产效率水平？其他应该达到的目标还包括：是否能达到或超过以前的工作质量，是否能更好地满足客户的需求，是否会有更高的收益（Epstein 2012）。

员工在项目上投入的精力和支付的费用会有所变化。一般来说，使用 BIM 会使工作量在时间上前移。更多的精力会花费在前期开发完善三维模型和输入相关数据上。文档图纸是这一过程的副产品。从前在施工图设计阶段的工作，例如使用模拟软件所计算的结果，被更早地整合到了 BIM 中（Epstein 2012）。

尽管在开始的时候任务显得十分艰巨，但许多公司都已经成功地实施了 BIM 并从中获利。更多地了解 BIM 如何影响交付方法，怎样处理法律问题，寻找更多的项目标准，建立 BIM 执行计划，以及判断公司 BIM 的成熟度都会增加成功的信心。

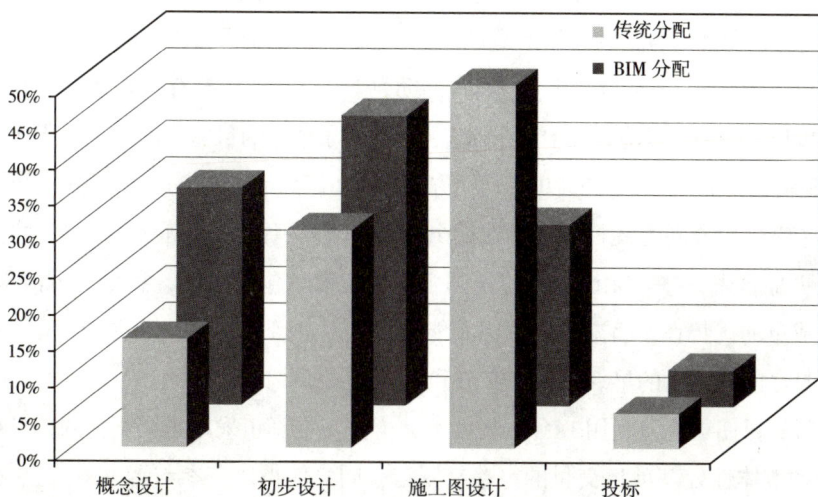

图 4.2　在设计阶段员工的精力分配情况——基于 Epstein（2012：51-53）

126 交付方法

就其本身而言，BIM 并不要求选择某种特定的交付方法。虽然每个合同在一定程度上都是独一无二的，但是人们依然可以将业主、承包商和建筑师之间关系通过三种方式来进行归类：设计 / 招标 / 建造；设计 / 建造；集成项目交付（IPD）。BIM 与每种类型的合同之间都有潜在的协同效应。

在传统的设计 / 招标 / 建造的合同管理模式中，业主聘请一个设计公司，在合同文件准备完毕后进行招标，之后选择一个总承包商，最后根据图纸进行建造。但这只是一个简单的描述，在本书的范围内无法讨论这种方法所有的优缺点。然而，使用 BIM 却可以协助相关各方进行沟通，帮助减少潜在的信息请求书（RFI），并且节约相关的下游成本，特别是在招标过程中可以借助 BIM，并且最后中标的承包商可以使用 BIM 的情况下。这一切都非常依赖于设计方对 BIM 的创建。在某些情况下，BIM 对于设计团队之外的任何人，甚至客户来说完全没有价值。这对传统上就不重视下游价值规划的设计 / 招标 / 建造流程来说尤其是一个问题。

BIM 的应用被这种传统流程中的三元结构所阻碍。建筑师没有动力为承包商提供合同以外的信息。BIM 并不一定能让设计团队更高效，它主要的一个价值是借助其流程和工具提升设计中的协同与合作。这对设计团队和客户来说无疑是一个优点，也是大多数设计公司接受 BIM 的原因。客户购买了这个服务就有权使用。然而，在使用的范围和费用方面的激励措施往往缺失。其实 BIM 在设计阶段以外有更大的价值，建筑事务所应抓住时机对下游 BIM 的应用产生真正的影响。可目前，大多数的业主与设计方的合同中并没有涉及这个问题，因此它

127 也不在合同所提供的服务范围之内。但这不应该成为限制 BIM 在其所擅长领域施展的约束。只要期望不超过合理的范畴，特别是对于第一个 BIM 项目。

同时，因为设计阶段的 BIM 在承包商参与项目之前实际上就已经完成了，因此失去了许多潜在的协同优势，尤其是与施工过程相关的。整个过程预计至少需要创建两个主要的模型，设计 BIM 和施工 BIM。在一个强有力的业主或客户的助力下，这个方法最有可能完整的实现，他们对于 BIM 的实施以及未来在设施管理中潜在的应用已经有了清晰的目标。优秀的领导能力、对目标和责任明确地沟通，以及三方参与者中任何一方的专业知识都是使 BIM 成功实施必不可少的因素。

在设计 / 建造的合同管理模式中，由于共同的契约关系和服务范围，建筑师与承包商之间的关系要更加紧密一些。无论是由建筑师主导还是由承包商推动，利用三维信息并将其传给其他团队成员的优势在于将减少失误以及能够更早地进行冲突检查、成本估算、进度安排。所有这些都是之前讨论过的早期协作、交流和联合决策所带来的好处。

集成项目交付使得充分利用 BIM 的机会大大增多。在真正采用集成交付的项目（IDP）中，通过创建一种整体性处理项目交付的策略来制定合同，使得所有参与者享有互惠的风险回报激励机制。

集成项目交付（IPD）是一种将人员、系统、业务结构和实践集成在一个流程中的项目交付方式，它协同利用了所有参与者的见识和才能，从而在设计、加工和施工的所有阶段减少了浪费并优化了效能。集成项目交付原则可以应用于各种各样的合同协议中，而且集成项目交付团队所包括的成员通常也超出业主、建筑师和承包商这基本的三方。然而，一个集成项目至少需要业主、建筑师和最终负责项目施工的总承包商的紧密合作，才能完成从早期的设计到最终的移交（AIA 加利福尼亚委员会 2007：1）。

从集成项目交付的定义来看，具备高水平的团队协作是必需的。使用恰当的标准框架和执行计划，才能使 BIM 在这种高度集成的工作环境中最好的运行。它能帮助更早地识别一些潜在的问题，允许团队成员在整个设计过程中提供信息，长远来看可以减少施工阶段工地上的变更和错误。这对采用设计/建造或者以施工管理为主导的项目也同样适用。

尽管最近进行了各种宣传和炒作，但真正采用集成项目交付（IPD）的合同还是比较罕见。虽然它为设计师和承包商提供了合作的机会，但也要求建筑师、咨询顾问、承包商和分包商之间拥有更高级别的信任和合作，而且在责任划分方面也需要迥然不同的法律架构。然而，从 BIM 的角度来看，即便不采用集成项目交付（IPD）的合同，拥有一个更加紧密一体化的团队也可以更容易地交换信息。在这个背景下，还可以提出"辅助设计"的概念。它允许承包商或加工商在早期的设计过程中提出建议（通常由客户付费），这些建议可能与对建筑立面或细部设计所选材料的想法有关。"辅助设计"通常由寻求最低成本或实施最有价值解决方案的愿望所推动。它甚至可以决定合同文件交付后，数字模型应该包括哪些以后还要使用的数据。

法律问题

有合同就会有律师

不仅 BIM 在改变着公司的工作流程，合同协定的性质也同样在发展和变化。毋庸置疑，新的诉讼类型终究会出现。特别是在集成项目交付（IPD）和 BIM 结合之后，Collins Collins Muir + Stewart LLP 公司的 Brian Stewart 和 Nicole Davis Tinkham 思索了其中不断变化的角色和责任。从他们作为律师的角度来看，BIM 的使用虽有优点，也有缺点（Stewart 和 Tinkham 2011）。它可以帮助减少诉讼，因为通过以下方式可以缓和一些问题：

■ 潜在地减少设计过程中的冲突和错误，找到即将发生的问题；
■ 促进改善各专业间的协调；
■ 提供更简易的可施工性审查；

■ 如果 BIM 能妥善解决分包商的需求，可以更快更准确地生成加工图纸。

因为所有利益相关者可以访问相同的信息，由施工缺陷和延误索赔所导致的诉讼数量会减少，设计和施工过程中会有更好地合作，并减少推卸责任的机会，尤其是在使用集成项目交付（IPD）的情况下。当然这仍处于理论阶段，目前为止 BIM 的各个方面还没有在法庭上接受检验。

当然，实施 BIM 也是有挑战的：利益相关者之间的互通性问题、安全问题、维护最新版硬件与软件的费用与责任，以及为软件的错误和疏漏所购买的保险。具体值得关注的、同时也是在项目开始前应当明确的问题是：是否承担共同责任，建筑师如何得到有利的赔偿条款，在协同环境中风险如何分担，建筑师对于不同的风险和回报组合将如何思考自己的费用结构（Stewart 和 Tinkham 2011）？

BIM 合同问题

BIM 是一个关于协作的尝试，也正因如此，所有各方对生成的数据、插入的数据，以及从建筑信息模型与链接的数据库中导出的数据承担共同责任。鉴于这个与 CAD 的根本区别，必须让由业主和设计专家、主要和次要的咨询顾问、业主和承包商之间所签订的合同协定来专门探讨这一共同责任，从而建立各自相应的项目责任制。在项目开始阶段清晰恰当地制定 BIM 合同能使整个项目团队专注于他们手头的 BIM 任务，更快地加强项目的合作意识，尽快地建立信任关系。所有这些对项目的成功都是必不可少的。

通常，当客户要求在他们的项目中使用 BIM 时，可能因为不完全了解自己真正的需求，不愿意接受任何对自己标准合同的修改。在某些情况下，由设计专家提出的对合同的修改是在项目投标中被取消资格的直接原因。在另一些情况下，设计人员可能接受一份不完善的合同，表现出一个"良好合作伙伴"的姿态以免惹恼客户。尽管客户可能认为在合同中有意忽略 BIM 是一种风险管理技术，可在现实中，它却会增加各方参与者（包括客户）的项目风险。当然在所有上述情况下，设计人员有权退出项目。但遗憾的是由于激烈的市场竞争，这种决断也会受到影响。如果用户打算要求项目使用 BIM，便有责任全面地了解它（Boucher 2013）。

除了标准项目协定的语言和条件以外，下面是项目使用 BIM 时必须在协定中包含（或引用）的另外几个关键问题的示例（Boucher 2013）：

■ BIM 的交付成果及其所有权；
■ BIM 团队的领导和责任；
■ BIM 流程（设计、合作等）；
■ BIM 工具（设计软件、分析软件等）；

- BIM 进度表；
- BIM 执行计划（应该包括以上大部分的信息，以及客户任何所需的下游 BIM 应用）；
- BIM 服务应被看作是附加服务。

　　虽然以上列出的一些信息可能在履行合同时还没具备，但另一些信息（如 BIM 执行计划）可以被开发成下游的修正条款以备将来之用。如此一来，这些文件也将成为具有法律约束力的 BIM 交付成果。在某些情况下，当得知项目下游有重要信息时，修正合同非常重要（Boucher 2013）。

BIM 法律诉讼

　　使用 BIM 也会产生法律诉讼。所以并不是说有一套标准的图纸，这些问题就不会发生。在下面这个使用三维模型的例子中，诉讼产生的主要原因是因为对碰撞检测软件的依赖。该诉讼案件在 2011 年最终通过保险理赔和解，它被认为是直接涉及 BIM 的第一起诉讼案件（Post 2011）。

　　一个建筑事务所为一所重要大学的生命科学大楼创建了一个复杂的 BIM 模型。在三维数字模型中包含了一个紧密嵌入顶棚空间的复杂的 MEP 系统。但当项目安装完成到 70% 的时候，总承包商声称指定的设备和管道不吻合，而解决这个紧要的问题需要时间和金钱。为此承包商起诉业主，业主起诉建筑师，保险公司把 MEP 工程师也牵扯进来。究竟是谁的责任？要知道所安装的组件在 BIM 中是吻合的。可是，承包商并没有被告知需要遵循特定的安装顺序才能使该系统置于极其狭小的区域内。据保险公司称，此次理赔责任金额巨大，共计数百万美元，由建筑师、MEP 工程师和承包商共同承担（Stewart 和 Tinkham 2011）。

　　团队成员最后相互指责。建筑师和 MEP 工程师本应与承包商沟通，MEP 系统比"正常"的排布要更密集。承包商作为施工方式和方法的专家，也应提前意识到在三维模型和图纸中显示的顶棚空间可能会有问题。最终，三方都承担部分负责，这意味着所有人，包括客户，都受到损失。这不应责怪 BIM。事实上，原本可以预先利用 BIM 创建施工顺序，将设备安装的过程可视化。

　　回想一下，这与其说是 BIM 的问题，不如说是建筑师、MEP 工程师和承包商之间沟通的问题。这一例子充分说明了为什么 BIM 可以被看作是由 90% 的沟通和 10% 的技术构成——或从另一个角度看，由 10% 的技术和 90% 的社会学构成（Yoders 2013）。BIM 作为技术可能给人留下了深刻印象，但如果没有协作和集成，这个技术非但不会解决问题反而会带来问题。随着 BIM 的继续发展和成熟，新的问题还会不断地涌现，建筑师、承包商和客户之间的分歧将"归咎于"对软件的使用，而对三维模型日益依赖的可行性也会在法庭上接受考验。

AIA 数字实践文档

　　这里有几种合同模板可以选择，其中包含了非常具体的责任划分。它们会随时间而改变。2013 年 AIA 发布了的数字实践文档的更新。想要查找具体信息应参看"AIA 合同文件参考手册"，在此只简要介绍以下四个重要的文档：

1. *AIA 文件 C106 - 2013, 数字数据许可协定* 有助于双方达成有关数字数据传输与数据使用许可的法律协定。本质上这是对以前 CAD 中"提供此文件是出于善意——风险自负"声明的新版本，但它对 BIM 来说具有更加复杂的语言描述以及更好的适用性。

2. *AIA 文件 E203 - 2013, 建筑信息建模和数字数据凭证* 共有五个条款：一般规定、数字数据的传输和所有权、数字数据协议、BIM 协议、特殊条款和条件。其旨在和其他协定一起使用。这是"风险自负"声明的 BIM 版本，因为 BIM 协同性中的内在风险和责任必须要了解并解决。

3. *AIA 文件 G201 - 2013, 项目数字数据协议表* 与其他协定一起使用。它涉及数字数据的使用和传输。这是对 C106 的补充，其原文是："这就是我们希望你使用数据的方式。"它有助于说明数据的作用和用途。

4. *AIA 文件 G202 - 2013, 项目建筑信息建模协议表* 涵盖了建筑信息建模在实施中的许多问题，包括：合作、技术要求、培训和支持、模型标准导则、模型管理协议和流程、发展水平（LOD）、模型元素表、授权分析。这是对 E203 的补充。

参看以下资源来获得更多关于 2013 AIA 数字实践文档的信息：

www.aia.org/contractdocs/reference

www.aia.org/groups/aia/documents/pdf/aiab079942.pdf

www.aia.org/groups/aia/documents/pdf/aiab095711.pdf

关键术语回顾

发展水平（LOD）、模型元素作者（MEA）、模型所有者、设计模型、施工模型、验收模型等术语对合同、BIM 执行计划，以及在公司实施 BIM 来说非常重要。LOD 一般指数字模型的复杂程度。正如第 1 章中所讨论的，它有五个层级（LOD100 - 500），每个层级都有具体指定的授权用途。LOD 也可以在项目的每个阶段被分解。

模型元素作者（MEA）在第 1 章中也讨论过。它是指创建组件的人。但这个叙述并不能充分地表现在协作环境中创建数字文件的复杂性。更具体地说，它通常指负责管理和协调元素的人（或公司）。模型元素表用于记录 BIM 组件的创建者。创建者信息与项目的各种注释和重要阶段一起被编入模型元素表，有时也被称为模型发展规范表。

应与模型作者区分开的概念是模型"所有权"。对这个问题处理不当可能会限制 BIM 的效用，但反之也可能有机会使它成为"动态"、变化的模型。由于法律上的原因，建筑事务所可能不想把其工作模型完全交给承包商。这就要求承包商创建自己的模型，并重复一部分建筑师已经完成的工作。或者建筑师也可以把 BIM 交给承包商仅供查看，而不提供与它进行交互的功能。在某些情况下，业主可能会保持模型的所有权，尤其当他们看到未来有机会使用模型时，例如用于设施管理。在合同中需要明确究竟由谁把什么样的成果交付给业主，谁可以用什么样的方式来访问模型，这些都能在 AIA 数字实践文档和准确的书面 BIM 执行计划中说明。

设计模型是由建筑师创建用来表达建筑设计意图的，而施工模型是承包商用来进行建筑施工的。设计模型可能转变成施工模型，但两者也可能是相互完全独立的 BIM。最有可能的是用许多 BIM 的集合，而不是某个单独的 BIM 来描述建筑，在第 3 章中对此有详细的说明。而在第 1 章中讨论的发展水平（LOD），就是为设计和施工 BIM 的复杂程度提供明确定义的。

未来终会有一天二维图纸将不再居于合同的主要地位，人们转而依赖三维模型。虽然这已经在一些项目中实现，但许多关于责任划分的法律问题仍将需要面对和解决。模型"所有权"的概念也可能会消失。模型仅仅是作为交流意图、方式、方法和结果的手段，最终的目的是完成建造。

134

办公标准

目前，二维图纸和三维模型（在某些情况下）是房屋建造的依据。要想保持沟通清晰顺畅，一种方法是定义并执行办公标准。标准是在项目进行过程中保持一致性的必要文件。它可以协助团队成员间的沟通，并创建一套统一可靠的文件集作为交付成果。所以，应当开发一套用于公司所有项目的 BIM 标准。随着公司对 BIM 接纳程度与使用水平的提高，这套标准也会逐步改进。具体的细节也将被添加到每一个项目本身的标准中。而这些必须通过整个项目团队来协调。

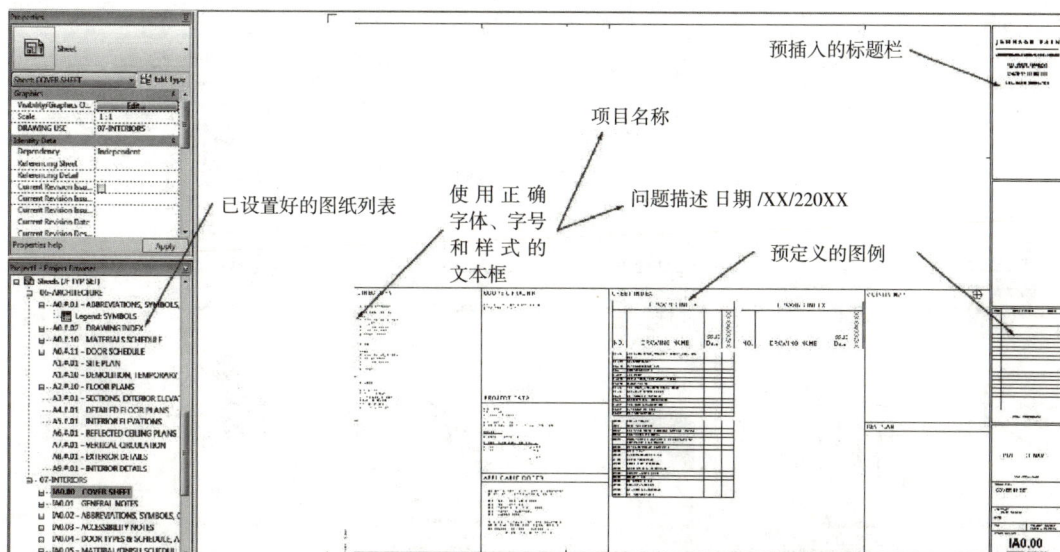

图 4.3　标准文件样板。值得注意的是这个模板和其他一些新的 BIM 图形标准可以是公司现有 CAD 标准的变体（由 Johnson Fain Architects 提供，感谢 Daniel Janotta, Jed Donaldson 和 Mark Owen）

135

D-DOUBLE-FLUSH
1/8" = 1'-0"
DOOR TYPE DESCRIPTION
PROJECT: N/A
DUPLICATE TYPE AND CREATE NEW SIZES AS REQUIRED

D-OVERHEAD ROLLING
1/8" = 1'-0"
DOOR TYPE DESCRIPTION
PROJECT: N/A
DUPLICATE TYPE AND CREATE NEW SIZES AS REQUIRED

D-DOUBLE-PLAIN PANEL-HOLLOW METAL FRAME
1/8" = 1'-0"
DOOR TYPE DESCRIPTION
PROJECT: N/A
DUPLICATE TYPE AND CREATE NEW SIZES AS REQUIRED

D-CURTAIN WALL-SINGLE
1/8" = 1'-0"
DOOR TYPE DESCRIPTION
PROJECT: N/A
DUPLICATE TYPE AND CREATE NEW SIZES AS REQUIRED

D-EXTERIOR-UTILITY
1/8" = 1'-0"
DOOR TYPE DESCRIPTION
PROJECT: N/A
DUPLICATE TYPE AND CREATE NEW SIZES AS REQUIRED

D-SINGLE-FLUSH
1/8" = 1'-0"
DOOR TYPE SIZE
PROJECT: N/A
DUPLICATE TYPE AND CREATE NEW SIZES AS REQUIRED

D-DOUBLE-FLUSH-ADJ ANG
1/8" = 1'-0"
DOOR TYPE SIZE
PROJECT: N/A
DUPLICATE TYPE AND CREATE NEW SIZES AS REQUIRED

D-SLIDING-2 PANEL
1/8" = 1'-0"
DOOR TYPE DESCRIPTION
PROJECT: N/A
DUPLICATE TYPE AND CREATE NEW SIZES AS REQUIRED

D-CURTAIN WALL-DBL GLASS-VARIABLE
1/8" = 1'-0"
DOOR TYPE DESCRIPTION
PROJECT: N/A
DUPLICATE TYPE AND CREATE NEW SIZES AS REQUIRED

D-INTERIOR-CASED OPENING
1/8" = 1'-0"
DOOR TYPE DESCRIPTION
PROJECT: N/A
DUPLICATE TYPE AND CREATE NEW SIZES AS REQUIRED

PFIX-TOILET-WALL-FLUSH VALVE
1/2" = 1'-0"
PLUMBING FIXTURE TYPE
PROJECT: BLOW DRY BAR
DUPLICATE TYPE AND CREATE NEW SIZES AS REQUIRED

PFIX-SINK-KITCHEN-DOUBLE
1/2" = 1'-0"
PLUMBING FIXTURE TYPE SIZE
PROJECT: BLOW DRY BAR
DUPLICATE TYPE AND CREATE NEW SIZES AS REQUIRED

PFIX-SINK-FLOOR
1/2" = 1'-0"
PLUMBING FIXTURE TYPE
DUPLICATE TYPE AND CREATE NEW SIZES AS REQUIRED

PFIX-TOILET PARTITION-72" x 42"
1/4" = 1'-0"
PLUMBING FIXTURE TYPE SIZE
DUPLICATE TYPE AND CREATE NEW SIZES AS REQUIRED

PFIX-ROOF DRAIN-MEP-15" STRAINER-8" DRAIN
1/4" = 1'-0"
PLUMBING FIXTURE TYPE - SIZE
DUPLICATE TYPE AND CREATE NEW SIZES AS REQUIRED

G-4"
1/4" = 1'-0"
GENERIC WALL TYPE: USE- NOMINAL SIZE
PROJECT: BLOW DRY BAR
STANDARD SIZES:
G-4"
G-6"
G-8"
G-12"
DUPLICATE TYPE AND CREATE NEW SIZES AS REQUIRED

G-PERIMETER STUD-6"
1/4" = 1'-0"
GENERIC WALL TYPE: USE- NOMINAL SIZE
PROJECT: BLOW DRY BAR
DUPLICATE TYPE AND CREATE NEW SIZES AS REQUIRED

X-CMU-8"
1/4" = 1'-0"
EXTERIOR WALL TYPE: MATERIAL- NOMINAL SIZE
PROJECT: AMGEN
DUPLICATE TYPE AND CREATE NEW SIZES AS REQUIRED

X-STUCCO-1"
1/4" = 1'-0"
EXTERIOR WALL TYPE: MATERIAL- NOMINAL SIZE
PROJECT: AMGEN
DUPLICATE TYPE AND CREATE NEW SIZES AS REQUIRED

L-CONCRETE-12"
1/4" = 1'-0"
LANDSCAPE WALL TYPE: MATERIAL- NOMINAL SIZE
PROJECT: AMGEN
STANDARD SIZES:
L-CONCRETE 4"
L-CONCRETE 8"
L-CONCRETE 12"
DUPLICATE TYPE AND CREATE NEW SIZES AS REQUIRED

CW- STONE COLUMN FACE
1 : 100
CURTAIN WALL TYPE PANEL TYPE
PROJECT: PAD HUE
DUPLICATE TYPE AND CREATE NEW SIZES AS REQUIRED

CW- STACKED GRANITE-400mm
1 : 100
CURTAIN WALL TYPE PANEL TYPE
PROJECT: PAD HUE
DUPLICATE TYPE AND CREATE NEW SIZES AS REQUIRED

CW- STACKED GRANITE PANELS
1 : 100
CURTAIN WALL TYPE PANEL TYPE
PROJECT: PAD HUE
DUPLICATE TYPE AND CREATE NEW SIZES AS REQUIRED

CW- BACK STONE- OPR WINDOW
1 : 100
CURTAIN WALL TYPE PANEL TYPE
PROJECT: PAD HUE
DUPLICATE TYPE AND CREATE NEW SIZES AS REQUIRED

CW- PANELIZED WINDOW SYSTEM
1 : 100
CURTAIN WALL TYPE- PANEL TYPE
DUPLICATE TYPE AND CREATE NEW SIZES AS REQUIRED

CW- BALCONY RAIL
1 : 50
CURTAIN WALL TYPE: PANEL TYPE
PROJECT: PAD HUE
DUPLICATE TYPE AND CREATE NEW SIZES AS REQUIRED

CW- TALL RAIL
1 : 50
CURTAIN WALL TYPE: MULLION SPACING
PROJECT: PAD HUE
DUPLICATE TYPE AND CREATE NEW SIZES AS REQUIRED

CW- BALCONY RAIL FRONT
1 : 100
CURTAIN WALL TYPE: MULLION SPACING
PROJECT: PAD HUE
DUPLICATE TYPE AND CREATE NEW SIZES AS REQUIRED

CW- TALL RAIL W LINES
1 : 100
CURTAIN WALL TYPE: MULLION SPACING
PROJECT: PAD HUE
DUPLICATE TYPE AND CREATE NEW SIZES AS REQUIRED

CW- GLAZING W OPR WINDOW AND SHADOW BOX
1 : 100
CURTAIN WALL TYPE: PANEL TYPE
PROJECT: PAD HUE
DUPLICATE TYPE AND CREATE NEW SIZES AS REQUIRED

CW- GLAZING- .07 X .127
1 : 100
CURTAIN WALL TYPE: PANEL TYPE
PROJECT: DA DALING
DUPLICATE TYPE AND CREATE NEW SIZES AS REQUIRED

CW- 2M VERT
1 : 100
CURTAIN WALL TYPE: MULLION SPACING
PROJECT: PAD HUE
DUPLICATE TYPE AND CREATE NEW SIZES AS REQUIRED

CW- LOUVER WALL
1 : 100
CURTAIN WALL TYPE: PANEL TYPE
PROJECT: PAD HUE
DUPLICATE TYPE AND CREATE NEW SIZES AS REQUIRED

CW- LOUVERED PANEL
1 : 100
CURTAIN WALL TYPE: PANEL TYPE
PROJECT: PAD HUE
DUPLICATE TYPE AND CREATE NEW SIZES AS REQUIRED

CW- RECESS WINDOW FRAME ON
1 : 100
CURTAIN WALL TYPE: MULLION SPACING
PROJECT: PAD HUE
DUPLICATE TYPE AND CREATE NEW SIZES AS REQUIRED

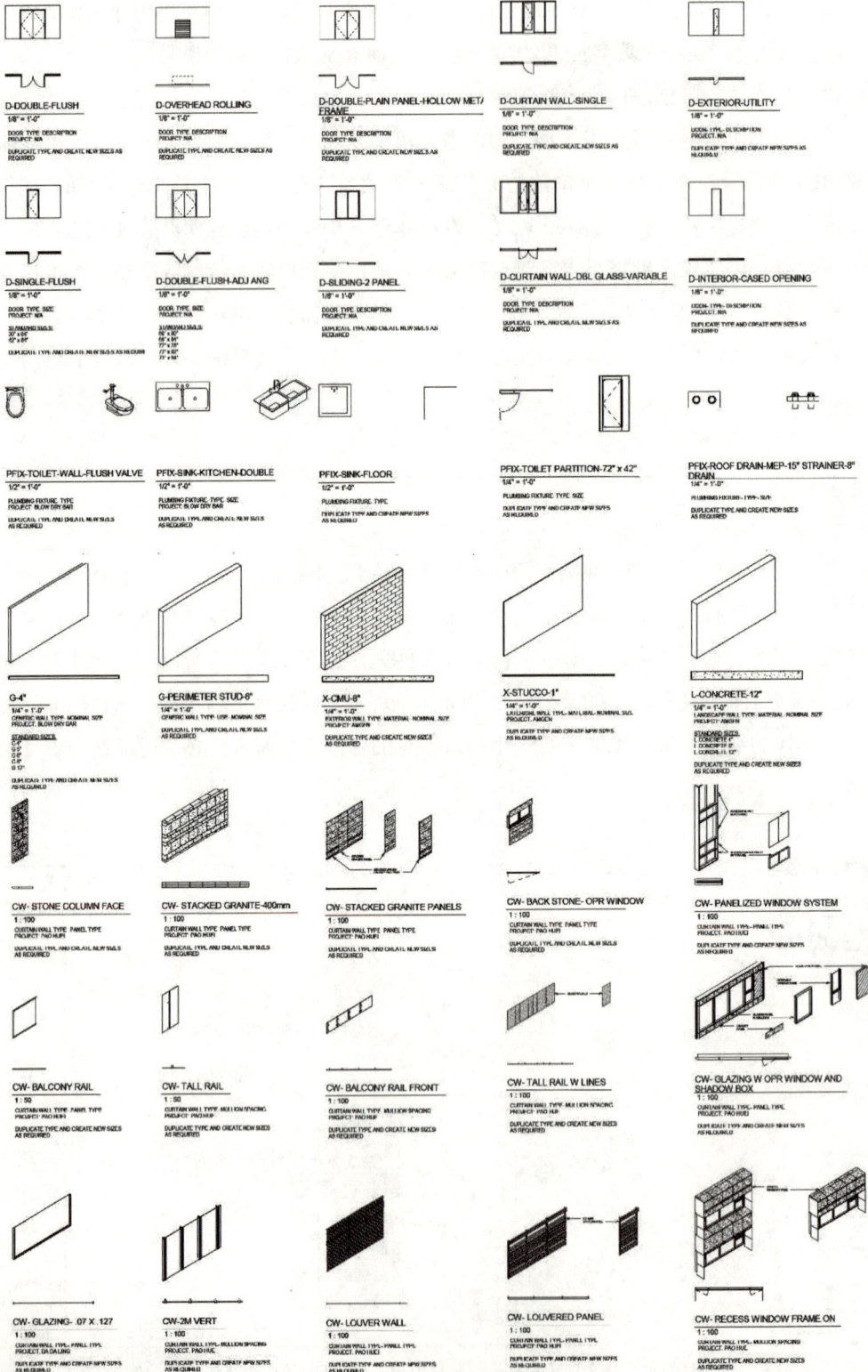

图 4.4 标准的三维族组件（由 Johnson Fain Architects 提供，感谢 Daniel Janotta，Jed Donaldson 和 Mark Owen）

总体目标是通过明确在建模与共享过程中的规则来为使用 BIM 制定流程并建立规则。首先应明确完成现有业务和短期目标所需的要素。另外还应考虑将来可能的用途，例如，除了必要的图形标准外，还应明确在分析或设施管理上的要求。

许多必要的 BIM 标准是公司 CAD 标准的自然延伸。其他的则与三维建模的本质直接相关。它们应尽可能多地嵌入到设计优良的样板文件中。例如，图形和建模标准应至少包括以下内容： 136

- 计算机显示与绘图的表现风格：线型与线宽、文本样式、填充图案、标注、注释；
- 图纸标准：命名、编号、参照、标题栏；
- 组件开发：参数规格、发展水平（LOD）、模型发展计划、模型元素表；
- 项目进展中的工作标准：建筑工程如何进行划分（按楼层、分区、专业等），用工作集或其他方法在并行用户之间共享模型；
- 命名规则：文件夹、文件、模型、对象、层、视图；
- 空间协调：地理参照、项目原点、单位（英制或公制）、层数、其他数据；
- 链接文件的原则、数据交换导则及模型的使用等。

137

附录 A

A.1　视图名称前缀

这些应根据每个具体项目的需要创建或更新，这里使用的是习惯或概念上的形式。

A.2　阶段前缀

DX	现有建筑物拆除
EX	现有建筑物

注：新视图应为 CD 视图。

A.3　三维视图前缀

3D ISO	三维等轴测视图
3D CAM	三维照相机视图
3D RDR	三维渲染视图

A.4　一般前缀

EN	放大视图
OA	全景视图
PT	局部视图（附属的）

A.5　平面视图前缀

CD	施工文件
FN	家具平面图
FP	完工平面图
PC	电力和通信平面图
RCP	顶棚平面图
SP	总平面图

A.6　剖面视图前缀

BS	建筑剖面
WS	墙身详图
DS	节点详图（生成视图）
DT	详图（绘制视图）

A.7　立面视图前缀

EE	外立面图
IE	室内立面图

A.8　明细表视图前缀

*Mgmt	数据管理明细表

A.9　结构视图前缀

FS	基础和楼板平面图
FM	框架平面图
FE	框架立面图
RB	配筋平面图

A.10　协调视图前缀

XARC	建筑协调
XSTR	结构协调
XMEP	MEP 协调

图 4.5　视图命名规则（由 Perkowitz + Ruth Architects 提供，感谢 Jay Zallan）

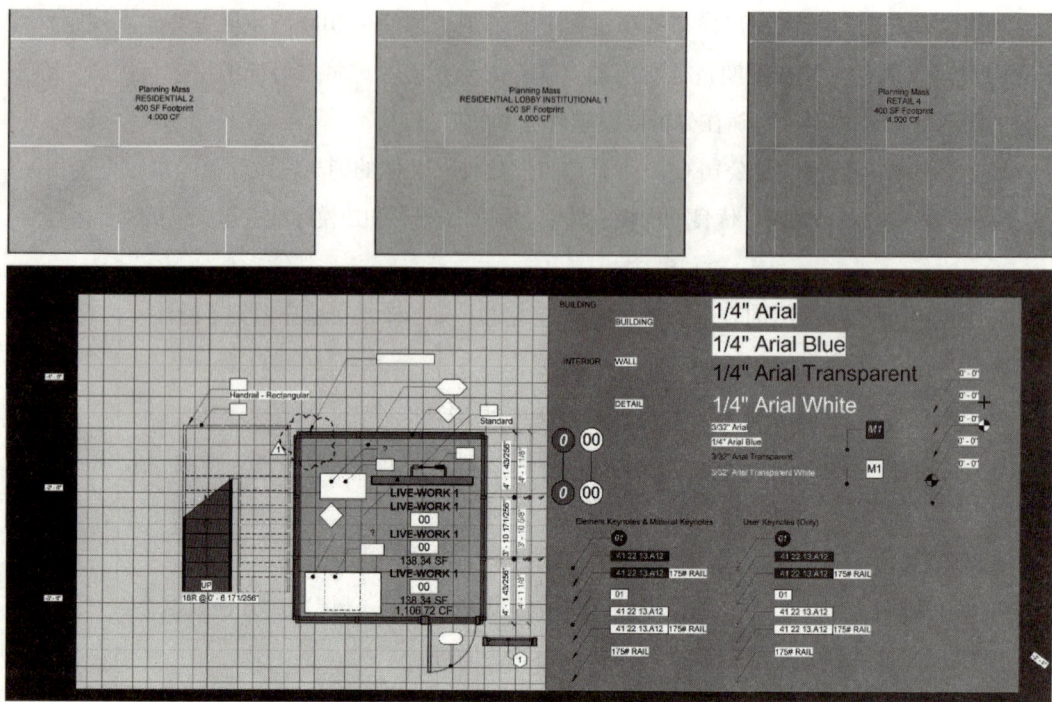

图 4.6 项目样板文件（由 Perkowitz + Ruth Architects 提供，感谢 Jay Zallan）

在团队中与他人的沟通（工程师、承包商、分包商等）应当在第一批文件开始传输之前尽早进行。不同的专业有不同的标准，因此需要开发不同的工作流程。

一些项目标准依赖软件。它们应该参考具体的软件版本，了解如何与使用不同软件程序的咨询顾问进行文件交换。BIM 协调员将积极地为所有团队成员创建、更新、提供项目标准，并协助制订 BIM 执行计划（BEP）。实际上要从 BIM 所提供的协调信息流中获益需要一定的方法，办公标准虽然很详尽，但也不过是其中的一种方法。因此，BIM 执行计划（BEP）需要被编写出来并加以实施。

138 BIM 执行计划（BEP）

BIM 执行计划是在一段时间内创建、开发和编辑出来，对内用于组织安排、对外满足预期目标的一份包容性很强的文件。它有时也被称为 PxP 或 BIM 工作计划。这是一个涉及软件程序和专有文件格式的综合性文件。该文件中的信息包括导则、要求和标准，根据公司的不同而各不相同。它为不同规模和类型的项目在建筑整个生命周期的预期目标提供了明确的指导原则。BIM 执行计划可能非常复杂且影响广泛。必须尽一切努力来强调开放标准和未来可操作的重要性，特别是从业主的利益出发，因为他们可能会在后期以在项目初期没有预想到的方式来使用数据。

当创建特定项目的 BEP 时，在初始筹划阶段可以先从一套综合的 BEP 文件中搜集出一些合适的信息。这在概念上类似于当创建特定项目的设计说明时，先从公司通用的设计说明中查找。对于每个项目，综合的 BEP 文件被改进成和该项目的具体条件相匹配的形式。这应该通过与其他团队成员的协商完成。其结果是创建了一个涉及较小范围协调问题的简化文件。

BEP 所涉及的范围高度依赖于开发和使用它的组织。例如，联邦和州政府与众多客户合作的项目繁多其规模涵盖了从小型的翻新项目到价值数亿美元的新建工程。大型项目客户的需求和小型建筑客户的需求有着天壤之别，小型建筑项目的 BEP 可能只相当于建筑师和承包商之间所采用的合作标准。

在互联网上可以找到一些 BIM 执行计划的例子。以下三个简单的例子概括了优秀 BEP 中的典型内容。这些例子都不错，在 BEP 的早期创建和后期更新时可以参考。

AIA TAP KC 资源

AIA 建筑实践技术知识社区（TAP KC）已经从许多国家的公共和私人组织收集了数十个参考条目和文件。这是一个正在进行的编纂工作，其中包括了 BIM 执行计划、标准、导则、交付要求和样板。http : //network.aia.org/technologyinarchitecturalpractice/Home/bimstandards.

139

美国国家 BIM 标准——美国 V2

美国国家 BIM 标准——美国 V2 是 buildingSMART™ 联盟，美国国家建筑科学研究院（NIBS）的一个下属委员会，所发起的倡议，在第 3 章中进行过概述。这是个搜集信息的好地方。除了包括与信息交流和最佳实践导则的参考标准相关的大量数据以外，它也包括一个 BIM 项目执行计划指南（http : //www..buildingsmartalliance.org /）。此外它还提供了：

- 对参考标准包括 IFC 2x3、XML 和 OmniClass 的概述；
- 进行程序验证、工程估算和能量分析的一种方法；
- 用于 BEP、最低 BIM 标准、管理信息交换与交接的专业实践文档；
- 关于如何制定标准的信息。

该联盟还与其他几个国家合作，以使这个标准也能适应当地的实际使用。随着越来越多的建筑师承接国际项目，建立一个国际公认的 BEP 范例也愈加必要。

实际上，国家 BIM 标准不只包含 BEP，它是一个包括了工作流程、分类、指南、规范及统一标准的集合。宾夕法尼亚州立大学的 BEP 也是这个标准的一部分。

宾夕法尼亚州立大学，BIM 项目执行计划指南

在计算机集成建造研究项目（CIC）主任 John Messner 的带领下，宾夕法尼亚州立大学开

140

BIM 应用	对于项目的价值	责任方	对于责任方的价值	能力评级			额外资源/实施所需能力	备注
	高/中/低		高/中/低	范围 1-3（1= 低）				
				资源	能力	经验		
设计	中	建筑师	高	3	3	3	HOK 房间数据程序	有条件的检查 Solibri & Revit
								明细表
施工前的三维建模和协调	高	建筑师	高	3	3	3	无	团队做出明智的决定
		营造商	高	3	3	2		I.D. 团队集成 & 处理
设计审核	高	建筑师	中	3	3	3	无（Navisworks）	辅助协调
		营造商	高	3	3	3		I.D. 团队集成 & 处理
工程分析	高	建筑师	高	3	3	3	无（EcoTec）	最好尽早获得信息/做出决定
		设计咨询顾问	高	3	3	3	无（EcoTec）	最好尽早获得信息/做出决定
施工前的估算 - 基于模型的估算	高	建筑师	中	2	2	2	通常由营造商主导	
		营造商	高	3	2	2	开发流程 & 获取工具	开发工作计划
								检查 MC-squared
施工前期的进度安排 - 优化	高	营造商	高	1	1	1	开发流程 & 获取工具	检查 Syncro 来安排进度
								检查 Vico Control
施工前期的进度安排 -4D 可视化	中	建筑师	中	2	2	2	由建筑师支持、营造商主导	
		营造商	低	2	2	2	Syncro 的授权和培训	满足可视化要求交付
三维协调（施工）MEP、外墙、内墙	高	建筑师		3	2	2	建筑师、结构师、机械工程师良好合作	市政、电气、水暖、软件
		营造商		3	2	2	开发流程	I.D. 分包商参与
		次级营造商						

图 4.7 BIM 应用分析表（由 Turner Construction 提供，感谢 Viktor Bullain）

Pendleton 海军陆战队基地单身士兵宿舍 4 号楼，BIM 责任矩阵　　　**DRAFT**

关于这个矩阵的说明：

1. MVEI 负责对 Las Pulgas 场地 P-026、P-073 和 P-115 上的新建建筑建模；
2. YMA 负责对 Homo 场地 P-520 上的新建建筑和 Las Pulgas 场地 P-026 上的整修建筑建模；
3. 矩阵使用"建构造"这个词来指代 MVEI 和 YMA 各自在其范围内所完成的建模工作；
4. MVEI 和 YMA 所共享的模型元素（表）没有在矩阵中注明；
5. 对设计水平（LOD）的说明在工作表"发展水平"中；
6. 建模的要求和公差没有在矩阵中说明；
7. 完成设计交付成果的日程安排仅有在安律软交付矩阵中说明。

通过公司名称列出 MEA 图例

公司	角色	代号
MVEI Institutional	建筑的	MVEI
Vasquez Marshall Architects	建筑的	YMA
Turner Construction	建筑的 施工阶段对建筑和结构建模	TCCo
Berg Engineers	市政的	BE
Vrimmer Yamada & Caughes	景观	VYC
Simpson Gumphertz	结构的	SG
CA Comfort Systems	机械的	CCS
LPG Engineering	电气的 Helix 电气	LPG
Walsh Engineering	水暖的 管道	VE
PD&C Consultants	防水 Arrow 自动化	PD&C

HE　CP　AA

发展水平（LOD）描述

	100	200	300	400
模型	非几何数据或线条、体积、分区等；二维表达	一般性元素的三维表达 · 最大尺寸 · 用途	确定三维对象几何体的特征元素 · 尺寸 · 功能 · 连接	加工图纸、制造 · 购买 · 生产 · 安装 · 说明
设计 & 协调				

发展水平（LOD）和模型元素作者（MEA）
设计阶段的交付成果

模型元素（ASTM Uniformat Ⅱ 分类）

分类			编号	名称	CDV LOD	CDV MEA	35x建筑设计 LOD	35x MEA	60x建筑设计 LOD	60x MEA	90x建筑设计 LOD	90x MEA
A 下部结构	A10 基础		A1010	标准基础	100	Architect	300	Architect SG	300	Architect SG	300	Architect SG
			A1020	板式基础	100	Architect	200	Architect	200	Architect	300	Architect
B 外部结构	B10 上部结构		B1010	楼板构造	100	Architect	200	Architect	200	Architect	300	Architect
			B1015	Erecto-Valking Construction	100	Architect	100	Architect	300	Architect	300	Architect
			B1020	屋面构造	100	Architect	100	Architect	200	Brady	300	Brady
	B20 外部维护结构		B2010	外墙	100	Architect	100	Architect	200	Architect	300	Architect
		B2020	外窗	100	Architect	200	Architect	200	Architect	300	Architect
		B2021	窗户	100	Architect	200	Architect	200	Architect	200	Architect
		B2023	苗术店面	100	Architect	200	Architect	200	Architect	200	Architect
		B2024	遮阳棚	100	Architect	200	Architect	200	Architect	200	Architect
		B2030	外门	·	Architect	·	Architect	·	Architect	·	Architect
	B30 屋面		B3010	屋面覆盖层	100	Architect	100	Architect	200	Architect	300	Architect
			B3013	屋面保温和封充	100	Architect	100	Architect	200	Architect	300	Architect
			B3014	泛水和收口	100	Architect	100	Architect	200	Architect	300	Architect
			B3015	屋檐和底板	100	Architect	100	Architect	200	Architect	300	Architect

图 4.8　基于项目的 BIM 责任矩阵（由 Turner Construction 提供，感谢 Viktor Bullain）

141

发了"BIM 项目执行计划指南"以及样板资源来协助创建 BIM 执行计划。这份超过了 120 页、长达 8 章的指南不仅深入解释了创建 BEP 的过程，也提供了一种实现它的结构化方法。项目执行计划指南注重流程、利益相关者的责任，以及 BIM 的恰当应用，8 章内容涵盖了开发计划指南的原因，以及如何通过确定目标、明确信息交换协议和最后的实施来执行它。

142　　　　网上有许多图表、工作表和示例样板。图表可以解释所涉及的流程，而工作表可以帮助公司制定自己的目标。可以到 http：//www.engr.psu.edu/bim 获取更多信息并下载最新版本（宾夕法尼亚州立大学 2010）。

俄亥俄州建筑信息建模协议

俄亥俄州建筑信息建模协议文档（http：//das.ohio.gov/Divisions/GeneralServices/StateArchitects-Office/BIMProtocol.aspx）在附录中包含一个 BIM 执行计划。它概括了以下应考虑的方面：

- 项目的信息、目标和宗旨；
- 角色和职责；
- 合作计划；
- 模型组件和模型分析计划；
- 项目交付成果。

文件的示例也被展示出来。完整的协议涵盖更多的信息，包括预期的补偿金、实施和交付。其他州、城市、大学校园，甚至像医院等大型项目都有类似的文件来概括他们的需求、导则和执行计划（俄亥俄州 未标明日期）。

实用 BEP

Troy Gates 为不太复杂的项目创造了他所谓的"实用 BEP"。他的 BEP 专注于单一项目的需求，相当于大型机构 BIM 执行计划中的一部分。它的目标是设定标准，并保证在项目开始时就传达了基本的信息。相比前面提到的综合性 BEP，它的范围更接近于具体建筑项目的 BIM 标准。它包括了五个主要部分来明确关键内容：联系信息、技术规格、模型交换、模型工作流程和模型预期。以下内容以他的实用 BEP 作为框架，并增加了细节（Gates 2012——经允许使用）。

　　　1. 创建一个包括所有联系人信息的表单。它包含姓名、电话号码、电子邮件地址，以及
143 相关人员的预期角色，其中包括设计团队、咨询顾问、承包商以及项目的其他团队，尤其是那些直接参与使用和管理 BIM 的人。它还应包括项目的一般信息，比如名称、位置和客户。

　　　2. 用一个表格列出包括版本号在内的所用软件的技术规格。当团队开始使用不同版本甚至不同软件的时候，这很重要（对于许多软件程序，不同版本之间的转换并不那么容易）。

3. 建立模型交换协议以便和在公司不同角落工作的咨询顾问或员工协作。原版文件应放在一个特定的位置。需要确定在什么时间让大家查看上传的更新文件（例如，设计团队可以在星期五下班之前上传文件，而结构工程师可以在星期三审查并上传他的最新文件）。这到底是由谁负责？列出他（们）的名字。指定在传输模型时应该遵循什么标准（经过清理只包含三维信息的文件，还是包含所有内容的文件？）。在项目开始前应考虑的其他问题包括：

- 文件层级结构和文件命名规则；
- 约定使用链接的文件；
- 如有必要，将模型分解为多个文件；
- 建立异地备份等。

4. 为项目文件建立一个模型工作流程：

- 文件名称；
- 协调系统；
- 图纸标准；
- 项目参数；
- 线宽；
- 对象 / 族 / 符号；
- 视图（以及它们的名字和适合的用途）；
- 轴网；
- 标注样式等。

5. 在项目开始时讨论发展水平和对象所有权，以导则文件的形式来书面阐明它们。记住　144
对模型的预期是跨专业的。BIM 管理员应该在建筑事务所及其咨询顾问之间协调这些内容。对 IPD 合同或某些其他形式的协同设计来说，让承包商参与讨论非常重要。

回顾

BIM 执行计划的包容度取决于公司的需求、项目复杂性，以及预期的协作程度。它还取决于参与者，尤其是在业主、建筑师和承包商，之间已有的合同类型。BEP 与书面合同关联，它将明确设计模型的依赖权、项目参与者的角色、转换模型（包含模型元素作者）的流程、细节水平，以及责任分配。可以查阅公司在创建 BEP 之前、之中及之后所提供的范例。

BIM 成熟度的衡量标准

客观地确定一个公司 BIM 的实施水平很有意义。从客户的角度看，这是评价他们所雇用的专业人员能力的一种方法。这也决定了在客户机构内部将来会有什么样的改进机会。并不是所有的利益相关者（如客户、建筑师、承包商）都有相同的 BIM 成熟度水平，而最终业主的责任就是设法应对这些差异。

外界的评估对建筑事务所和承包商是非常有用的，可以帮助他们独立地评价 BIM 的实施，找到需要改进的地方，并了解潜在客户对他们的判断。BIM 是在不断完善的。人们在达到了一定的水平后，可能发现预期已经发生了变化，而最佳的工作方法也进步了。

在不同的发展阶段有许多衡量标准。它们各有不同的目标和优缺点。这里将简要讨论四种，并简单介绍一下 BIM 奖励项目。选择这四个是因为他们从一系列不同的视角展示了 BIM 的成果：

145

- 软件公司：基于 Vico 软件的 BIM 分数计算器；
- 大型业主：印第安纳大学的 BIM 能力矩阵（BPM）；
- 私营公司：bimSCORE；
- 联邦政府：美国国家 BIM 标准－美国第 2 版中的 NBIMS 能力成熟度模型（CMM）。

BIM 分数计算器

基于 Vico 软件的 BIM 分数计算器（http：//www.vicosoftware.com/resources/calculating-bim-score）注重公司在施工管理中的能力和对 BIM 的使用，包括冲突检测、进度安排和预算。同时对功能与性能、最佳的工作方法，以及企业整合进行评估。具体到 BIM Scorecard 的调查，主要集中在以下七个方面（Jordan 2013）：

1. 投资组合和项目管理；
2. 成本规划；
3. 成本控制；
4. 安排进度表；
5. 生产控制；
6. 协调；
7. 设计团队参与。

调查了解这七个方面在公司的优先级，然后更具体地探寻公司究竟是如何管理这几方面的信息。下面是他们网站的一个示例问题：

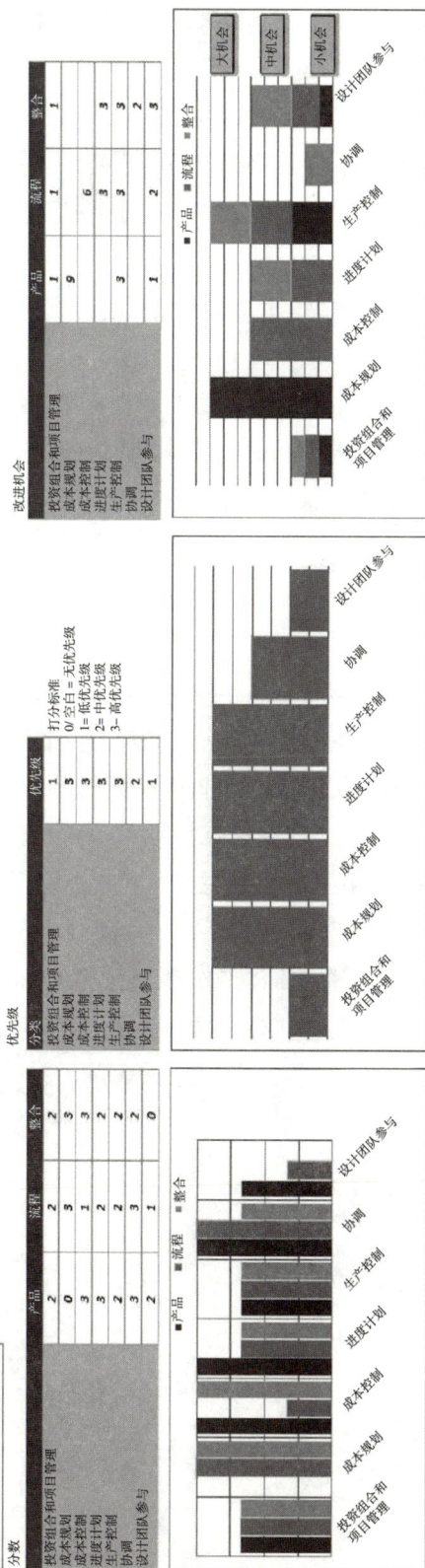

图 4.9　一份示例 BIM 分数评分表（由 Trimble Navigation, Ltd – Vico Office 提供）

你们的项目管理过程是否允许你们根据各行业的进展情况来计算对进度表的整体影响？

A. 是的，如果发生推迟，我们使用 CPM 来查明下游的问题。

B. 没有，但如果发生冲突或推迟，我们会使用 CPM 来确定是谁的责任。

C. 是的，我们每周更新一次生产信息，这为我们提供了基于实际情况的新预测，包括及时的警告。

147

D. 没有，这由主管和分包商在每周的会议上解决，并通知我们可能的推迟。

最终得分是基于网上调查问卷的 27 个问题得出的。要求参与者自我判断公司的能力，最好是作为一个团队，然后 Vico 软件汇总并评估结果，提出潜在需要改进的地方。这个评价并不针对某个具体项目，而是用于公司对 BIM 的整合。BIM 分数计算器特别针对施工管理层和总承包商。

BIM 能力矩阵（BPM）

BIM 能 力 矩 阵（BPM）（http : //www.indiana.edu/~uao/docs/standards/IU%20BIM%20 Guidelines% 20and%20Standards.pdf）是印第安纳大学 BIM 标准和项目交付要求的一部分，用于他们自己的基建项目和企业在基建项目中的招投标（500 万美元以上）。设计团队需要在获得合同之前，应大学所提出的要求为其提交一份完整版本的 BIM 能力矩阵。其衡量标准与 BIM 分数计算器类似——在这种情况下，接受评估的是公司和整个设计团队，而不仅仅是施工公司。

BIM 能力矩阵是一个可以从他们网站上下载的 Excel 工作簿（http : //www.iu.edu/~vpcpf / consultant-contractor/standards/bim-standards.shtml）。主工作表是一个简化的矩阵，其他的电子表格中包含有关主工作表中 8 个大类的详细信息（印第安纳大学 2012）：

1. 模型实体的精度；

2. IPD 的方法；

3. 计算思路；

4. 方位感知；

5. 创建内容；

6. 施工数据；

7. 竣工模型；

8. FM（设施管理）数据丰富性。

这其中每一个类别都有可以进一步阐述的详细的内容。例如，在 FM 数据丰富性的类别中，设计公司被要求列出项目具体的规模和成本，以及公司如何应对空间管理数据、资产管理、制造商的具体信息和 FM 数据创新。每个类别都会获得分数。"BIM 成熟度"最终的分数范围从 0 到 32（印第安纳大学 2012）。虽然表中没有提供印第安纳大学将会如何利用该分数的信息，但这至少意味着公司必须达到特定评级才能开展他们的项目，而印第安纳大学也在试图了解建筑师、工程师及承包商的 BIM 熟练程度。

148

BimSCORE

BimSCORE（http：//www.bimscore.com/）是 Calvin Kam 博士的智慧结晶。它基于斯坦福大学的集成设施工程中心（CIFE）所开发的 VDC（虚拟设计和施工）Scorecard 框架。类似于 Vico 的 BIM 分数计算器所做的调查，它的目的是找出可以巩固的优势领域和需要弥补的弱点。与其他系统不同的是，它用世界各地的工程项目作为衡量标准。最终得分范围从 0—100%，并分成五个类别：传统的、典型的、先进的、最佳的和创新的。评估考察四个方面：规划（20% 得分）、采用（20%）、技术（25%）和性能（35%）。例如，规划的衡量标准还下设子类别：沟通、性价比、进度表现、设备性能、安全、工程质量和其他管理目标（Kam 和 Rinella 2012）。

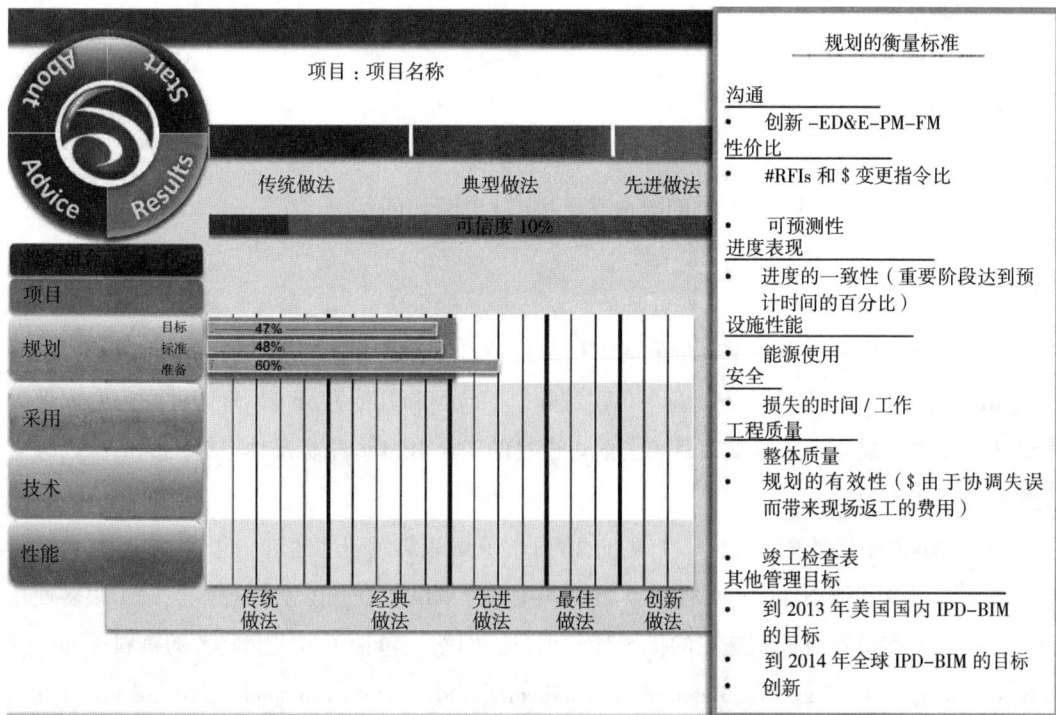

图 4.10　一份示例 bimSCORE 评分表显示了规划衡量标准的子类别（由 bimSCORE 提供）

149　　从创建 bimSCORE 中获得的信息是为了在优化 BIM 价值时做出决策并追踪进度。它始于预期目标和最佳的工作方法。之后通过提供建议、测试项目，以及评估 BIM 成熟度来设法把 BIM 整合到项目的生命周期中，以此提高客户满意度和投资回报率。

美国国家 BIM 标准（NBIMS）能力成熟度模型（CMM）

NBIMS CMM 是美国国家 BIM 标准，美国，第 2 版的一部分（http : //www.nationalbimstandard. org/nbims–us–v2/pdf/NBIMS–US2_c5.2.pdf）。它为"最基础的 BIM"提供了标准。其定义的特征如下（美国国家 BIM 标准 2012）：

- 空间能力；
- 各专业的作用；
- 数据丰富性；
- 交付方法；
- 变更管理或信息技术基础架构库（ITIL）的成熟度评估；
- 业务流程；
- 信息准确度；
- 生命周期的视图；
- 图形信息；
- 及时性和响应；
- 互通性和 IFC 支持。

CMM 可以通过表格、一系列的图示或交互式工具来访问。

BIM 奖励项目

BIM 奖励项目是一个非常有价值的工程项目信息库，具有批判思维的读者可以从中发现改进 BIM 的理念、提示及技巧。业主、建筑师、承包商和其他人员可以理解并学习专家评委所认为重要的问题。BIM 奖励项目和之前讨论过的四个 BIM 衡量标准体系是不同的，因为它主要针对已建成的项目。

AIA TAP BIM 奖是奖励项目一个很好的例子，它既表彰示范性建筑，也承认流程、可持续150　性、教育，以及其他条件的重要性。自 2005 年以来，AIA TAP 知识社区已经奖励了很多使用 BIM 技术和流程进行设计和施工的优秀建筑项目。网站上包括了过去获奖者的资料（http : //network.aia.org/technologyinarchitecturalpractice/home/buildinginformationmodelingawardsprogram/）。在 2005 年，获奖项目中不仅有特别出色的建筑案例（北京国家游泳中心、旧金山联邦大厦、

Willie and Coy Payne 初级中学和 St Bartholomew's 伦敦皇家医院），也有体现 BIM 的巧妙应用与超前眼光的案例。位于加州伯克利的 2005 e-lab 项目和 2005 美国总务管理局的 BIM 试点项目是最佳 BIM 案例的代表。

随着 BIM 的应用越来越成熟，需要相应地调整 AIA TAP 奖励项目的类别以包容各种提交的项目。这些类别从最初单一"BIM 获奖者"的理念上大大延伸了。类别每年都在变化，而不断增长的奖项名单也表明优秀 BIM 的评价标准不是一成不变的：BIM 获奖者、优秀建筑创作、设计 / 交付流程创新、体现发展新方向并具有启发性的试点项目、分析或仿真、评委会奖、学术项目或课程开发、制造加工的优秀设计、为人的使用和创新项目的需求提供支持、卓越 BIM、出色的可持续设计、交付流程创新、在小型公司的示范性应用，以及对设施管理运营的示范性 BIM 应用。AIA TAP 通过与其他行业团体，如 AGC（美国总承包商协会）、BIM 论坛，以及 COAA（美国建设业主协会）的合作，不断扩大了奖励项目。

除了 AIA，其他团体也授予 BIM 奖项。例如，像 Tekla、Autodesk、Bentley 等软件公司也资助奖励项目。Tekla BIM 奖包括四个类别：BIM、钢材、混凝土、其他。它们分别奖励创新的工作流程、各专业间优秀的团队合作、模型的复杂程度等。Autodesk 为建筑师、工程师、承包商、和教育工作者资助了 BIM 经验奖。除了 BIM 的许多种不同应用形式被选出并获奖以外，建筑实例也受到了很多奖励项目的表彰。Bentley 的"启发奖"覆盖了很广泛的类别（2012 年 20 类），包括建筑、施工、生成式设计、结构工程和资产生命周期信息管理。另外，许多团体还赞助了各种竞赛。

无论是由公司内部还是由咨询顾问来完成，BIM 的衡量标准对企业自我评估成熟度非常重要。BIM 奖项为公司未来的提升提供了绝佳的学习标准。参加一次评比来接受专家评委的反馈也未尝不可。

结论

在公司正确实施 BIM 的第一步是评估公司当前的工作方法和未来的预期目标。然后是调查研究：了解其他公司正在做什么、确定软件和硬件的要求、制定标准、启动 BIM 执行计划、评估新的合同和凭证，甚至可能聘用新员工。在第一个使用 BIM 的项目中，规划、完善和评估是其中很重要的里程碑。通过利用 BIM 的衡量标准进行评估并和获奖者进行比较可以不断地改进预期的目标。BIM 是一个过程——理解这一点将有助于把 BIM 成功地融入公司。BIM 的实施也可能伴随公司的其他变化。Deamer 所认可的一个更为激进地看待它的方式是："在行业的这一过渡时期中，设计责任和财务知识由不同的参与者共享，此时完全可以为建筑实践构建一个新的模式"（Deamer 2013）。

第 5 章

BIM 的高阶应用

本章主要介绍 BIM 在基础应用之外的四个趋势：BIM 分析、云计算、运算化设计在建筑上的应用和对 BIM 应用更加成熟的业主。这些趋势将会变得越来越重要，因为它们可以为设计者提供完成更加智能设计的新工具，并且为日常办公引入了更高效、更全面的工作方法。

BIM 分析

BIM 的一个应用是能够将恰当的数据导入其他软件程序中，从而对建筑未来的性能进行各类分析、模拟及预测。BIM 分析不仅被咨询顾问用来进行高级模拟，而且被几乎所有使用三维模型的公司应用。从建筑的造型到施工和建造，它渗透进了设计过程的许多决策中。BIM 分析在建筑的整个设计过程中都有应用，它可以实现不同的目标并满足各种精度要求。例如，一个建筑的体量模型可以用于初步研究建筑整体的能耗。一个更加精确的模型则可以在复杂的建筑抗震设计中确定结构梁和柱的尺寸。设计者的专业技能、设计过程所处的具体阶段，以及对成果公差的预期，这三个方面将影响应当建立何种模型、使用什么样的软件，以及现有的 BIM 会有怎样的效用。

不同于纯粹的数字"草图模型"，它们（BIMs）包含了丰富的数据。BIM 中固有的几何图形和潜在的与其对应的信息可以被提取出来，并应用在体现以可持续性为导向的设计导则工作表、报告和工具中。如果能从专业角度利用这些内容，就可以改善建筑物的气候指数表现，尤其是一些小型的、受外围护结构负荷影响较大的建筑项目（Levy 2012）。

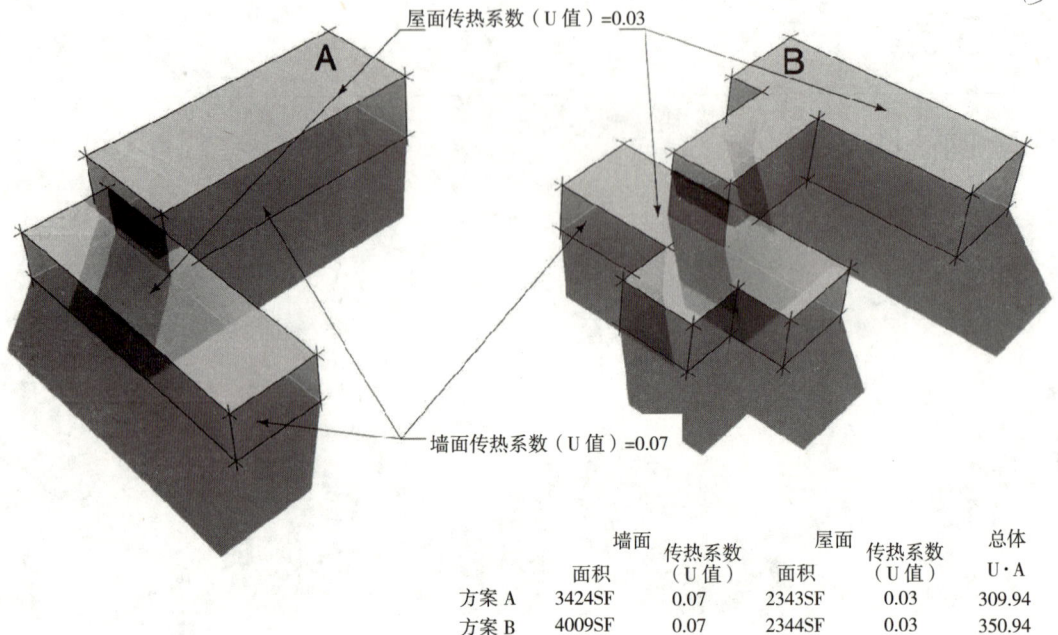

屋面传热系数（U 值）=0.03

A

B

墙面传热系数（U 值）=0.07

| | 墙面 | | 屋面 | | 总体 |
	面积	传热系数 （U 值）	面积	传热系数 （U 值）	U·A
方案 A	3424SF	0.07	2343SF	0.03	309.94
方案 B	4009SF	0.07	2344SF	0.03	350.94

图 5.1　在 LOD 200 中，使用基准的维护结构特性分别对两个体量方案进行导热性分析（由 Francois Levy，Architect 提供）

　　设计者对模型和数据的分析基于从项目中所了解的信息。简易的软件可能会有隐藏的或无法改变的默认值。相反，复杂的软件则包含大量的参数和设置，很难利用它们迅速对一个设计进行分析并获取反馈。使用者必须了解分析的目的，所用软件的局限及其假设条件。为了能够将结果、数据和图表对应到建筑上，并理解软件的输出结果，具备相关领域的专业知识也非常重要。

案例

　　有很多不同的模拟软件可供建筑师、工程师、承包商、建筑管理员和业主使用。它们被分为四大类：

　　1. 与概念、设计、施工和合同文件有关的软件；

154　2. 供工程师和其他咨询顾问使用的软件；

　　3. 施工和加工分析软件；

　　4. 运营和维护软件。

　　与概念、设计、施工和合同文件有关的软件包括：

- 太阳轨迹示意图、遮阳和阴影（上至大规模的城市规划，下至窗户百叶设计和日光采集分析）、日射 / 辐射；
- 可再生能源利用，例如光伏和风、地源供热与制冷、二氧化碳排放、碳核算、绿色建筑认证得分计算；
- 通风：自然通风和机械通风；
- 水资源，包括地表径流和雨水收集；
- 成本估算；
- 规范审核；
- BIM 一致性检查。

这些软件中的绝大部分都可以被归为"绿色 BIM"设计工具。在所调查的"非绿色 BIM 从业者"中，超过 75% 的人认为他们会在三年内运用 BIM 设计绿色建筑项目，他们期待客户会在这方面提出要求，并认为这可以使他们保持竞争力。在"绿色 BIM 从业者"中，大约 40% 的人对利用 BIM 工具预测能源表现非常满意，并且认为 BIM 在计算 LEED 得分方面很实用（SmartMarket Report 2013：8，9，25，41）。其实不仅可以用 BIM 数据进行模拟，BIM 模型对完成 LEED 以及其他绿色建筑评估体系所要求的展示功能也很有用。

美国能源部提供了能量分析工具的两个来源：

- 建筑能量软件工具目录（http：//www.eere.energy.gov/buildings/tools_directory/）；
- 比较建筑能源表现模拟程序的性能（http：//apps1.eere.energy.gov/buildings/tools_directory/pdfs/contrasting_the_capabilities_of_building_energy_performance_simulation_programs_v1.0.pdf）。

图 5.2　方案设计中对风和日射 / 辐射的早期分析（由 MNLB 提供，感谢 Troy Gates）

155

日光区域类别名称 / 编号

001	005	009
002	006	010
003	007	011
004	008	012

无日光

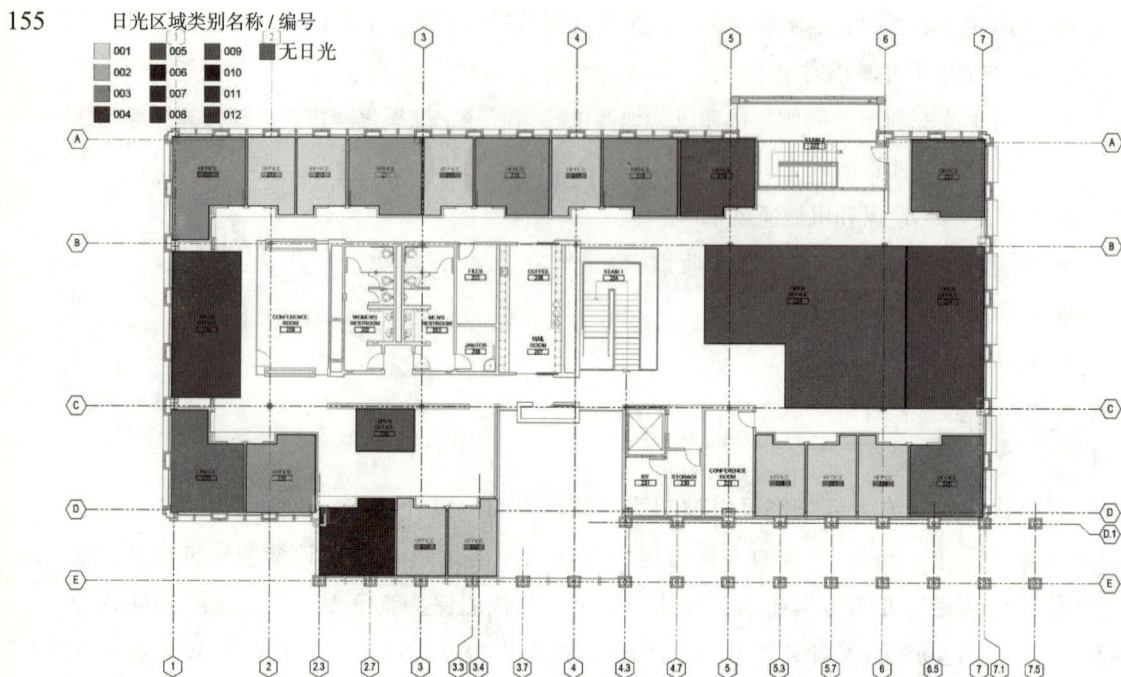

图 5.3 在 Revit 中展示 LEED 日光和窗外视线得分（由 LPA，Inc 提供）

供工程师和其他咨询顾问使用的软件有

- 结构分析，包括结构构件尺寸分析、有限元分析（FEA）、风荷载、雪荷载、抗震分析、面板拼接优化等；

- 照明，包括人工照明、日光、眩光、功率密度；

- 能耗计算以及审核工具；

- 暖通空调（HVAC）尺寸，利用计算流体动力学（CFD）进行通风（自然和机械）分析；

- 声学设计；

156
- 防火安全（烟雾模拟、防火疏散），人的运动模型，包括入口和电梯的排队情况；

- 可回收物、绿色材料的追踪、二氧化碳排放、碳核算、LEED 文件编制等。

- 为场地平整和停车布局进行的挖填优化。

施工和加工分析软件有（详细内容在第 2 章中介绍过）：

- 冲突检查；

- 项目管理；

- 施工顺序和进度安排；

图 5.4　法庭的辐射亮度照明分析（由 ARUP 提供，感谢 Erin McConahey）

- 场地组织工作，包括起重机安置；
- 成本估算。

运营和维护软件有

- 生命周期成本分析；
- 房地产现金流预测；
- 运营和维护；
- 库存管理；
- 工作顺序追踪；
- 监视建筑性能；
- 实时传感器和反馈。

157

　　在建筑、工程和施工（AEC）软件行业中，绝大部分分析软件还没有达到可以与 BIM 流畅协作的阶段。信息只有在 BIM 中直接输入时才好用，而完美的无缝对接还没有实现。正如设计 BIM 与施工 BIM 的创建过程和使用目的不一样，用于能量计算和用于成本分析的 BIM 软件所需的信息也不一样。因此，各种所需的额外信息通常会直接添加到模拟软件中。而 BIM 在分析软件中尚未充分利用的机会便是完成这个反馈回路。设计不是一个简单的线性过程，设计者需要创建建筑的概念模型，将文件导入模拟软件中，根据分析结果更改模型，然后继续将更新的模型导入其他软件中,最后将结果再次反馈到 BIM 软件中,期间不能丢失任何信息。但目前这种方式并没有被普遍应用。

在 2012 年 12 月的一次会议中,美国建筑师协会资深会员(FAIA)Stephen R. Hagan,向观众提出了一个富有挑战性的概念——BIM "登月计划"。他恳求建筑行业、施工行业及建筑产品制造行业中的所有成员在 10 年内(即 2020 年之前)解决这个问题。技术与流程的创新者将会建立一套方法和在线工具,用于创建建筑围护结构模型,测试温度、湿度、物理和能量的完整性……所有这一切在现场施工前完成(Hagan 2012)。

优化

分析可以帮助设计者们实现更优化的建筑设计方案。建筑师们被认为是设计中最重要的优化者,非常善于评估结果和进行权衡。例如,在设计初期他们需要平衡一系列的问题,包括客户要求、初步成本、建筑美观、社区关怀、结构要求、环境影响等。在设计过程中还有许多其他问题,例如建筑结构使用钢材和使用混凝土会带来不同的结果,包括材料成本、施工时间、规范要求、专业考虑,以及对建筑立面的影响等。设计者们或者利用他们的经验和数字化工具(例如电子表格和模拟软件)对具体问题进行优化,或者为变量和对象找出最佳的解决方案。最近,多变量优化算法为许多明确的问题提供了潜在的解决方案。尽管这有些

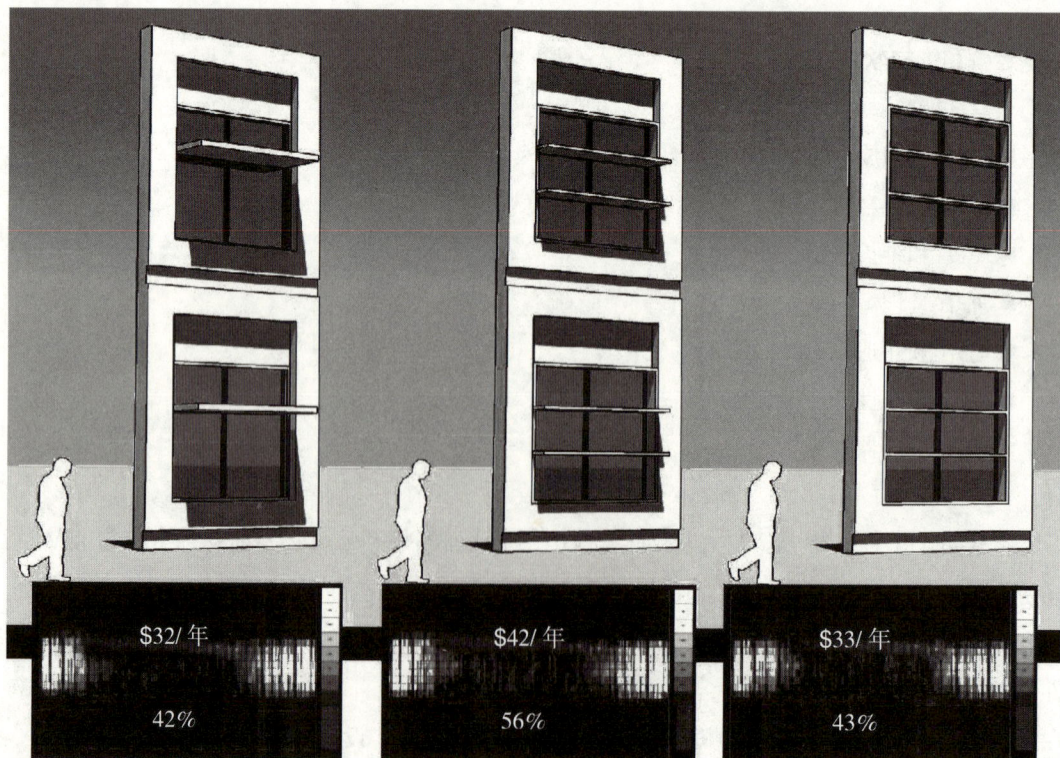

图 5.5 选择不同的混凝土板对减少热增量的影响(由 LPA,Inc 提供)

偏离 BIM 主流问题的讨论范围，但分析工具中所包含的优化功能正在被逐渐普及。虽然技术并没有完全成熟，但软件已经可以帮助设计者们选择更优化的设计方案。

为一个变量找出最优解很简单，只需要多次运行软件直到发现满意的值。LPA 创建了一个流程，设计团队和机械工程师可以使用 SketchUp、Autodesk Ecotect 和 Autodesk Revit 来评估建筑维护结构的概念设计。他们试图在概念设计阶段保持建筑美观、预计能源表现和施工成本这三者的平衡。一旦最优的搭配被找到，便会在 Revit 中对设计成果进行建模并存档。

参数化设计曲线是了解各种变量的另外一种方法。它不仅提供数字，还会提供图表来展示软件对各种不同参数的运行结果。

目前为建筑行业所开发的设计软件一般在后台使用优化算法。使用者并不需要知道各种算法怎样运行，只需要知道他们所希望优化的对象。这种方法对"快速粗略"的评估没有问题，但是只有定量地理解权衡才能帮助设计者精确调整设计方案并支持他们的决策。这种例子有：

- 暖通系统对能量效率、气流分布和热舒适的优化；
- 场地平整的成本优化；
- 二氧化碳排放与建筑成本的优化。

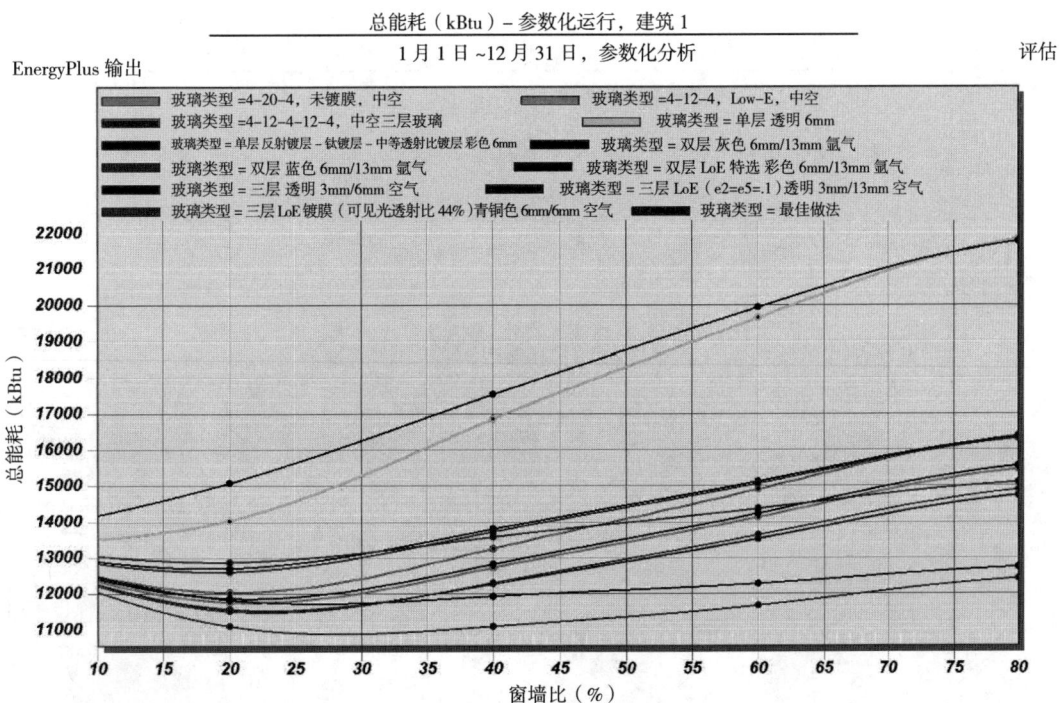

图 5.6　参数化设计曲线展示了窗墙比(WWR)和窗玻璃的不同组合对总能耗的影响，计算结果由 EnergyPlus 提供(Singh 和 Kensek2013)(感谢 Skreet Singh)

　　一些设计者已经开始使用遗传算法来直接找出更加优化的设计方案。要创建遗传算法，一般需要考虑五项内容（Besserud 未标明日期）：

　　1. 被优化的对象（适应性函数）；

　　2. 一个起始群体或者一组设计；

　　3. 一个用来测试设计方案和适应性函数的方法；

160　　4. 合并最优的方案来进行后续测试；

　　5. 重复以上四个步骤直到满足最终的条件。

　　遗传算法和演进系统提供了一个在近乎无限生成的变量域中寻找当下最优方案的体系。利用这种类型的工具，参数化系统成为基因组，可替代选择的范围成为群体，建筑师的设计目标成为适应性标准（Miller 2010）。虽然使用这种技术不能保证获得最优方案，但至少可以得到一个当下的最大或最小值。

　　在实际中这种技术是怎样帮助设计者作出正确决策的呢？设计者可以使用演进系统寻找满足某种标准的设计方案。借助一个例子可以更容易地理解这种方法。一个设计者想要测试一栋办公建筑在夏季的最佳窗墙比，其权衡在于：较小的窗会减少热增益，较大的窗会获得

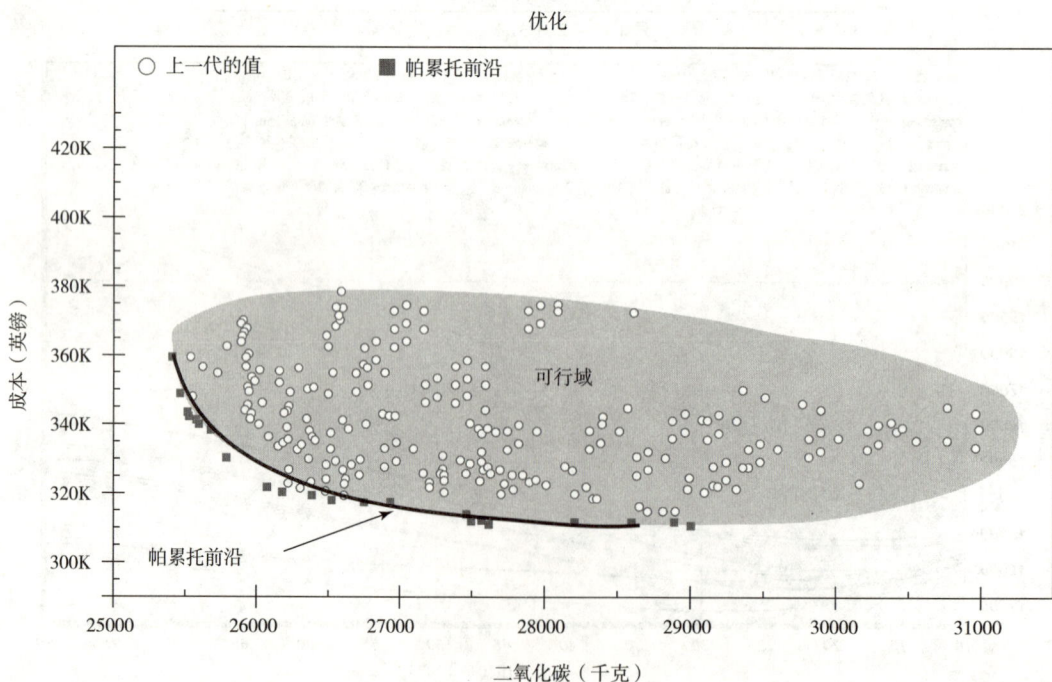

图 5.7 DesignBuilder 软件生成的多目标优化结果作为一组解决方案供设计者从中选取。更优化的方案分布在帕累托前沿（Pareto Front）上（Singh 和 Kensek 2013）（感谢 Skreet Singh）

	公司	功能
Grasshopper 中的 Diva（Viper 组件）	哈佛大学设计研究生院	EnergyPlus 引擎 便于用户建模和输入信息 局限：某些参数没有在 Grasshopper 界面中显示，但用户可以在 EnergyPlus 的基本设置中修改

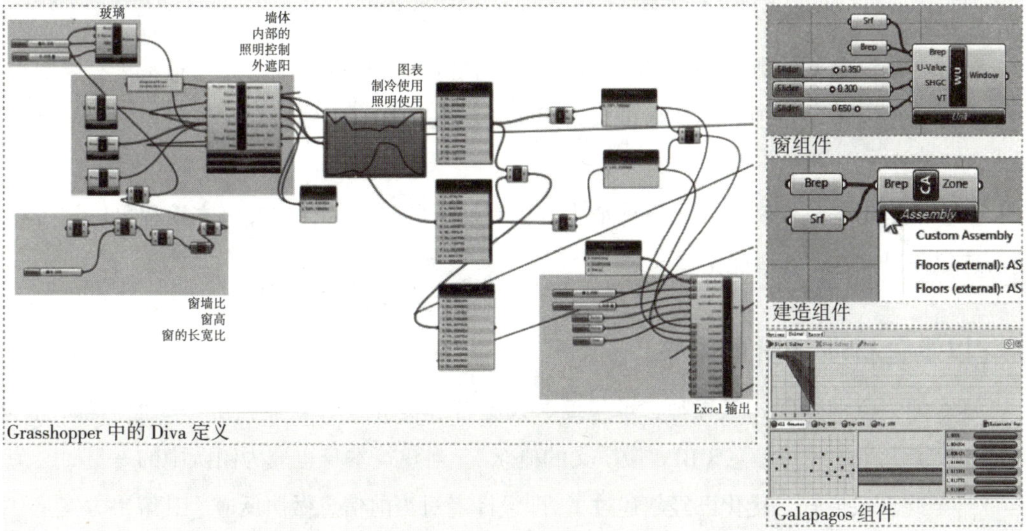

图 5.8 Rhino 三维是一个图像引擎。Grasshopper 中的 DIVA 和 Viper 被用于分析能量和照明。Galapagos 是一个优化组件（感谢 Geman Wu）

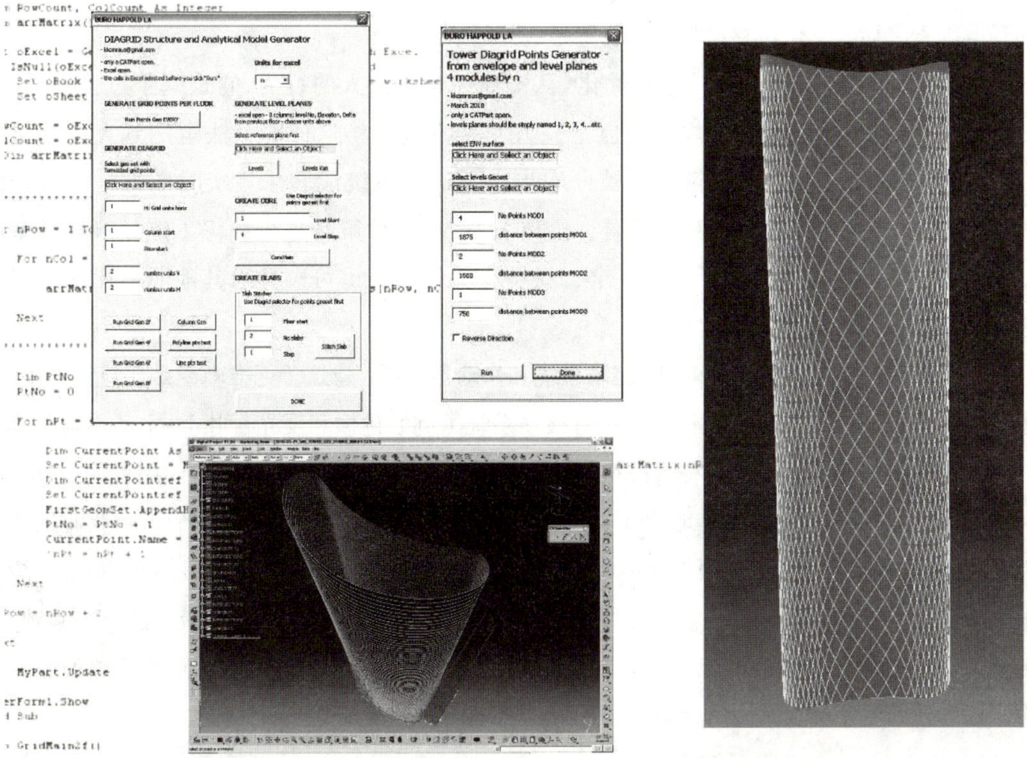

图 5.9 Zero E 开发研究项目：一座 80 层综合塔楼斜肋构架的自动结构效率优化（由 Buro Happold 和 Woods Bagot 提供，感谢 Kurt Komraus）

162 　　自然光。同时她也有兴趣了解以下条件对结果的影响：四个朝向（东、南、西、北）、两个气候区、两种照度、窗户四种长宽比、两种玻璃类型及窗户三种挑檐情况。根据模拟结果，她得出了在夏季最大程度节约制冷与照明电能的最佳窗墙比的范围（以及其余参数）（Wu 等人 2012）。

　　设计者不一定要选取软件得出的最优方案，何况所提供的解决方案只是基于有限数量的约束条件。但是，定量地理解权衡可以为建筑师的决策提供更多信息。这些技术迟早会融入 BIM 的使用中。

　　一些结构工程软件利用优化设计来决定梁和柱子的尺寸。自定义脚本编程可以用于特殊建筑造型并提供自动效率优化。

优化以及分析性 BIM 的未来

　　建筑师、咨询顾问、工程师、承包商、设施管理员和设计专业人员——他们都在管理、综合和权衡大量的建筑信息（BIM 最广义的概念）。当建筑本身也成为团队中的一员时会怎么样呢？　至此，"反应式"优化已经叙述过了，即设计者对当前信息做出反应。其解决方案是"固定"的。例如，在考虑了成本、施工时间、二氧化碳排放及其他约束条件后，建筑师利用软件确定了使用钢结构而非混凝土结构是最优的选择。或者，在平衡了成本、眩光、日光和冷负荷等因素之后，一个可移动的遮阳装置是最佳的解决方案。

　　另外一种优化方式是"认知性"优化。认知性优化反映人的行为，它是基于过去的经验、现状及对未来的期望所做的规划。但是，人们并不善于将这样的方法运用到大型建筑的运营中——因此，智能化建筑系统被开发出来。这套系统能够采集实时数据，与过去的用途比较，预测多种信息（例如气候、价格），选择某种策略进行优化（例如能耗或室内舒适度）。它可以告知使用者它的决定，撤销相关设定，也可以显示其他非最优化选择所带来的影响。

163 　　如果安装有传感器、数据访问、控制系统和作动器的话，建筑（更准确说是建筑管理系统）就能够"设定"完成以上的操作。建筑有被动系统（例如挑檐和反光百叶）、主动系统（例如住户灯具开关传感器），以及一种常被忽略的主动系统——建筑使用者本身。使用者经过"培训"可以更有效地使用建筑，简单地像开关百叶来改善室内舒适度。例如，一个小企业业主知道每月维持运营所需的资金。假如热浪将要来袭，如果她提前知道，便会在月初的时候节约能源来减少开支，为接下来的大热天做好准备。建筑系统的实际和虚拟组件最好能够一起预测、监视、更正和优化建筑的性能，并通过立即警报、历史图表和建筑性能监测器等整理过的数据形式向建筑管理员反馈。

云计算

背景

云计算可以帮助完成更多的分析，简化公司的工作流程。尽管目前它被作为一项新技术进行推广，但其根源可以追溯到 20 世纪 60 年代建立大型计算机分时资源概念的时候。一台性能足够好的计算机可以被众多的使用者共享，而这样一台昂贵的机器也可以一直保持运行状态。时至今日，云计算已有以下几种形式：

- 使用者可以远程访问一台高性能计算机或一组计算机来运行高强度的运算任务，例如渲染、动画、能量计算、计算流体动力学（CFD）等。
- 使用者共享软件资源而非硬件资源。一个团队可以租赁远程计算机上的软件应用程序，按实际的使用时间付费。但由于软件技术和目前某些终端用户的软件许可协定所限，这并不总是可行或合法。
- 使用者在远程服务器上共享一套动态的模型文件，或者其他动态的或存档的数据。

在以上案例中，目的是通过分享数据而非将数据占为己有来获得更高的效率。建筑事务所应该认真考虑硬件和软件可以访问的云端应用程序。大多数人正在使用一些云计算的服务，例如：email、DropBox、FTP（文件传送协议）、备份到其他地点或外部供应商，甚至 iCloud（用

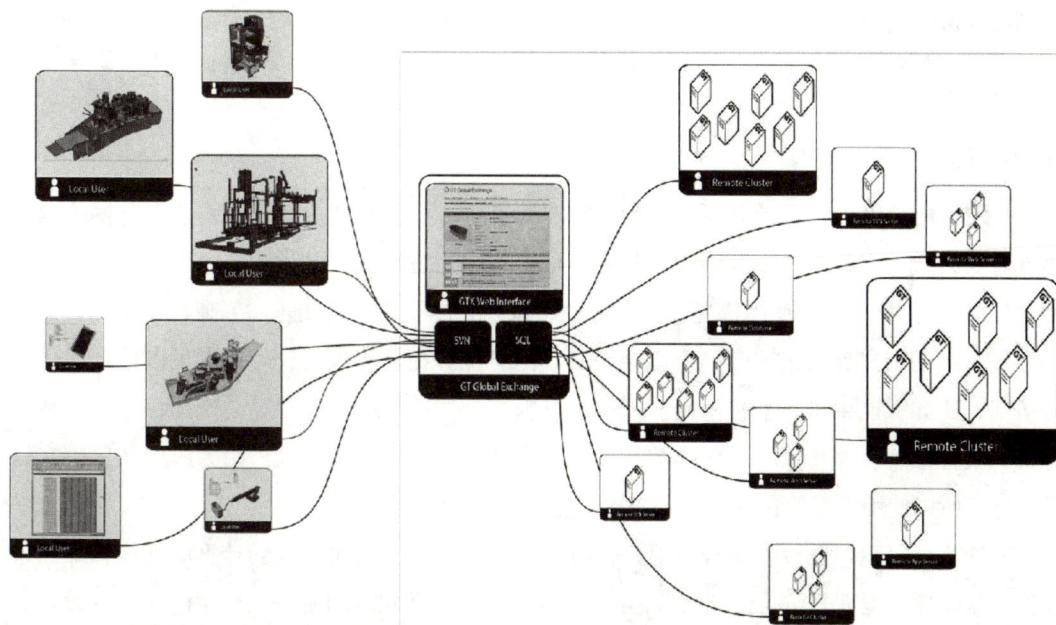

164

图 5.10　GTX+SVNU 在云端被用于同步设计追踪和版本管理（由 Gehry Technology 提供）

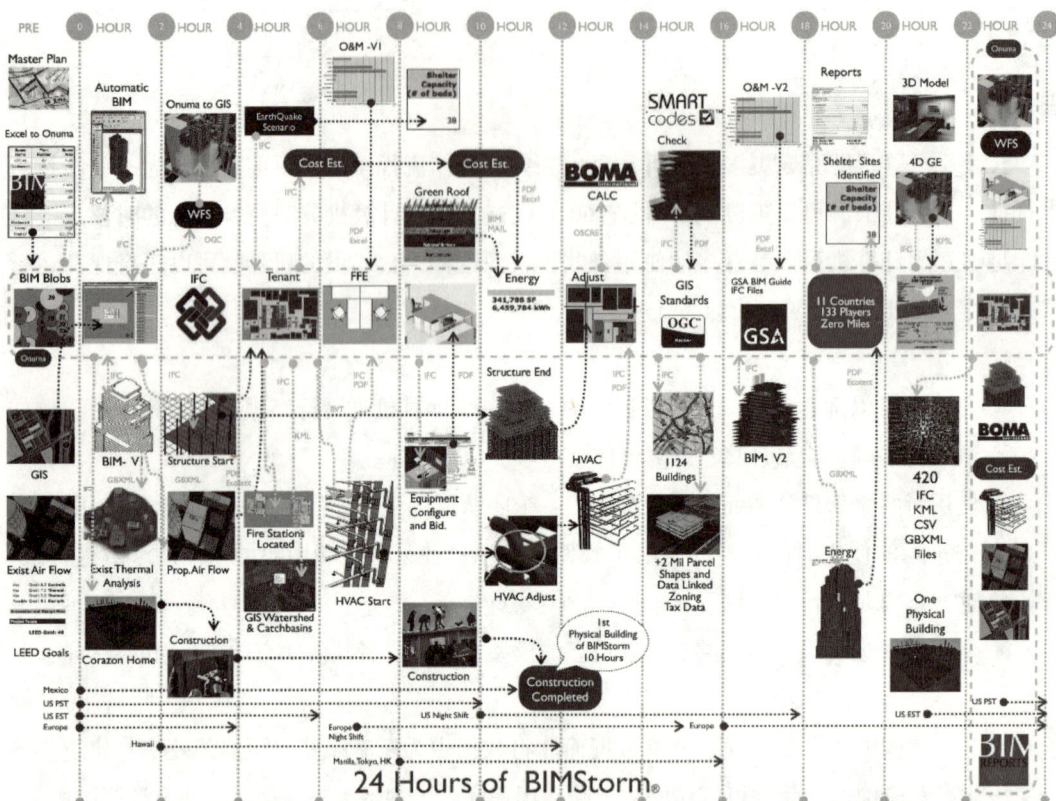

图 5.11 Onuma 的云计算示意图展示了 BIMStorm 在 24 小时中的进程（由 Onuma，Inc 提供，感谢 Kimon Onuma）

来同步设备的云端服务器）。技术主管和建筑师 Kimon Onuma 正在突破云计算的界限，并且已经在以云为主导的工作环境中利用开放标准成功地进行了实践（Onuma 2009）。

硬件和软件

从硬件的角度讲，云计算可以减少公司在计算机方面的开支。如果只需要运行网络浏览器或者与云端的远程硬件交互的小型程序，那么本地运算环境的硬件可以不用那么强大（从而降低成本）。计算机在使用浏览器界面（也可以在智能手机中使用）时互通性并不高，但当一个更高级的用户界面出现时则可能会提高。由于计算在远程进行，使用者可以使用多种设备访问，比如智能手机、平板电脑、笔记本电脑或台式计算机。云计算的应用程序对本地计算机的硬件品牌、操作系统、内存数量和硬盘存储空间的要求并不高。因为应用程序也在远程运行，所以使用者需要良好的网络连接才能从云计算中充分受益。

云计算可以用标准设备实现，但是也有特殊的硬件可以大大提高云计算的性能，即通过硬件而非软件来压缩公司与云端服务器之间传输的数据。例如在 PCoIP 中（由 Teradici 设计和开发），远程计算机屏幕上的图像被特殊的硬件压缩，然后通过因特网传输到一个特殊的盒子中而非用户的个人计算机上。这个盒子会把像素解压缩并在计算机屏幕上渲染。

从软件的角度讲，云计算的一个重要优势是拥有灵活、可变通的软件许可方式。在现有的模式中，公司会为一种软件应用程序购买固定数量的许可证。如果软件很贵，有限的预算只能使一定数量的使用者在自己的计算机上安装软件。这会造成瓶颈，限制软件使用高峰期的工作效率。而单纯为了满足高峰期的使用而购买许可证并不经济。云计算允许公司在使用高峰期暂时获得额外的许可证。每个软件程序都需要解决自己的许可证问题，以下是不同类型许可证的例子： 166

- 买一个软件许可证在各台计算机上轮流使用，只要不在多台计算机上同时使用。
- 软件许可证只与某一台计算机绑定。
- 一个软件许可证为一台计算机提供完整的软件功能，而为公司里的其他计算机只提供有限的功能。例如，一个动画软件允许同时在多台计算机上进行渲染，但实际创建和编辑动画只能在一台计算机上进行。

对 BIM 软件不止有一种解决方法。不同的公司对软件许可采取了不同的策略。但在大多数情况下，主要的局限是需要为每个使用者配备软件许可证。

优势

使用云计算可以改变公司的硬件设置。不同之处在于公司不再需要自己的文件服务器，取而代之的是云端服务器。因此公司也不再需要为服务器提供电力、空调或雇专业人员来维护。云计算中心会保存数据备份，将其储存在更安全的地点。这对拥有较少专业员工的小型公司特别有益。

不再需要能够运行大量计算任务，例如渲染、动画、能量计算等的专业计算机，它们的功能会被云端高性能的计算机所取代。而这些服务只在使用时收费。于是，这将进一步减少办公面积，降低能源消耗，节省购买高性能计算机和软件许可证的资金。

因为应用程序在云端的计算机上运行，所以会大大减少软件或硬件的问题。在一个普通公司里，由于零碎的升级或改装，会有很多种不同性能和配置的计算机。而在云计算中心内， 167 只需要较少种类的计算机，并且很有可能只使用一种操作系统。

云计算的另一个优势是潜在地提高工作效率、简化软件的使用。因为模型文件是直接在远程系统上被修改，而不是将其复制到本地计算机上修改，然后再复制回服务器供他人使用。所以相较于普通的办公环境，云端远程计算机与数据更接近。另外，相对于普通的笔记本电脑或台式计算机，云端的磁盘驱动器也具有能够快速访问文件的更高性能。

云计算最有趣的一个优点是在任何地点都可以访问模型信息。因为应用程序和 BIM 都位

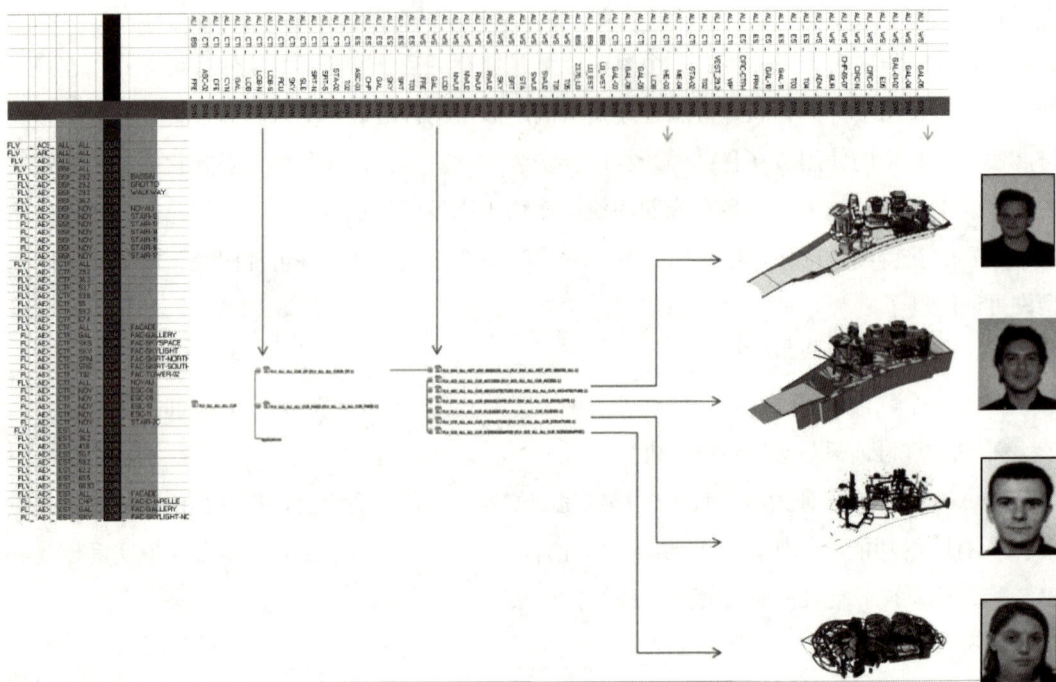

图5.12 GTeam 能让负责模型不同部分的项目参与者基于云端合作（由 Gehry Technologies 提供）

于云端，所以对工作的安排可以完全忽略使用者的地理位置。使用者可以在家工作，在任意地点为客户汇报，在施工现场上获取更新的模型。当旅行时，公司的数据会更加安全，因为它们并不存储在使用者的笔记本电脑中。云计算甚至使携带更轻便的平板电脑成为可能。

劣势

将数据储存在云端有很多优势，但也有一些劣势。主要的顾虑在于网络系统崩溃会中断数据传输。即使本地有文件的副本，与应用程序的通信也会中断。解决这个问题的一种方法是建立备用网络连接。如果正常的有线网络断开，4G 的无线网络仍能使用。

云计算也为未授权者提供了许多非法访问数据的机会，特别是在信息传输时。为了弥补这个缺陷，使用者可以通过利用虚拟私人网络（VPN）等加密连接来保护公司与云计算中心之间的信息传输。这会让人难以监视往来数据中心的信息包。数据一旦到达数据中心就相对安全了。就像使用任何其他的应用程序一样，在云端使用 BIM 也需要提高外部安全措施的级别。

在理想情况下，设计师和咨询顾问会使用相同的云服务与模型进行交互。但是因为目前云端并不提供所有的应用程序，所以有时也需要将文件从云端复制下来，提供给使用本地、特殊或专有软件的咨询顾问。

私人云和 BIM 服务器

如果使用远程计算中心无法满足公司当前的需求，可以通过使用私人云来实现云计算的许多优势。对于大公司来讲，私人云可以分享软件许可证，并且允许多人同时与同一模型进行交互。但是，公司需要购买或租赁云计算设备。这在最近几年已经变得逐渐可以接受了，因为其成本已经降低到即使是个人公司也能负担得起安装个人云系统的费用。

一个 BIM 服务器不只是一个简单的文件储存设备。在 BIM 服务器中，与模型相关的信息被储存在数据库。应用程序向数据库（BIM 服务器）查询模型的每一部分信息。数据库可以让多个使用者同时在同一模型上工作。当使用者想要编辑模型的某一部分时，数据库会将其锁定，并保证此时没有其他的使用者可以编辑它。当使用者编辑完成后，他所编辑的这部分模型会被放回到数据库，并通知其他使用者模型已被更新。如此一来，只有当使用者们编辑模型不同部分的时候，他们才可以同时工作。唯一的问题是当两个人想编辑模型同一部分的时候，第二个人必须等到第一个人完成后才能编辑。当然，BIM 软件在设计时一般都具备这种功能，尽管不同的软件生产商和同一软件的不同版本在灵活性上会有差异。

169

将云计算引入公司

当现有的计算机或者文件服务器接近它们的使用寿命时，公司就可以引进云计算。例如，更新或更换现有的文件服务器的时候，就是转换到云端存储文件的良好时机。如果公司计划在云端运行所有的应用程序，那么就可以考虑用 PCoIP 盒子取代需要更换的台式计算机。几年后，公司就会准备好从传统计算向云计算的转换。旧设备可以作为连接内部私人云系统的远程 VPN 接入点。

另一个方法是让一个志愿团队在新项目开始时率先使用基于云的系统。这个团队可以在将全公司转换到云计算之前测试这套系统及其局限性。

从长远来看，由于使用者的工作时间与工作地点越来越灵活、协作越来越容易，云计算可以节省很大的开销。就协作来说，许多人能够同时在同一模型上工作而不被彼此干扰，这会使每个人都更愉快更高效。对于拥有许多办公场所的大公司或者当与分包商进行合作时，能够在任何时间、任何地点在同一模型上工作可以避免许多误会和重复性的劳动，从而提高效率。相比使用计算机，使用平板电脑或智能手机查看并编辑模型可以更快地把在夜晚或周末灵光一现的好主意吸收进来，同时也可以防止这些好的想法被遗忘。

170

全球地域问题

因为 BIM 存储在云端，所以只要有足够快的互联网连接速度，使用者无论在何时何地都能访问它。而且在 PCoIP 类型的实施中，当图像迅速变化时需要传输更多的数据来刷新屏幕，

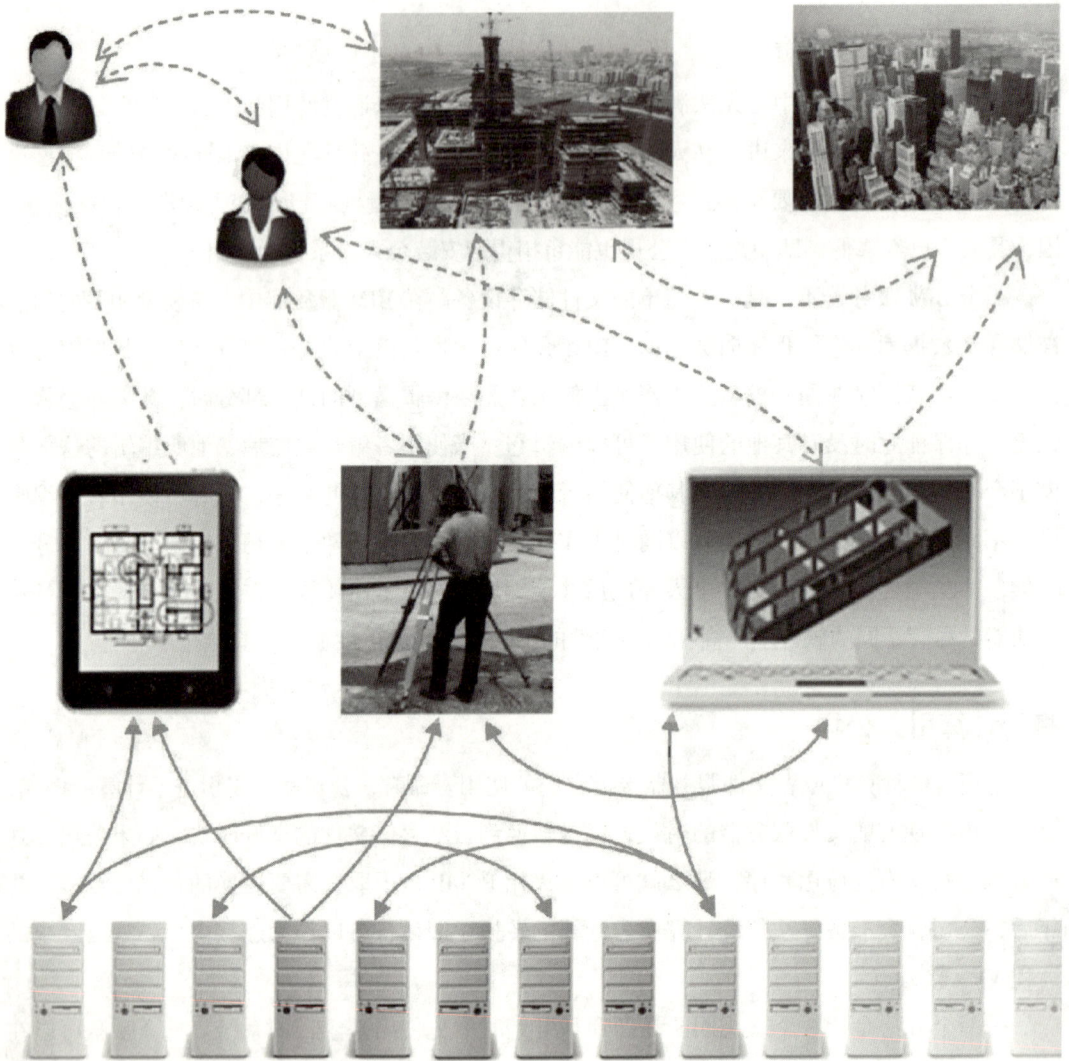

图 5.13 在云端可以让网络团队和无纸化项目变为可能（由 Gehry Technology 提供）

因此连接速度变得更加重要。国际合作由于增加了使用者的距离，延长了屏幕更新的时间，减缓了鼠标或键盘输入后的响应速度，往往造成令人失望的体验。

国际合作的另外一个问题在于对输入和输出的定义。传统上如果把物品从一个国家送到另外一个国家，会有一个出口和进口的过程。但如果物品仅仅是数据，这个过程会变得"灰色"化。由于云计算模糊了工作所在地的概念，这个过程会更加令人困惑。例如，如果云计算中心和 BIM 在另一个国家，当使用者修改 BIM 时，那么这个工作到底是在使用者的所在地完成的还是在 BIM 的所在地完成的呢？毫无疑问，未来这会给政府的管理带来一定的挑战。

在数据传输过程中进行加密也会对国际合作造成影响。从美国出口某些类型的加密软件是违法的。这意味着 BIM 云端其他国家的使用者不得不使用加密性能比美国弱的软件。当一个美国员工不经意地把一台加密的笔记本电脑带出国时也会造成一些潜在的问题。

降低成本

　　规模经济和激烈的竞争会继续降低云计算的价格，甚至使其低于私人计算机硬件的成本。云计算中心可以位于房价低廉、能源便宜、自然冷却效果好的地点。如果远程服务器的周边有丰富的可再生能源和冷却水，云计算可以成为一项环保技术。而且因为大量的服务器（与普通公司相比使用的计算机种类更少）位于同一地点，只需要少量的技术支持人员进行维护。如果一台计算机故障，会分配给使用者另一台，从而保证了公司的工作效率。不断提高的网络连接速度会减少延迟，并使云端应用程序的反应速度和本地的一样快。然而，就像任何科技的进步一样，云计算的发展也会有许多障碍和问题。最近某著名供应商的服务停机就动摇了部分人对云计算的信心（云计算 2013）。

运算化设计

172

　　运算化设计是一个广泛的过程，包括了一系列的技术和方法。这里的讨论将仅限于对建筑行业和建筑信息建模有直接影响的三个方面：通过脚本编程和插件自定义；参数自定义和利用可视化脚本编程生成形体。

通过脚本编程和插件自定义

　　建筑师可以通过自定义软件来优化他们的实践、设计和创建文件的过程。开发新的插件或编写脚本需要开发者对软件有一定的了解，熟悉自动化的工作流程，而且对编程有一定的经验、兴趣和天赋。BIM 软件中的自定义工具可以自动完成重复性的工作，操控大量的数据，方便不同软件间数据的输入与输出。许多 CAD 和 BIM 软件给予使用者创建新功能的权利：ArchiCAD 中可以用 GDL 创建新对象，Microstation 中可以用 BASIC 编写宏命令，CATIA 中可以用 Python 编写脚本等。

　　例如，AutoCAD 提供一种编程语言 LISP。资深使用者开发了许多软件本身所不具备的功能插件：可以让使用者改变菜单和工具栏的工具，以一个指定的角度画出由一个点到一条线的最短距离，将块转换为 Xrefs，重新创建填充边界，清除所有冻结或关闭的图层，以及创建日照围合体（solar envelope）等。

　　AutoLISP 是一个脚本编程的实例。脚本编程涉及在软件中编写小程序，它们能立即生效。脚本编程的语言远比完整的编程语言例如 C++，VB 或 C# 要简单迅速，但他们的功能有限。通过编写几句代码，即便是新手也可以用脚本编程的工具在程序中自动执行某项命令。

　　在 Autodesk Revit 中，安装一个开源的插件可以让用户使用脚本编程的语言 Python。

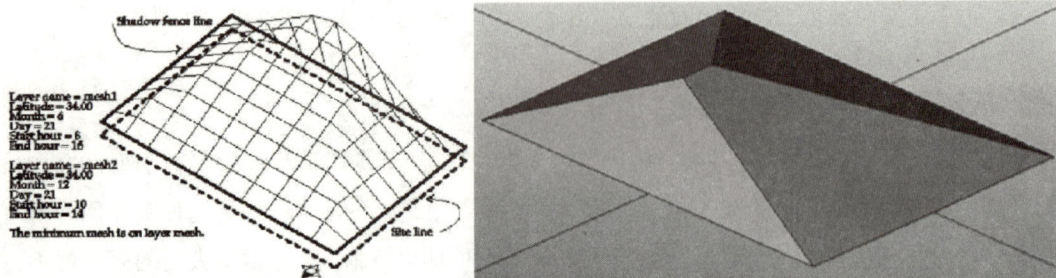

图 5.14 由 AutoLisp 中的脚本和 Revit 的插件所建立的日照围合体（solar envelope）（感谢 Ralph Knowles 对日照围合体的研究；感谢 Alicyn Henkhaus 提供 Revit 图片）

173

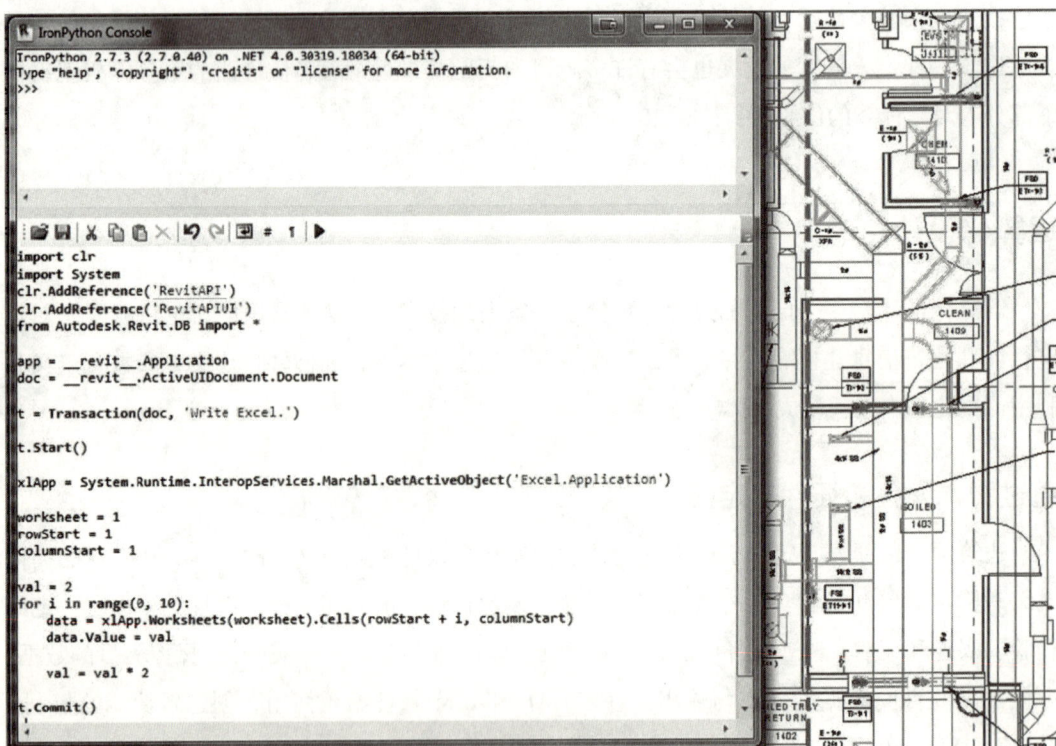

图 5.15 Python 代码示例（由 MNLB 提供，感谢 Troy Gates）

Python 虽然是一个简单易学的编程语言，但它非常强大，甚至可以进入到只有完整编程语言才能编辑的 Revit API（Application Programming Interface 应用程序编程接口）中。通过使用Python，用户可以简单地编写几句代码来迅速自动执行一些程序，但如果手动操作将会耗费大量时间。例如，将所有文本转化为大写；创建、删除或重新命名视角；根据参数值执行操作，然后替换原先值或增加新值（Gate 2013）。其他 BIM 软件也有类似的功能。

通过使用由更高级的编程技术开发的插件，BIM 应用程序可以自动化或者扩展。这些插件可以在公司内自行编写或者由第三方提供。现在已经有许多插件可以供 BIM 软件程序使用。

174 公司员工如果了解必要的编程知识也可以创建插件。开发自定义插件包括四个步骤（Mai 2010）。

1.创意（提案）；

2.用途（可行性研究和设计说明）；

3.创建（编码、排错、测试）；

4.增加应用的广泛性（文件编制、培训、维护和使用）。

为自定义工具提出创意相对比较容易——尽管 BIM 软件已经发展得日益强大，但是它在建筑设计的工作流程中还是有许多不足之处。几乎公司里的每个员工对如何改善软件才能提高生产力都有主意，但最终究竟创建哪些工具却需要进行可行性研究。比如考虑：这样的工具会被很多项目使用吗？这样的工具会节省时间么？通常创建和排错的过程会比预计的要久，而且新的问题在工具应用时也往往会出现。所以如果公司有其他人需要使用新创建的工具，文件编制和培训则必不可少。

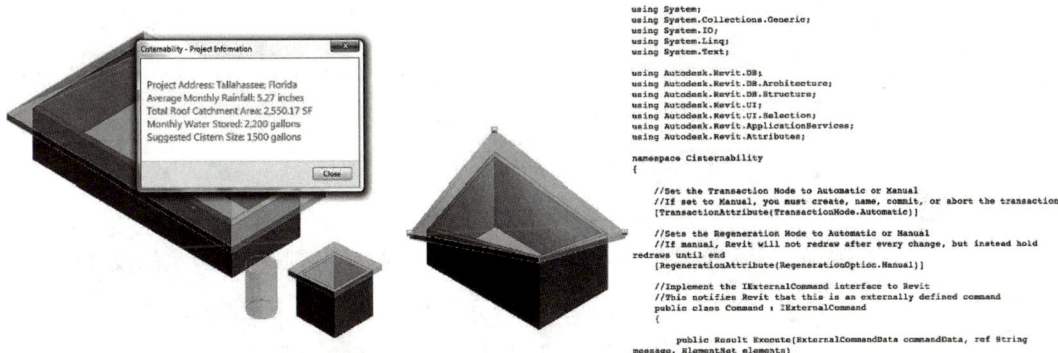

图 5.16　通过屋顶的表面积和城市的位置，插件计算出了屋面排水量和蓄水池的容积。图中显示的是用户的使用界面和部分 C 语言代码（感谢 Ethan Barley，Andres Lin-Shiu 和 Tyler Tucker）

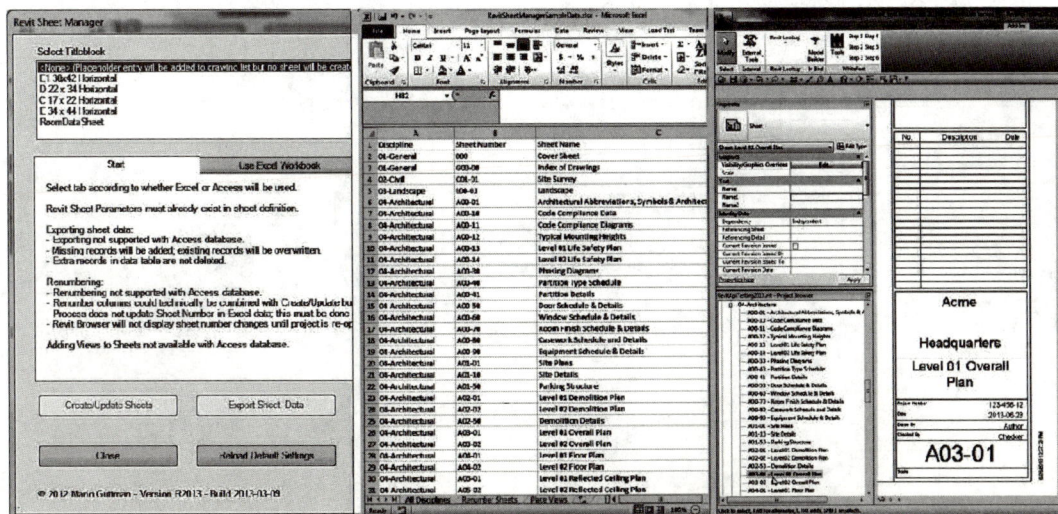

图 5.17　"图纸管理者"（Sheet Manager）工具利用 Excel 工作表来协调 Revit 表格（由 WhiteFeet 提供，感谢 Mario Guttman）

在 CASE 公司工作的 Mario Guttman 与 HOK 和 Perkins+Will 公司一起创建的 WhiteFeet 工具是 Revit 的一套外接程序，这个程序证实了众多小型、有针对性的应用程序的潜在价值。Guttman 的经验是，开发这些工具其实没有那么难，在许多情况下，自定义代码比非结构化的流程更容易管理。为了避免代码编写者离开公司后插件无法使用，这些代码需要被存档以便日后调取、查看和修改。

自定义工具可以解决一系列的问题，它们既可以使一些常规工作执行得更简单、更高效，也可以实现一些更复杂的工作流程。通过简化常规工作，还可以改善投资回报率。通过更新族的版本来管理图纸编号与批处理族，修复预览图标，创建精细的图像（Guttman 2012）。

这些工具也可以用于更加复杂的工作流程。例如，模型和数据库的双向连接可以改善面积、房间、形状、房间数据表与三维模型之间的协调。在自定义编程的辅助下，数据库可以被更加有效地运用在模型以外的工作中，例如：管理建筑空间的功能、列出房间目录及管理家具与设备的要求。维持模型和数据库之间的关系是通过仔细管理关键值来实现的，这些值可以帮助保证相关建筑设计数据的完整性。一个用 Revit API 开发的工具能够输入房间信息，新的房间会自动包含所需面积、使用类型、使用人群及其他预设的参数值。

176   另外一个插件被用于在大型建筑中创建房间自定义表格。在医院或实验室的设计中，常常为每个房间建立房间信息表。它可以记录一些细节要求，比如房间内的固定装置、表面材料、公用设施的接头等。如果能够将平面图与三维视图一同放入表格会更好。目前能够自动完成这项任务的工具也已经开发出来了。

在另外一个案例中，电子数据表的数据是与族的参数链接在一起的，这样一来，用 Revit 族建立的塔楼会快速生成许多种不同形态，从而进行方案比较。

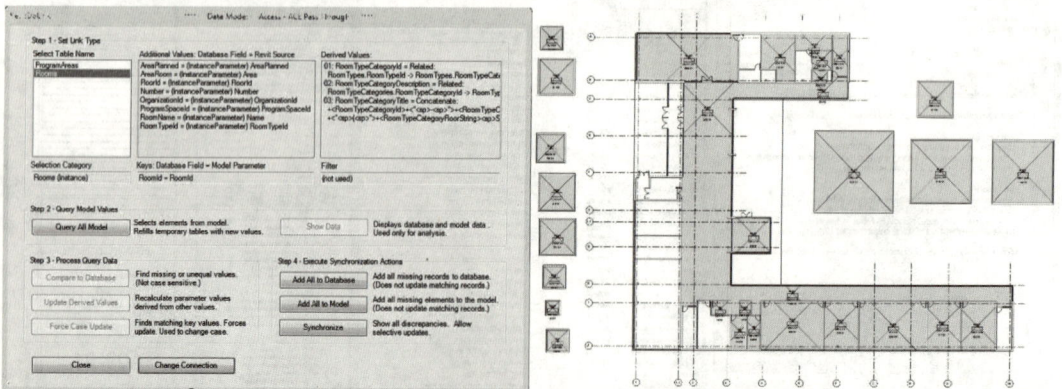

图 5.18   这些房间是从 Excel 中导入，由一个双向数据库链接管理。上图展示了一张在建筑中布置了房间的标准层平面图（由 WhiteFeet 提供，感谢 Mario Guttman）

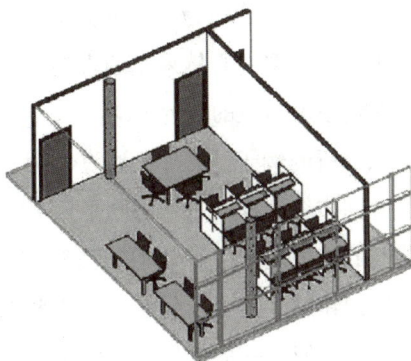

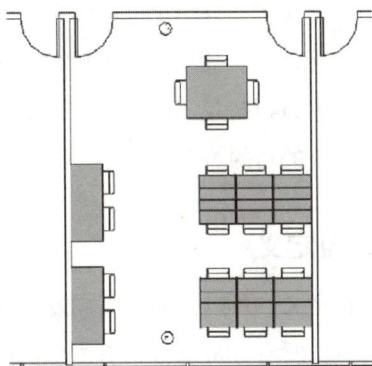

图 5.19 自定义生成的表格（由 WhiteFeet 提供，感谢 Mario Guttman）

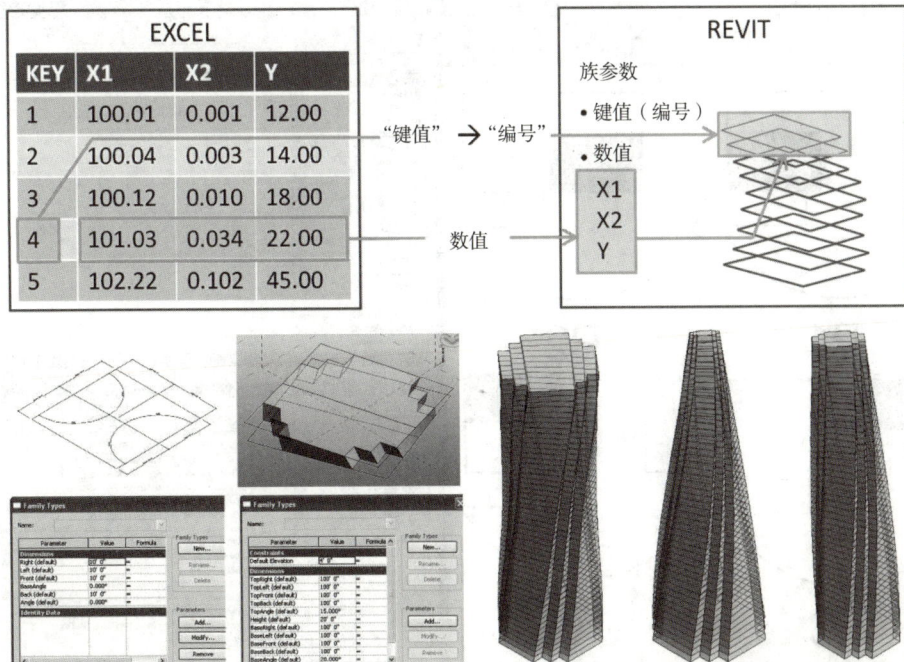

177

图 5.20 Excel 中的数据变成了 Revit 中的参数值，从而影响了楼板的形状；这栋塔楼形态就是建立在 Excel 值之上的（由 WhiteFeet 提供，感谢 Mario Guttman）

其他一些公司为早期的方案研究创建了脚本，可以考虑建筑体量在场地中的相对位置，体现窗户位置对自然采光的影响，生成停车场平面图，并在主体建筑不断变换位置的情况下实时记录停车位的数量（Goldsberry 和 Trezise 2013）。还可以创建碳排放计算器——这是一个嵌入分析的例子。另外，通过使用自定义互通平台数据库，BIM 的几何形体可以与结构计算软件同步。这样的一个协同平台可以使设计者不需要等待结构工程师的答复，就可以获得对他们的初步设计几乎实时的反馈（Schumacher 2013）。

创建这些工具所付出的努力都会得到回报，无论是在未来完成相似的工作会节省时间，还是帮助创作一系列不同的方案来满足设计要求。

178 　日常流程的自动化也可以作为一种向用户传播先进理念的方式，尤其是在数据管理方面。例如，无论是否使用数据库软件，关系型数据的概念在目前的实践中变得愈加重要。与单纯讲授学术基础理论不同，自定义的应用程序在为实践任务提供价值的同时，顺便达到了介绍数据理论的目的。

参数自定义

自定义也可以指创建不同复杂程度的用户自定义参数化构件。这正是 BIM 在自定义方面的特点，所有 BIM 软件都有类似的内置工具。一个比较好的自定义例子是公司图纸的标题栏，

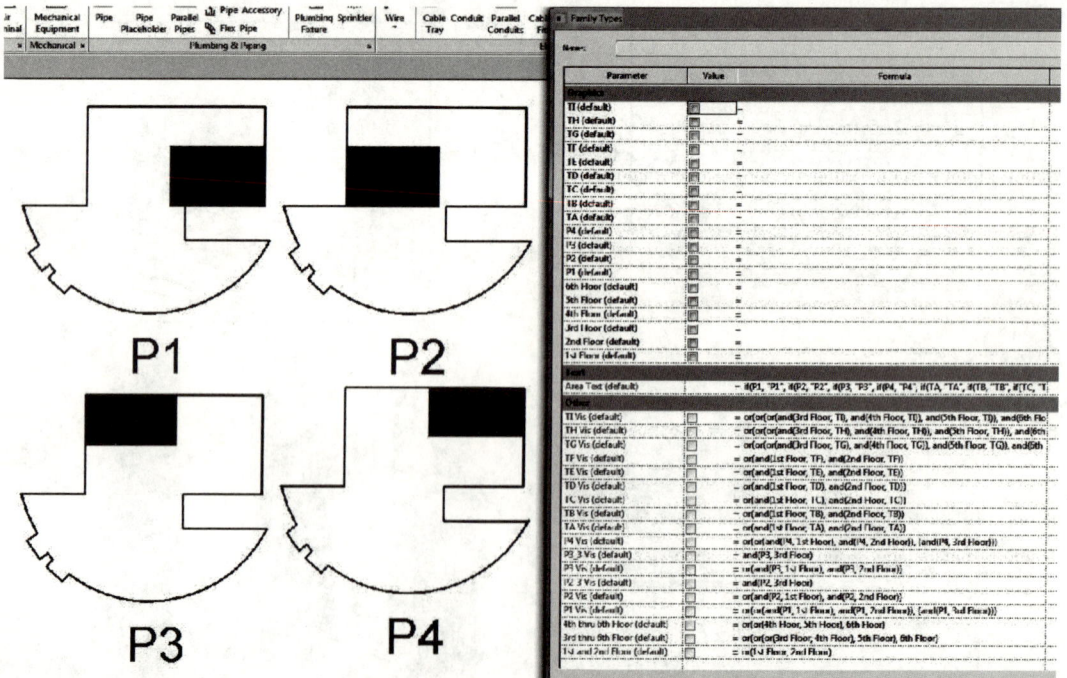

图 5.21 利用基于逻辑的公式，可以通过调节一个参数化的族来展现一座大型多层医疗建筑的各分区和楼层（由 MNLB 提供，感谢 Troy Gates）

这里的参数会包括公司名称、地址、客户、修改日期及公司其他的标准数据。还有例如门和窗需要满足具体项目的要求，复杂的自适应面板要适应曲面屋顶的曲率。另外，参数化对象也包含规则和约束条件。例如在 BIM 软件中，楼梯的一些参数被特定的约束条件所限制，比如规范限定了楼梯的坡度。又比如坡道的规范要求无障碍轮椅坡道的坡度小于 1 ∶ 12，至少 3 英尺宽，扶手的高度在 34—38 英寸之间。

不管是创建自定义工具还是特定的参数化对象，建筑师们需要根据他们自己的工作流程和行为的重复模式来决定是否需要实现某些操作的自动化。

利用可视化脚本生成形体

使用计算机程序来自动生成独特的建筑几何形体是目前的一个趋势。通过将形体生成的过程自动化，可以基于用户建立的约束条件生成多种设计方案，然后进行评价。前文讨论过的一个例子是综合使用电子表格、脚本和 BIM。更改电子表格中的数据会更新 BIM 中的值，从而改变建筑的形状。设计者在形体生成上对可视化脚本编程的使用正在逐渐增多。

Bentley 公司的 Generative Components 和达索系统（Dassault Systèmes）的 CATIA 软件一直以来都具备复杂而强大的功能，但是以可视化脚本编程为代表的运算化设计却没有普遍地出现在这些 BIM 应用程序中。而建筑师最常用的软件可能要算 McNeel and Associates 在 Rhino 中的插件 "Grasshopper"。这个插件便宜、扩展性好，而且受众广泛。但可惜 Rhino 建立的是表面模型，并不能与项目中同步进行的 BIM 部分直接集成。随着设计的深入这会比较棘手，但一些公司正在考虑使用转换程序来解决这类缺陷。尽管目前还有一些限制，但是使用可视化脚本编程生成形体是一种重要的趋势，已经改变了某些公司在早期设计中的许多方面。

举一个小例子，比如研究一个简单的塔楼设计。设计者可以通过挪动滑块调整数值来改变建筑的形状，同时保持对楼板的定义不变。

建筑师和工程师已经创建了很多复杂形体的造型工具，两个具体的例子分别是由 NBBJ、Thornton Tomasetti 与 360 Architecture 公司设计的体育场建筑。

坐落在中国杭州的杭州体育场是一个拥有 8 万个座位的综合型体育设施。NBBJ 所采用的一个主要的设计策略便是使用了高级的参数化建模技术，设计并记录了体育馆外表皮复杂的几何形体。参数化算法的使用为项目带来了许多优势，例如可以迅速对设计变更作出响应，记录复杂的信息，优化结构性能。随后，项目还应用了包括 BIM 在内的许多其他软件来完成从概念设计到施工图的过程（Miller 2010）。

2010 年，Thornton Tomasetti（TT）和 360 Architecture（360）合作为 Al Menaa 体育场提交了一份方案，这是一个位于伊朗巴士拉，拥有 3 万个座位的足球场项目，它采用了设计 / 建造合同管理模式。在竞赛入围阶段，非常需要创建一个屋顶的三维参数化模型，借此来分析、优化、记录它的性能。在紧张的 5 天时间内，360 和 TT 决定联合创建屋顶结构的 BIM，包括织物表

179

181

180

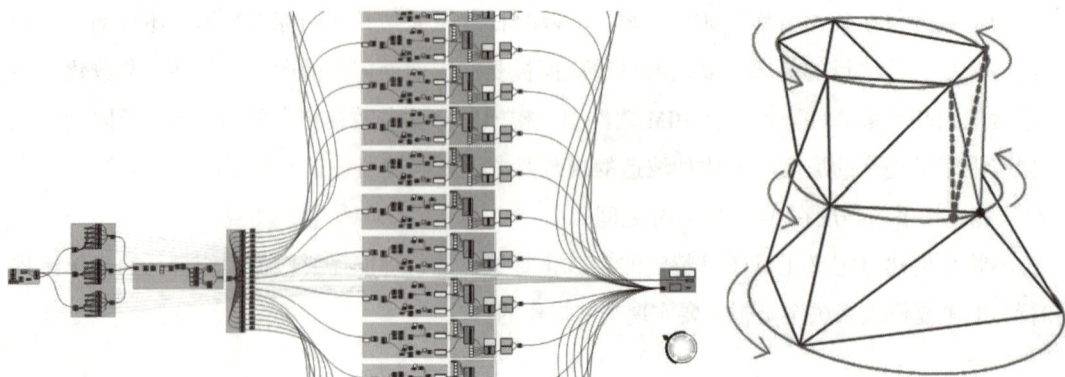

图 5.22 在 Grasshopper 中调整滑块的值可以旋转建筑的各层楼板，从而改变建筑体量的几何形态（Ko 2012）（感谢 Won Hee Ko）

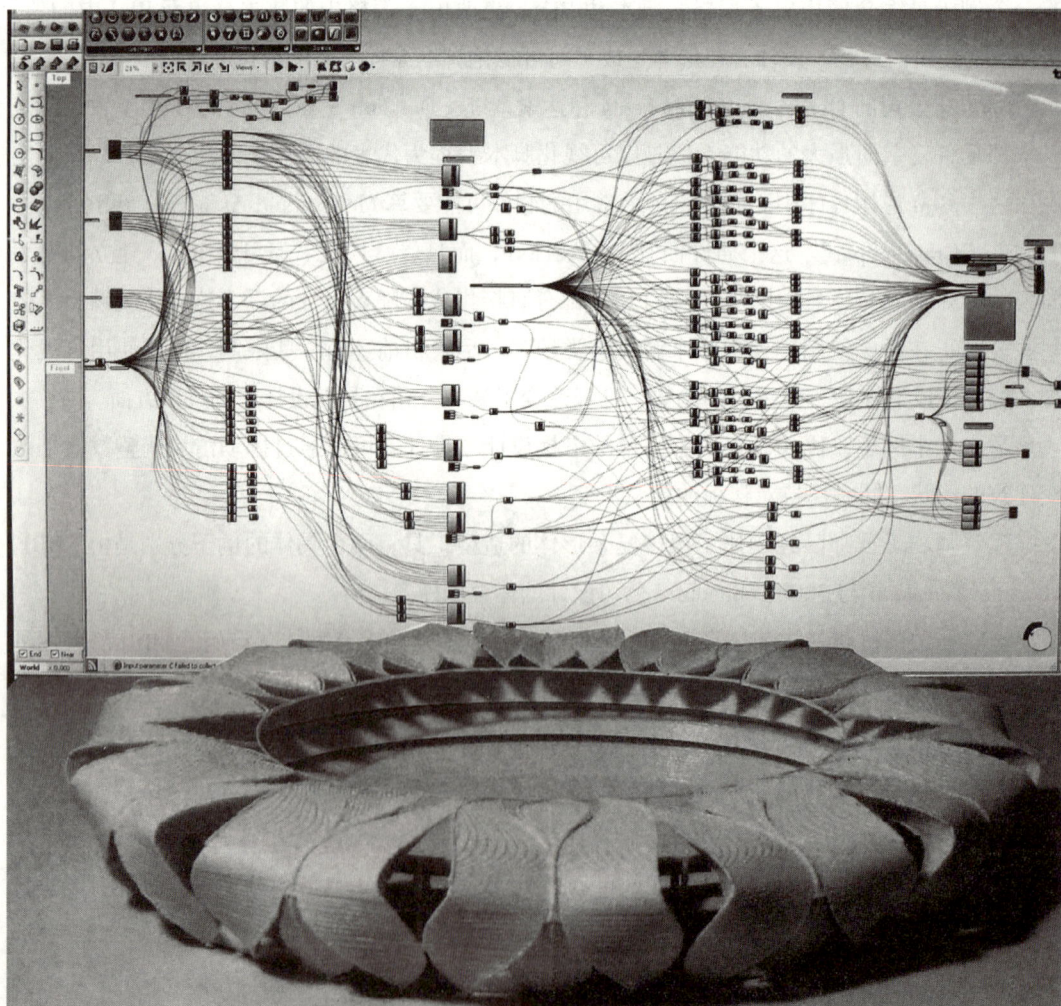

图 5.23 用 Grasshopper 算法探寻体育场的外壳设计（由 NBBJ 提供）

面、桁架和柱子。建筑师和工程师在同一台计算机上并肩工作了 3 天，创建出了一个精密的参数化模型，可以同时获得建筑和结构的参数。利用 Grasshopper 和 Rhino 构建的生成式算法可以描述建筑表面和屋面桁架结构的几何形体。GeometryGym 开发的"智能结构解释器"（"Smart Structural Interpreter"）被用来定义 Grasshopper 中所有构件的属性，然后将屋面结构分析模型输入 SAP2000 中。在用 Grasshopper 创建分析模型的一小时内，TT 的工程师们就完成了对承受永久荷载、活荷载和风荷载的屋面性能分析。一天下来，TT 的工程师们就为体育馆成功地设计出了有效的屋面结构（Schumacher 2012）。

接下来，需要创建一个文档模型用来生成整套图纸，与客户交流设计意图。Revit Structure 2011 可以用来创建 BIM 和绘图文件。TT 开发了一个自定义几何形体转换器，可以通过访问两个软件的应用程序编程接口（API）将 SAP2000 模型转换为 Revit 模型。转换器从 SAP2000 中读取每个模型元素的起点坐标、终点坐标和剖面属性，之后在 Revit 中的同一位置创建相同类型的模型元素。经过模型转换，TT 的 BIM 建模人员可以从模型中创建一个文档集。一个完整的方案仅用 5 天时间就提交了（Schumacher 2012）。

虽然在短短的 5 天时间内依赖全新的工作流程看起来十分冒险，但是 360 和 TT 的建筑与

182

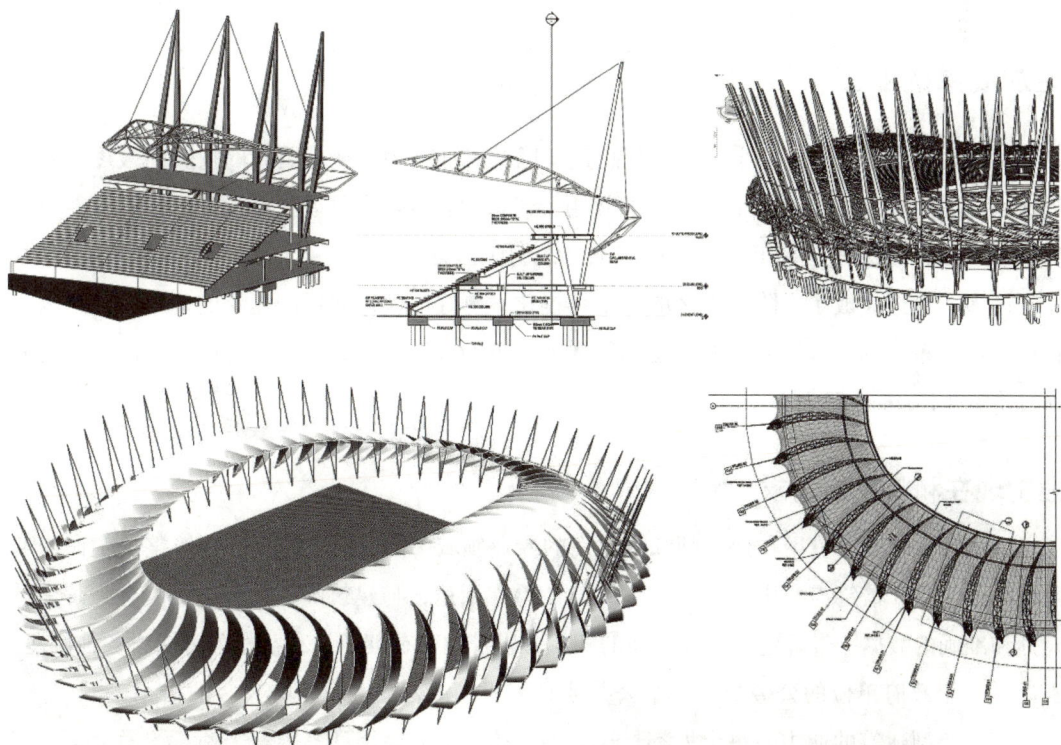

图 5.24　上图展示的是生成式屋面模型的不同设计方案。在 Grasshopper 模型中的参数化桁架自动链接到 SAP2000 分析模型。它也可以自动创建 Revit 模型并导出二维文件（由 Thornton Tomasetti 和 360 Architecture 提供，感谢 Jonatan Schumacher 和 Joseph Burns）

工程团队成员经过长时间合作所建立的信任为探索这种改良的工作方法提供了保障。假如没有使用自定义开发的工具，没有 Grasshopper 这种生成式的建模引擎，就没有可能在这么短的时间内建立一个具有实际意义的屋面结构和建筑信息文档模型。

从这个例子中可以看出，只有满足了诸多关键条件，一个综合了自动化和优化的技术才能成功地在多专业的设计环境中实施。这些关键条件既包括开放协作的意愿、主要人员在设计过程中及时的数据共享，也包括对计算机技术超越建筑行业传统范畴的使用能力（Schumacher，email，2013）。

回顾

不论在何种规模的建筑或工程公司，设计者们都已经开始积极地使用运算化技术并利用可视化脚本编程进行自定义和形体生成。自定义在基于 CAD 的软件中非常普遍，其实利用应用程序编程接口（API），它也可以在大多数的 BIM 软件中实现。一些公司已经开始开发转换程序，用来在不同的建模、分析或绘图平台上交换几何信息和元数据。此外，BIM 软件供应商也正在开发这些技术的新版本。虽然这些只是运算化设计的一小部分，但是对 BIM 的理论和实践有直接的影响。

更加成熟的业主

BIM 的第四个趋势是业主对建筑信息建模以及怎样利用它获得更高的投资回报逐渐有了更深入的了解。通过了解 BIM 对业主的效用，建筑师和承包商可以更好地理解他们所能提供的新服务，并领会客户真正的想法和需求。人们应当意识到业主会自己开发 BIM 实施计划，而且许多人已经完成了。除了更多的三维可视化、更好地模拟并预测建筑的未来性能，以及自动化设计审查的流程以外，业主还期待增加预算的可靠性、更准确的进度表，以及更高的项目质量（Eastman 等人 2008）。

业主现在和将来的需求

BIM 通常被认为只用在建筑师和承包商的专业领域中。然而业主是在建筑整个生命周期内联系的纽带。最终需要由业主来理解 BIM 的潜在用途，与建筑师和承包商协商并为其提供充分和准确的数据，告诉建筑管理员他的期望，以及与所有其他的利益相关者探讨各种机遇。不论是一个政府单位的公务员、一个公共或私人机构的代表、一个大型控股公司的开发商，还是一个小型建筑的业主，每个人都是独立的个体，他们会用许多因素来衡量盈亏金额、投资回报率及对每个项目的感知价值。为了更好地了解客户，提供超越传统服务的新服务，并且自信地面对未来业主和建筑师之间不断变化的关系，建筑师和承包商必须了解业主真正需要什么，并清楚如何在 BIM 的环境中提供服务。

对业主的挑战和要求

业主在接纳 BIM 的过程中也面临着和其他专业人员相同的挑战。最近美国建筑师学会（AIA）建筑实践技术（TAP）知识社区进行的一项调查揭示了这些问题。首先是缺乏可行的标准、软件和基础架构。调查受访者强调了简单和开放标准必不可少。另外目前对采购方法的限制也是一块绊脚石。促进业主和物业管理机构之间更好的对话很重要。此外调查中还提到了缺乏传统、习惯和领导力（AIA TAP webinar 2011）。这些都会随着时间发生变化。而专业的协会、热情的传授者、教育家及软件公司等群体有责任将 BIM 成功实施，并使其发展成熟。

尽管要达到这些目标不那么容易，但业主的要求相对简单：加强交流、降低风险、获得性能更好的建筑。加强交流是指通过改进项目的可视化来更好地理解项目及其设计意图。在施工过程中协调并减少冲突会降低变更通知和突发状况的数量，而且事先预料到这些情况可以降低已知的风险。加强交流的另一个目标是在项目生命周期内参与者之间能够准确地交接信息。较少的冲突、按时完成进度表以及有效地控制成本可以减少金融风险和法律问题。更好的工程质量、更节能的设计与运行和更高的住户满意度都会提升建筑的价值。BIM 如何解决这些问题已经在第 2 章中讨论过，而且这正是 BIM 所提供的核心内容：一个用来观察和协调的三维模型，一个用来估算成本、安排进度和碰撞检测的施工模型，以及用来模拟并关联分析软件的链接。被调查的业主们相信他们才刚刚开始意识到 BIM 的价值（SmartMarket Report 2009：9）。

业主们应当明确他们的要求，同时他们或他们的代理人，也应当贯彻执行并确保完成这些目标。业主们还应能说明他们的期望和目标，无论是短期的还是长期的。BIM 可以成为项目交付标准的一部分，但业主们对交付的内容、时间和方式需要有清楚的认识。这不仅适用于新建项目，也适用于翻新项目。业主们应当期待这些标准公开，并应支持为开发这些标准所做的努力，但是也要清楚对这些标准做出与自己公司具体情况相适应的调整需要在内部进行。另外，每个项目需要重新思考具体的标准和 BIM 实施计划。这最好在与建筑师和承包商的磋商中完成。

价值定位

尽管建筑师和承包商可能会在 BIM 软件的实际应用中领先一步，但业主的需求才是关键。如果业主要求使用 BIM，那 BIM 会使用得更多。70% 的业主表示他们看到了使用 BIM 所带来的高投资回报率，其他的利益相关者认为业主是应用 BIM 的主要推动力（SmartMarket Report 2009：7）。

BIM 的价值定位是什么？为什么业主应当对使用 BIM 的设计投资？答案是节省时间和减

少不确定性。BIM 可以压缩回答业主问题的时间，增加分析建筑设计和可选方案的时间，并且潜在地减少施工时间。它可以减少争论的可能性以及因故障而造成损失的可能性。同时，上游的 BIM 数据可以为设施管理增值，减少运营中的模糊性，提高建筑性能预测的准确性。

　　尽管关于 BIM 的文章有很多，但是几乎没有真正能从客户的角度去考虑的。虽然 BIM 更好地实现了设计和建造流程（特别是在解释说明和帮助使用者理解方面），但它真正的价值定位是在实际竣工以后的阶段，这时的数据（在这里是 COBie）和模型成果可以用来确保最佳的资产性能。模型中的数据允许人们判断资产的使用情况和系统的运行情况（护士、老师或者 FM 员工能够更加轻松有效地使用资产吗？）。为使用者更好地使用而建模，并且能将这些数据提供给未来的项目参考是 BIM 真正的客户价值定位所在（Philp 2012）。

　　使用 BIM 的一个主要缺点是在法律层面上还有很大的不确定性，如何控制风险来避免潜在的诉讼仍然不是很明确。使用 BIM 的风险不仅限于法律层面，还在于缺乏参与，数据问题（安全性、所有权、准确性、一致性、互通性），时间问题（模型与数据管理、学习曲线、成本与时间超出预期），缺乏清晰的标准，以及不使用 BIM 的机会成本（CIC 2012：50）。风险需要根据其本身发生的可能性和结果被识别和评估，需要建立一套方法来减少和控制这些风险。

项目采购过程

　　在项目采购过程中有几个需要业主特别注意的地方：选择设计和施工团队、合同文件、与建筑师和承包商合作开发 BIM 执行计划（CIC 2012：53）。建筑师在创建 BIM 执行计划（BEP）时占主导地位，但业主是最终的权威和决策者。

　　对新建和翻新项目，业主需要根据合同的类型和所雇用团队的成员来作决定。需要将资格请求书（RFQ）发出、收回、然后评估。资格请求书（RFQ）强调团队成员的项目经验，而建议请求书（RFP）通常则包括了项目成本和费用的估算。这些都是项目采购过程中的常见部分。对设计和施工团队的最终选择应取决于他们的 BIM 的成熟度水平以及与项目目标的契合度。第 4 章包含了对公司 BIM 成熟度外部评估的讨论。拥有 RFQ 和 RFP，业主应能决定下列问题，特别是关于 BIM 的（CIC 2012：57-58）：

- 公司的能力和以往使用 BIM 的经验；
- 当前 BIM 的成熟度水平和技术专长；
- 对合作的准备与意愿；
- 对 BIM 交付成果的说明和服务的价格；

- ■ BIM 在项目中的使用；
- ■ 参加项目的团队成员特别是 BIM 管理员的资格。

公司应当将这些信息提供给潜在的客户并使其便于获得。

在合同文件中，应有具体针对 BIM 的条款（可以参照在第四章中讨论的 AIA 文件）：

- ■ 在数据的完整性和保密性上达成约定；
- ■ BEP 的要求；
- ■ 包括竣工模型和档案模型的具体交付成果；
- ■ 团队所有成员之间合作与数据共享的意愿；
- ■ 考虑怎样将 BIM 数据使用在其他方面，例如设施管理；
- ■ 规定数据的所有者和数据的格式。

精确的技术细节应当被包含在 BIM 执行计划中。这在第 4 章中讨论得更全面。这些条款将影响建筑事务所最终交付给客户的内容和交付的方式。

每个 BEP 都是独一无二的。建筑师和承包商既要清楚业主要求了什么，也要清楚没要求什么，以便可以提供附加服务并获得未来的工作机会。而业主必须要记住的是：软件在不断更新；没有一个通用的解决方案；建筑师和承包商对自己当下问题的关注比对项目整个生命周期的关注更多。业主一般也应选择开放标准作为其目标。

竣工 / 档案图纸以及档案模型

从业主的角度来讲，BIM 实施的另一个要点是档案模型的规格。业主们会在项目结束时留下来处理大量不同格式的文件，包括数字和非数字格式的，以备当下或将来的不时之需。竣工图纸和档案图纸是用来描述建成建筑的平面图、剖面图、立面图及其他图纸的两个名词。　188

对如何恰当地使用竣工图纸和档案图纸这两个术语还存在一些争论。"竣工图纸由承包商准备，他们会用红笔将现场变更标记在原有的施工图纸上……档案图纸由建筑师准备，反映承包商在竣工图纸上所标记的现场变更。按照业主 – 建筑师合同，它们通常被汇总成一套供业主使用的现场变更的资料"（AIA2007：1）。说到这，其实它们都是指由承包商或建筑师（取决于合同）创建的已完工建筑的实体图纸或二维 CAD 文件。就其本身而论，它们并不足以作为设施管理之用。

丰富的文字信息，通常是数字形式的，会被提交给业主。其中的一部分包括：

- ■ *产品信息；*
- ■ *保证书；*

- 运营和维护手册（例如 HVAC 设备）；
- 安装说明书；
- 其他规格。

　　糟糕的数据管理常常伴随着时间浪费和数据丢失。而服务手册或保证书的丢失会造成维护不当或更大的问题。实体文档还占用了空间，并且随着时间的推移会损坏。所以为了连接施工和运营之间脱节的部分，BIM 档案可以作为一个解决方案。

　　业主应当索要 BIM 档案。建筑师或承包商也应当为此收取额外的费用。如果在 BIM 流程结束之前创建了 BIM 档案，业主可以节省大量的资金，其主要原因有以下几点：由于信息易于获取，提高了员工的效率；设备按照保证书的标准进行维护，减少了因维修不当而造成的故障；设备的调试和启动得到妥善的记录；更及时的维修反馈获得了客户更高的满意度（Hardin 2009：268）。BIM 档案作为完工时交付给客户的成果，应当在合同中注明，它是对建筑、建筑系统及相关数据（无论是在模型中的还是链接在模型上的）的虚拟描述，可以作为建筑整个生命周期的源文件。尽管目前有局限，它仍应尽可能完整和准确。其中一个重要的原因是它会改进运营和维护工作，并为将来的翻新提供信息。

　　创建 BIM 档案越早越好，最好是在建立 BIM 执行计划之前，无论如何也要在施工之前。业主／建筑师／承包商这三方应讨论在整个设计和施工过程中各方对数据输入和数据更新的责任。负责创建 BIM 档案的人包括建筑师、总承包商、分包商和加工商。承包商很可能扮演了最重要的角色，因为他们在施工中最了解项目。有时建筑师承担这一责任，有时甚至第三方被聘请来与建筑师和承包商密切合作创建信息丰富的模型。

　　BIM 档案可能不只是一个包含了项目信息并链接了相关文件的 BIM（完全集成的）（Hardin 2009：270）。BIM 在技术上应包含哪些信息，其他的数字文件（不论与 BIM 链接与否）应包含哪些信息，这些都应当作出明智的决定。总体上它应至少包含以下信息：

- 一个最新版的三维建筑模型，包括建筑的主系统与子系统；建筑、结构、和 MEP 构件（LOD500）；
- 场地信息和施工文件（RFIs、变更通知、认可的产品替换件、成本等）；
- 运营和维护手册、保修单和维修指南；
- 认证信息（例如，占用权、防火、LEED 等）；
- 设计说明、更改、附录和勘误表；
- 安全信息（例如，阀门的位置、消火栓箱、灭火器、危险材料等）；
- 任何安装的家具、室内陈设和设备（尽管这项一般后来考虑）；
- 资产识别（射频识别标签 RFID tags）；

■ 在完工时通常所需的其他信息。

这样做的目的是为了涵盖项目完工时提交的所有信息，将其与一个功能齐全的 BIM 链接并整 190
合，以便当下或未来可以重新使用。这也将包括与 BIM 数字化特点高度吻合的信息，比如建模的
软件（版本和操作系统）、其他 BIM 文件（例如加工模型）和 CAD 文件（BuildLACCD 2011）。

业主们应当审视以前项目的成功与失败，并与设施管理员探讨有待交接的文件。业主们
也应当与建筑自动化系统的供应商或运算化维护管理系统（如果有的话）的管理员讨论，了
解他们的需求，同时验证 BIM 档案模型是否兼容。BIM 档案也可以根据客户的需求被打印出来。
业主应当记住要在最终的提交文件中说明开放标准的重要性和实现开放标准的方式。

信息交接行动摘要

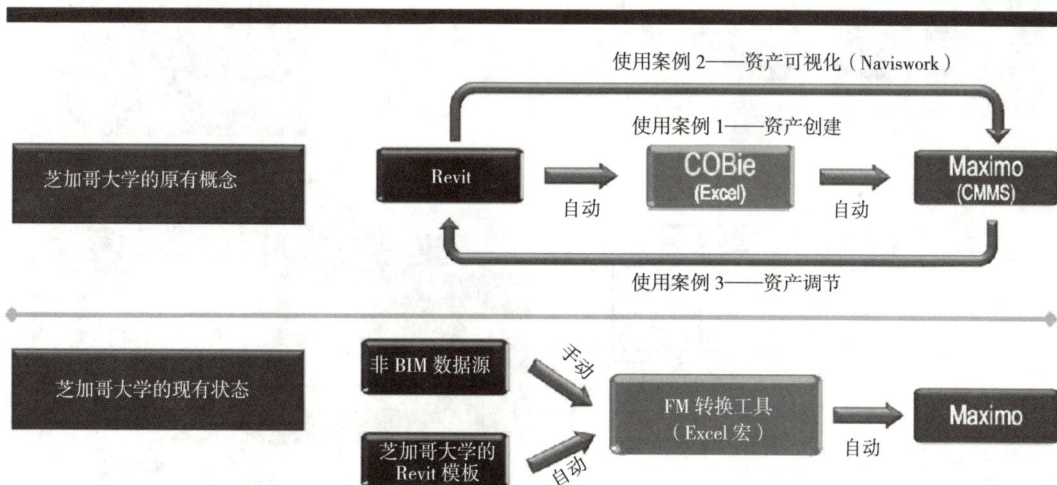

图 5.25 将 BIM 和非 BIM 数据传输到设施管理软件中的一种方法（由 Mortenson Construction 提供）

BIM 档案通常被认为是工程项目的数字终端产品。但实际上它应当被看作是致力于开发
一个演进数据库的开始，它为以下活动提供信息：设施运营（使用寿命的大部分时间）、再利
用或翻新（超期服役），以及退役（包括人员重新分配、材料回收和销毁废弃等信息）。通过 191
与设施管理系统或建筑管理系统的结合，BIM 档案在项目入住后的运行和盈利中能起到关键
作用。因此，业主也应该考虑为他们现有的建筑创建 BIM 档案，并使用开放标准以便于未来
的互通。

结论

在公司和建筑行业中，无论作为一个软件集，还是作为一个流程的推动者，BIM 都是不

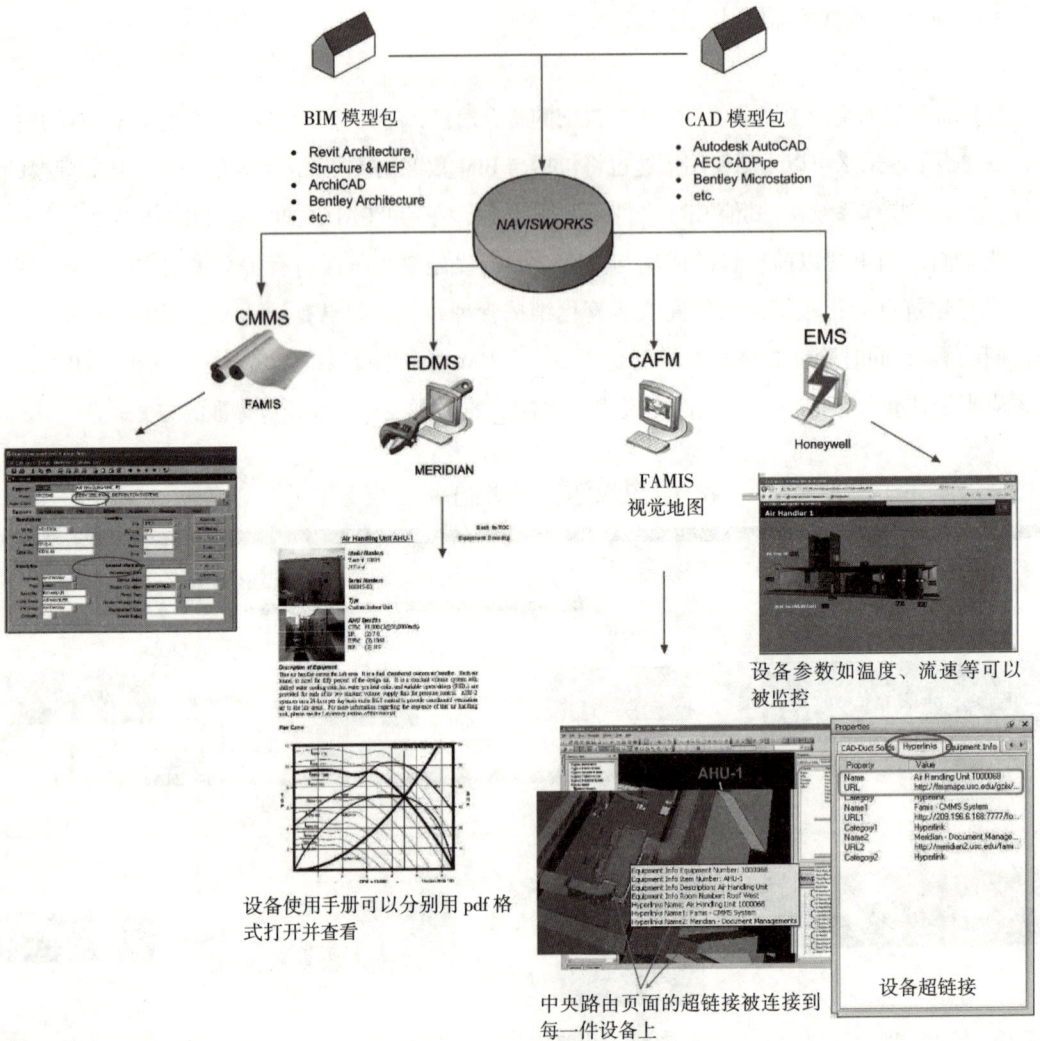

图 5.26　将 BIM 和 CAD 数据传输到设施管理软件中：计算机维护管理系统（CMMS）、电子文档管理系统（EDMS）、计算机辅助设施管理（CAMF），以及设备管理系统（EMS）（由南加大设施管理部门提供，感谢 Jose Delgado）

192　断发展的。它正在被行业中的其他新事物所影响，如 BIM 分析、云计算、运算化设计（脚本编程和插件、自定义参数、通过可视化脚本编程生成形体）、对 BIM 应用更加成熟的业主。BIM 将与分析软件更紧密地配合，使建筑师和工程师能更好地预测新建筑的性能并更明智地改造现有建筑。尽管目前还有局限，云计算未来将会成为每个人都涉足的领域。运算化设计也将继续演变，熟练的使用者将成为设计、工程和建造公司的宝贵财富。随着 BIM 融入建筑的整个生命周期中，与经验丰富的业主一起工作将提高 BIM 的长期价值。建筑师和承包商应该寻求这些趋势所提供的新契机，来推进建筑信息建模更广泛的实施。

第二部分

实际应用：项目案例研究

第 6 章

designLAB architects 建筑事务所：小 BIM 驯服粗野主义

作者简介

　　Sam Batchelor, AIA, 是美国马萨诸塞州波士顿 designLAB architects 建筑事务所的一位合伙人。其事务所的作品建立在精湛的技艺和对社区负责的基础上。在从事建筑设计十年的历程中, Sam 成立并领导了 MassArt 社区与建造工作室, 并且是 BAC 家具设计工作室的领导人之一。在最近一年一度的 "波士顿建造博览会"（现在是 ABX ）上, 他发表了关于 BIM 工作流程的讲话, 同时他还积极地主张推进高端技术在建筑行业中的应用。

　　Ben Youtz, AIA, 是 designLAB 的项目建筑师。Ben 认为设计是一个根据现状研究得出的各种物体与建造形式的集合体。Ben 在美国东北大学完成了建筑学学士和硕士学位, 于 2007 年加入了 designLAB。在过去三年里, Ben 主管着这个案例的主体——马萨诸塞大学达特茅斯分校 Claire T. Carney 图书馆翻新和扩建的设计与建设工作。

　　Mary Ann Upton, AIA, 是 designLAB 的项目建筑师。Mary 尊崇的设计作品往往以体悟传统、顺其自然的方式利用有形和无形的周边现状。Mary 在莱斯大学获得了建筑学和文学学士学位。她在公司里管理 BIM 软件, 而且她在新英格兰地区从事多年基于 BIM 平台的项目管理使她拥有了非常丰富的三维建模经验。

designLAB architects 建筑事务所

　　designLAB architects 建筑事务所成立于 2005 年, 它的理念是致力于创造可以反映机构、城市、个人特点和使命的场所。它的创始人 Robert Miklos，FAIA，获得了他的合伙人 Sam Bathelor，AIA，和一个由 8 人组成的工作室的支持。这个工作室拥有美国东北部大量不同类型建筑项目的经验，参与了 20 多座包括教育机构、博物馆、公共图书馆等在内的地标性建筑的改建工作，创造了许多富有活力、与周边环境相融合的新场所。designLAB 将其所承担的项目视为利用建筑作为工具来创造和复兴社区的契机。

designLAB 从建筑概念设计到施工图的所有设计过程中都使用了建筑信息建模软件。目前，工作室正在 Macintosh 的台式计算机或者笔记本电脑上应用 Graphisoft 的 ArchiCAD（15 和 16 版）软件。再结合其他软件，公司可以利用 BIM 技术做一些看似超过其能力的大型复杂项目。

Claire T. Carney 图书馆

Claire T. Carney 图书馆是美国在战后粗野主义混凝土建筑物中最重要的实验性项目之一。

图 6.1　建筑东侧全景图

图 6.2　西外立面；完成的扩建部分，2013 年（感谢 Peter Vanderwaker）

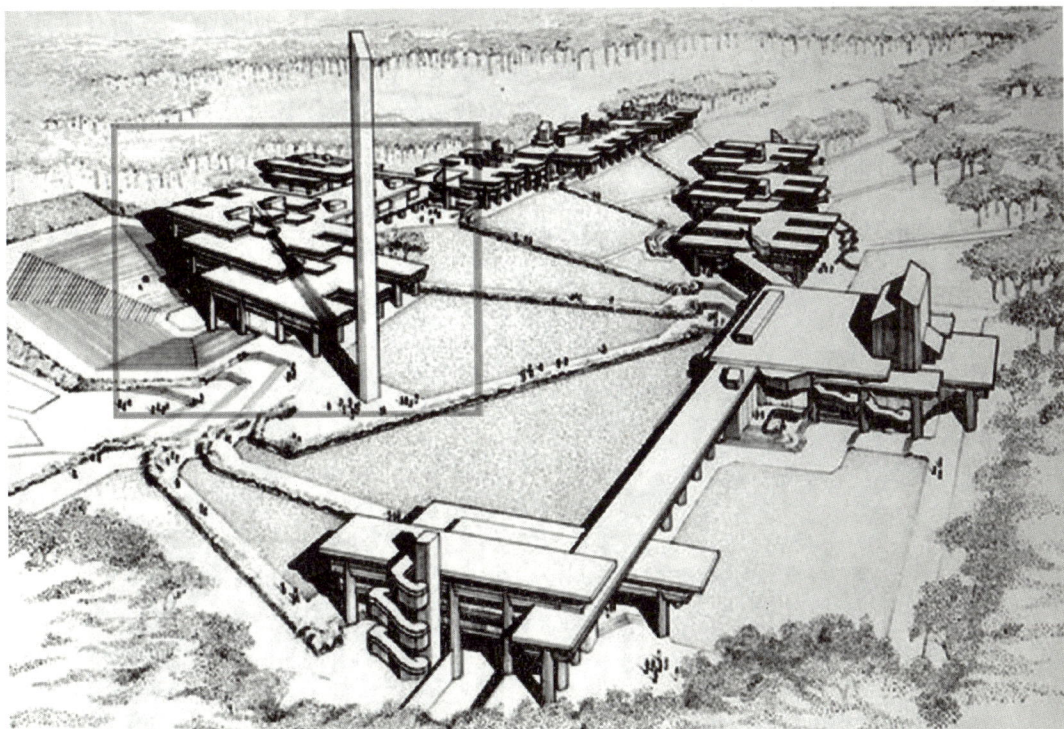

图 6.3　1960 年由保罗·鲁道夫（Paul Rudolph）设计的校园概念规划（由 Library of Congress Print 和 Photography Division 提供）

整个马萨诸塞大学达特茅斯分校（UMD）的校园建筑都是由保罗·鲁道夫（Paul Rudolph）设计的，并在 10 年时间内完工。

这座图书馆自 1972 年落成以来，整个校园的教育和技术系统飞速发展，远远地把它抛在了后面。这栋建筑的围护结构没有保温层，并且建筑的基础设施和设备都已经老化，导致其能耗非常高。在 2011 年初，这栋陈旧的建筑被翻新扩建，曾经令人望而却步的负担被转变成了具有活力的校园活动设施。

16 万平方英尺的整修面积包括阅览室、教学实验室、服务台。对学习空间的重新布局使其更易于使用。大部分的图书被移到了地下室，从而腾出地上层空间以作他用。原有的 HVAC、管道和电力系统进行了更换，并且在由现浇混凝土和槽形混凝土砌块构成的复杂形体中增加了新的消防灭火系统。在图书馆架空部分扩建了 2.5 万平方英尺的区域，容纳了咨询台、休息区及餐饮区。整个施工过程持续了 20 个月，图书馆在 2013 年 1 月重新开放。

198

197

BIM 的实施和问题

问题不在于规模大小，而在于怎样使用

迄今为止，Claire T. Carney 图书馆是 designLAB 设计和建造的最大的项目。小型设计公司

也可以完成这样的大型项目完全是因为选择了正确的工具及策略。DesighLAB 在其所有项目中都使用了 BIM 软件。但在这个项目中 BIM 显得尤为重要，因为它帮助设计师从超二维的角度来理解鲁道夫（Rudolph）的几何模型。在对现有建筑建模的时候，所有信息都是从原始建筑设计图纸和现场测量数据中获得的。

199

图 6.4 建筑模型的现状：后方图书馆的"联系"走廊西侧

图 6.5 现状实景照片："联系"走廊下方的平台，也是扩建部分的所在位置

200

图 6.6　渲染的三个步骤：步骤 1：ArchiCAD 的设计模型；步骤 2：ArchiCAD 视图导出

图 6.7　渲染的三个步骤：步骤 3："联系"走廊下方阅览区的完成图

建立该建筑的三维模型，并利用软件实现可视化，可以帮助客户在设计深化过程中理解新的设计提案。这也可以帮助设计团队弄清风管或水管的走向，以及其他系统的布局。

建立 BIM 的目标和协议

设计服务的原始合同（非 AIA 标准形式）并不包含对 BIM 的要求。然而，在概念设计（SD）阶段，为了与建筑行业不断进步的技术和标准保持同步，客户要求加入 BIM 服务作为交付成果。下面的条款规定了这项要求：

> [业主] 使用 BIM 的目的是为了减少设计过程中的冲突、协助建立成本模型、计划施工步骤。根据 [业主] 在项目中对 BIM 使用程度的要求，设计者应以附加服务的形式将 BIM 加入到项目的最终设计中，并获得相应的报酬。

在这个项目进行时，监管设计的公共机构才刚开始开发自己内部的 BIM 项目交付标准。他们发布了"BIM 服务列表"，但由于仍处于开发阶段，很多要求并不明确。为了设定具体的工作流程和交付成果，designLAB 创建了"BIM 实施计划"。其中包括了设计团队成员数字信息交换的流程图，列出了协调过程中重要节点的进度表，同时还对模型的细节水平进行了设想和阐述。

起初这个方案想要将整个项目所有专业都包括进来，但由于模糊的标准和技术上的问题，

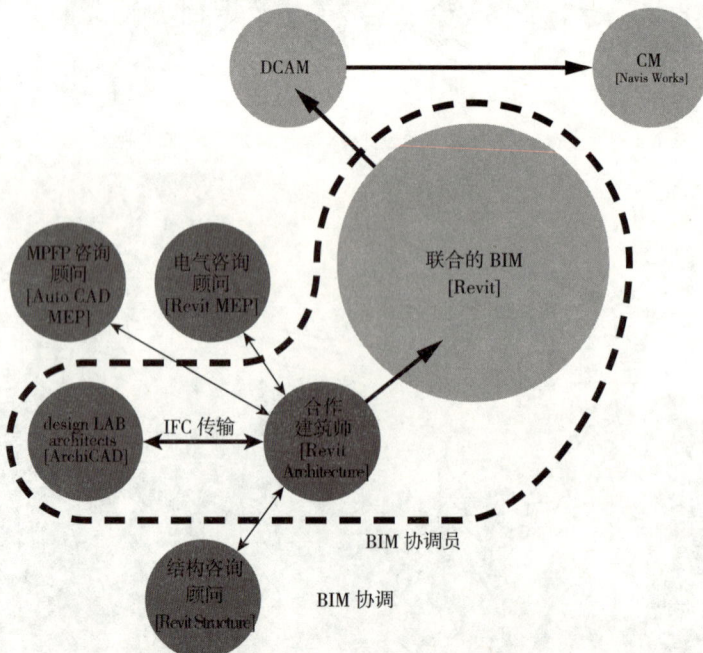

图 6.8 BIM 实施计划工作流程示意图

阶段	BIM 交换	BIM 交换日期	状态
方案设计	SD "基础" 模型 建筑师→咨询团队	11/09/2009	完成的
初步设计	DD '过程模型' 建筑师→咨询团队	01/29/2010	完成的
	DD '过程模型' 咨询团队→建筑师	02/12/2010	完成的
	85%DD "基础" 模型 建筑师→咨询团队	03/19/2010	完成的
	85%DD 模型 咨询团队→建筑师	04/02/2010	完成的
	100%DD "基础" 模型 建筑师→咨询团队	04/15/2010	完成的
	100%DD 模型 咨询团队→建筑师	04/23/2010	完成的
施工图设计	65%CD "基础" 模型 建筑师→咨询团队	06/07/2010	待定的
	65%CD 模型 咨询团队→建筑师	07/23/2010	待定的
	85%CD "基础" 模型 建筑师→咨询团队	08/06/2010	待定的
	85%CD 模型 咨询团队→建筑师	08/13/2010	待定的
	100% "基础" 模型 建筑师→咨询团队	09/03/2010	待定的
	100%CD 模型 咨询团队→建筑师	09/17/2010	待定的

图 6.9 用来协调重要节点的 BIM 实施计划进度表

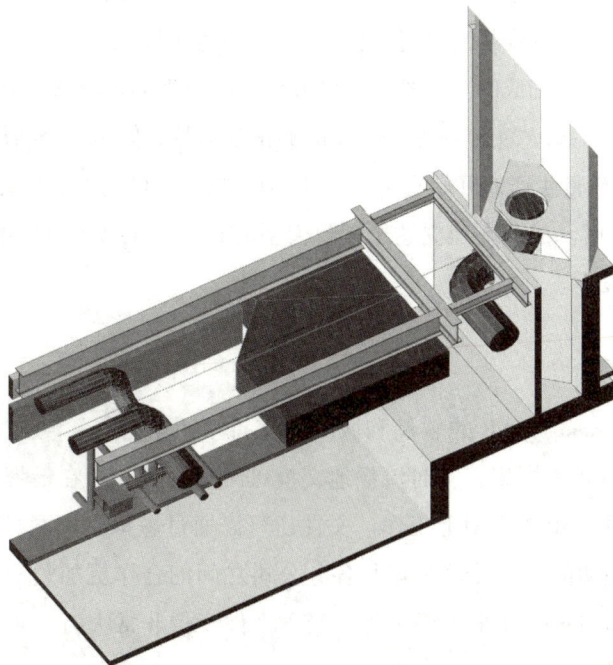

图 6.10 展示细节水平的插图：机械风管（圆形和方形）、3 英寸带保温层的供水管、钢材和现有建筑（由 Fitzemeyer & Tocci Associates. Inc. 提供）

消防、水暖管道、电气设备被排除在外。只有建筑、结构、设备模型在完善之后被整合到了客户的最终交付成果中。

互通性和信息交换

designLAB 得到了一位合作设计师和一个工程师团队的支持。主模型是 designLAB 利用基于 Macintosh 平台上的 ArchiCAD 14 建立的。然而，所有咨询团队使用的都是基于 Microsoft Windows 平台上的 Autodesk Revit。尽管整个团队尝试用 IFC（工业基础类）文件来转换数据，但这个过程很有挑战性。在初始的 IFC 转换过程中，整个团队经历了由于"图层"转换错误引起的信息缺失（ArchiCAD 使用图层，而 Revit 不用）。咨询顾问无法将可见构件分离出来，这使得建筑三维模型的背景很难辨认。正因如此，除 3D.ifc 文件之外 designLAB 还发布了 2D.dwg 的背景文件。每个从 ArchiCAD 主模型中输出的数字文件，都可以有不同的用途：

- 三维信息主要用于设计团队内部交流；
- 二维信息主要用于设计团队外部交流，作为与客户或施工经理（CM）签订最终合同文件的形式。

一些复杂的形体需要通过重新建模或简化来方便转换。例如，像玻璃幕墙等 ArchiCAD 支持的多参数构件，其创建过程是通过将构件的每一部分复制并组合，而不是用一个由一系列设定条件所控制的群组来完成的。尽管有一些方法可以用来编辑形状，但其中只有一部分才能完成正确的转换。比如，"实体操作"命令能够正常运行，但是"修剪屋顶"命令就不行。应当指出的是，随着软件生产商开始支持互通性，IFC 格式文件的性能也会逐步发展，以上的某些问题也会迎刃而解。然而在建立这个项目模型的时候，.ifc 文件的性能限制了 ArchiCAD 和 Revit 软件能力的发挥。

团队和文件的组织

在办公环境中，designLAB 的软件和服务器支持"团队合作"功能，它可以使多个用户在同一时间访问 BIM 主模型，实时流畅地交换可编辑的部分。在最繁忙的阶段，会同时有 4 个设计人员在同一 BIM 模型上工作。文件还可以通过虚拟私人网络（VPN）的方式进行远程访问，这样的功能可以使总公司与各分公司之间的合作更加紧密，尽管这种情况对在同一地点办公的 designLAB 来说不常见。当主文件变得非常大时，它会被分解成多个小文件以减少加载时间：

1. 现有建筑 / 将被拆除的建筑；

2. 新建建筑；

3. 景观和现场施工（二维）；

4. 相邻的建筑以及项目范围以外的环境；

5. 咨询顾问的模型。

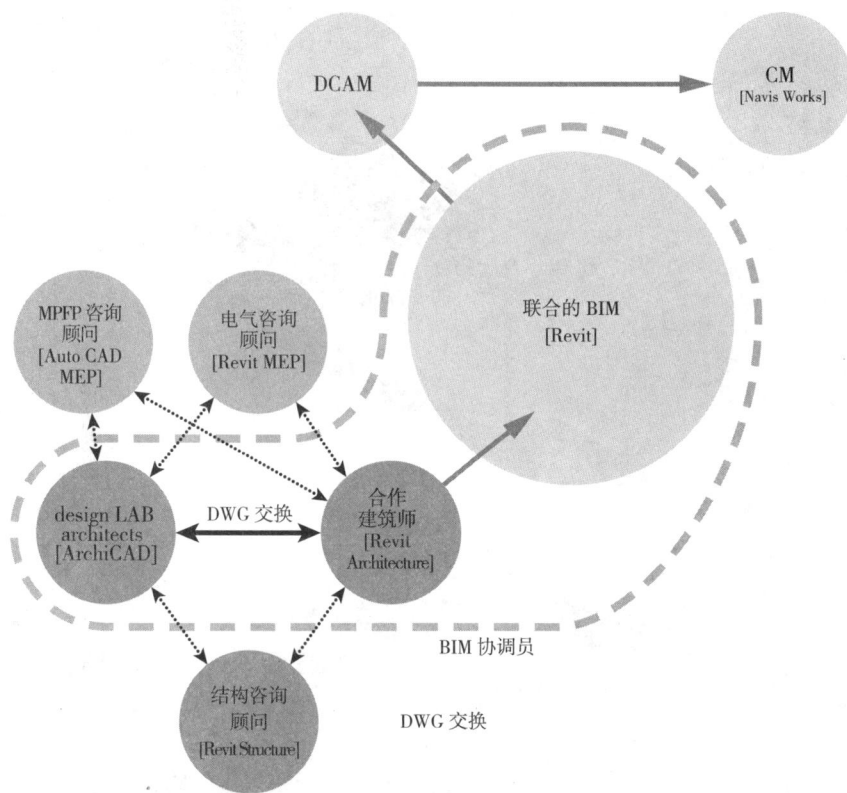

图 6.11　团队的组成和数据交换路径示意图

205

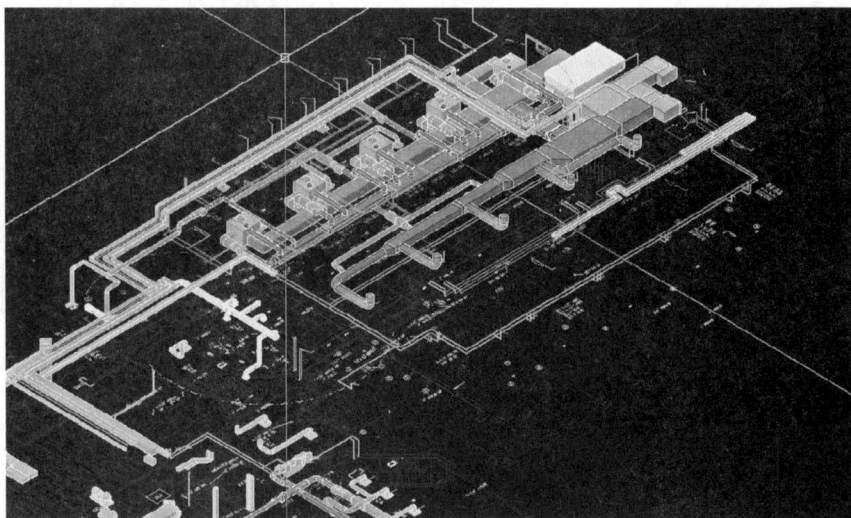

图 6.12　MEP 工程模型（由 Fitzemeyer & Tocci Associate 提供）

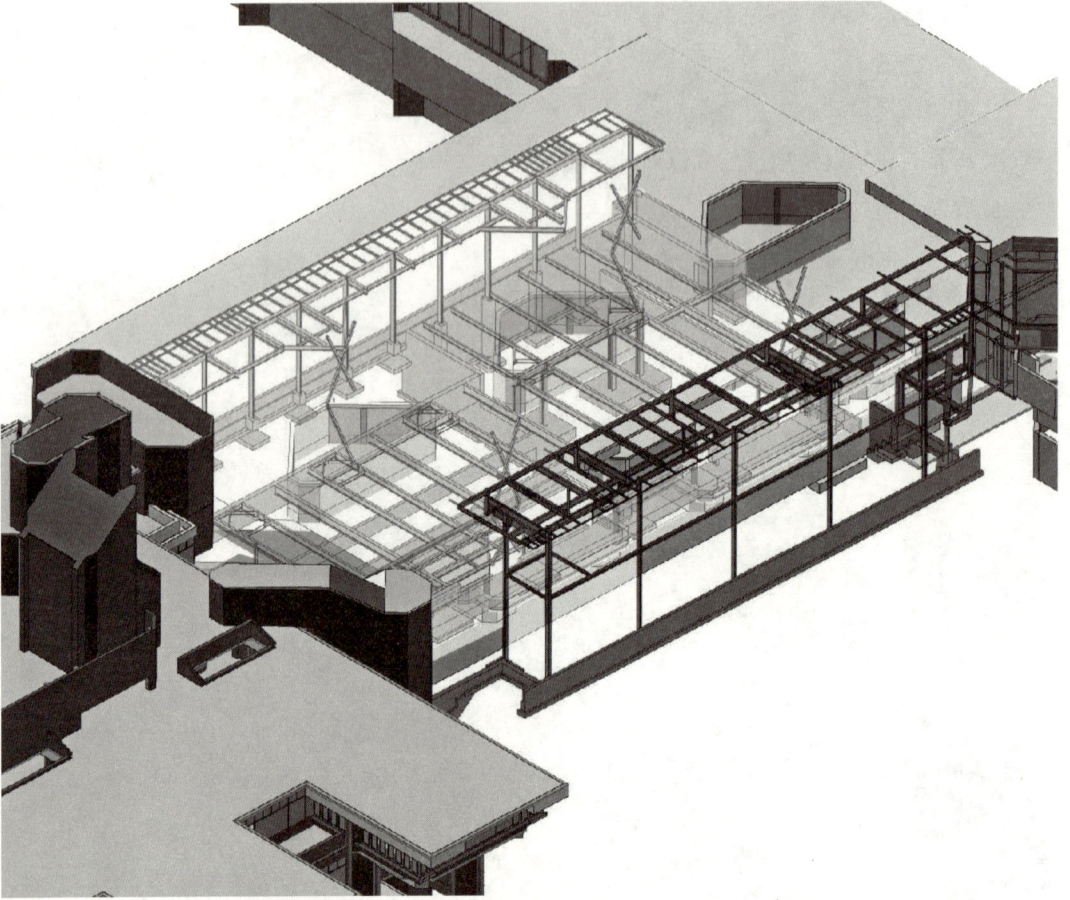

图 6.13   增建部分的结构工程模型（由 Odeh Engineers Inc. 提供）

交付成果和施工

用于施工的合同文件仍主要包含一套传统的二维图纸和一份项目手册（纸质打印文件与合层的数字文件）。虽然客户会收到一个完全集成的三维模型作为最终交付成果，像在"BIM 服务列表"中所规定的那样，但 designLAB 为施工经理提供的仅仅是建筑和结构的框架模型。这样做的目的是为了使施工经理（CM）和分包商利用三维建模对建筑系统进行全面协调。他们利用 Navisworks 来确定管道和设备等系统的位置和路径。而施工经理（CM）的模型帮助团队在施工前预估可能会遇到的冲突，并促进团队成员在工地排查故障时进行交流。不过这样的流程还没有发展到"无纸化"的阶段。

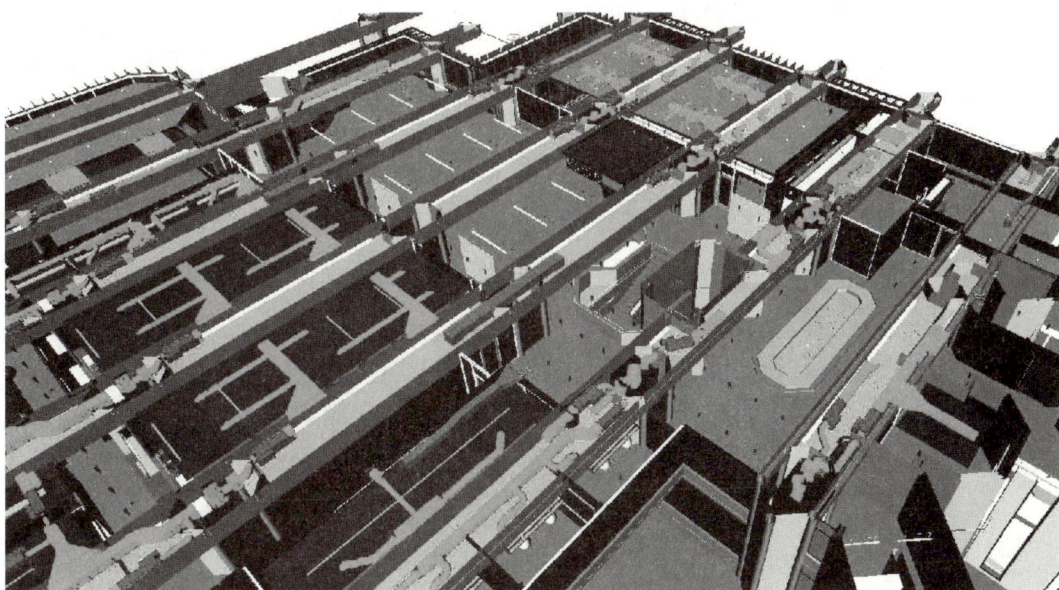

图 6.14　施工经理的协调模型（由 Consigli Construction Company 提供）

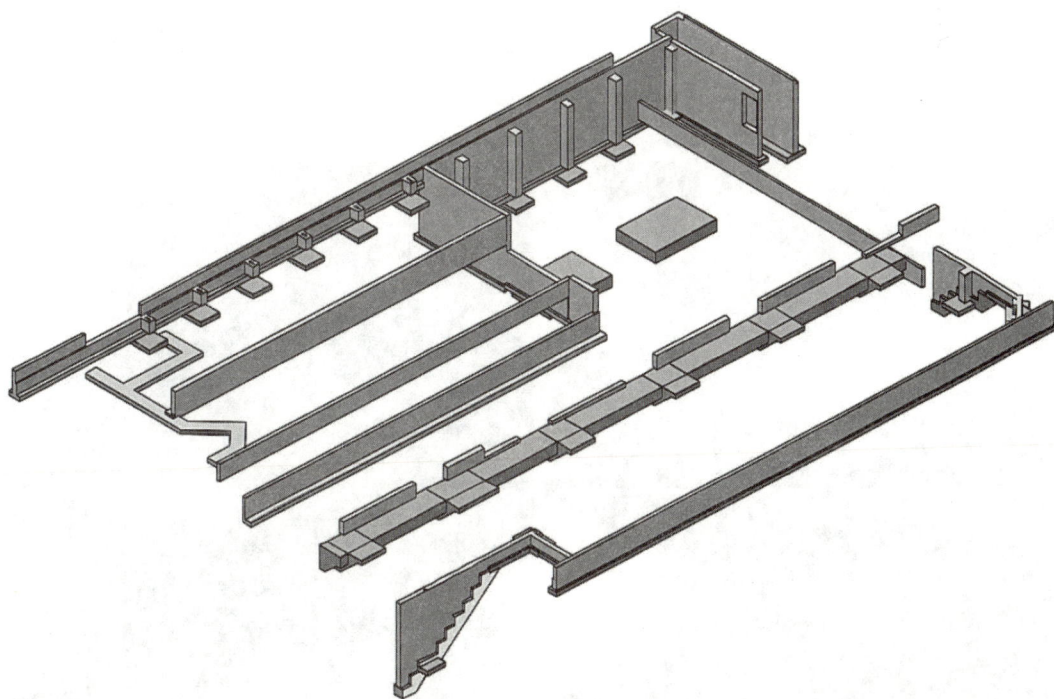

图 6.15　基础设计模型

成功

作为一个可以动态浏览并了解复杂空间的工具，建筑信息模型让 designLAB 能够很好地根据原有建筑的特点为其设想新的功能。如果没有实体模型或者像 ArchiCAD 和 Revit 等软件，如此复杂的基础设计可能是无法完成的，因为原有建筑结构四周存在许多标高的变化和复杂的交叉。

一旦工作流程被测试确定下来，相对于传统方法来讲，BIM 可以在设计过程中带来更紧凑的协调流程。designLAB 利用了 BIM 软件的多种功能，包括生成一系列的日照分析来评估不同日照条件下室外遮阳网的设计。这些研究是在 ArchiCAD 中完成的。建筑的地理位置（经纬度）可以在软件中设置，使正确的太阳角度被投射出来。通过一系列在一年中不同时间的渲染，投射的阴影会被评估。遮阳网的高度、深度和密度会根据东面、西面和南面的日照条件被调整。

工程师们可以将建筑模型导入到 Trane Trace 中作为能量模型的基础，这可以用来分析能耗并帮助客户提交 LEED 认证申请。

208

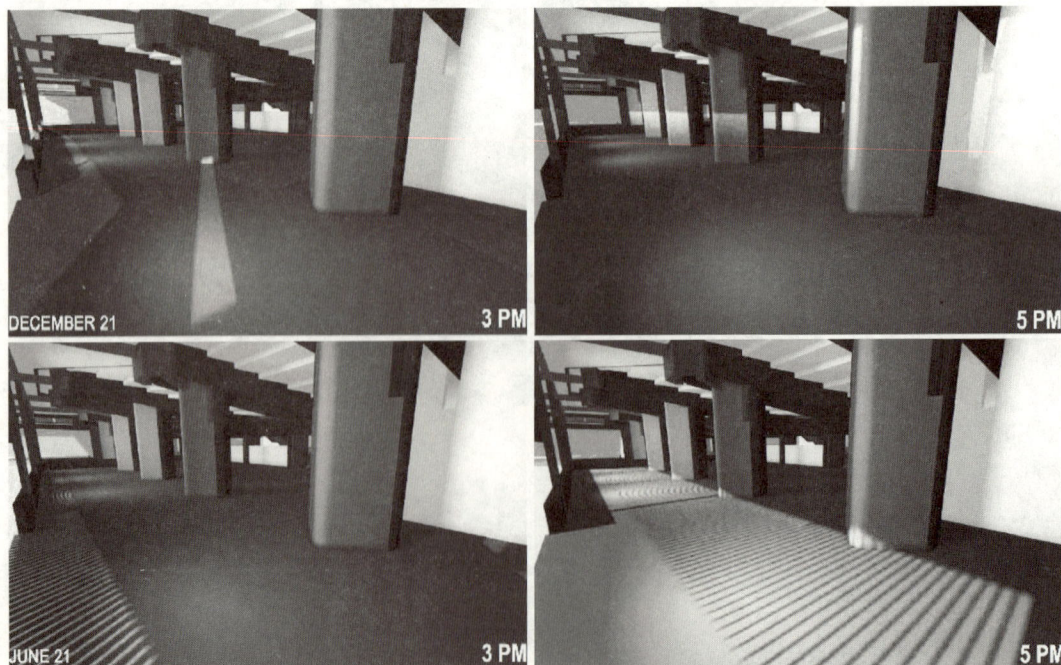

图 6.16 日照分析

机会

标准和交流使合作进行的更加平稳，尤其是在跨平台时。尽管 designLAB 没有详细制订正式的 BIM 标准，但我们经常在开放的设计氛围下探讨和分享有关的经验和窍门。以下是我们获得的经验：

1. 在早期设计模型变得复杂前，应确定立面的零基准点并弄清层数。designLAB 的经验是结构模型中"钢结构顶面"和建筑顶面的标高通常是不同的。所以在导入模型时，结构部分会突出来。通过在建筑和结构软件中校对建筑的层数和层高，模型构件就可以在导入和导出时定位到合适的位置。另外，一致性也是非常重要的，在设计后期移动楼层标高会打乱各楼层物体之间的相对位置，特别是在模型包含大量细节的情况下，修改会花费大量的时间和精力。 209

2. 设计者需要审慎地判断有多少信息需要被建模，以免产生过大尺寸的文件及浪费过多的精力。通常，客户或设计合同对细节水平有明确的要求。但如果没有明确的要求，便可以由设计者自行决定。这也取决于与客户交流内容的重要性，不同的项目可能都不一样。要求中没有包括的内容和明确规定的内容同样需要留意。

designLAB 通常所用的方法是把所有可见的或 1/8~1/4 英寸比例的信息包括在三维模型中。这些一般包括了平面图、顶棚平面图、立面图、剖面图及室内立面图。含有更多细节的图纸会同时包含三维模型和二维图形。例如，一个墙身剖面轮廓是动态的，但是墙的构造是固定的（包括保温层、泛水、隔气层、注释等）。在早期设计中就使用这个方法可以在准备设计文件的过程中节省大量的时间。

3. 管理建筑师与合作建筑师之间多个平台的一个缺点是无法将门、表面材料等各专业的明细表与模型动态地链接。在这种情况下，明细表需要通过 Microsoft Excel 手动添加和维护，并单独导入到图纸中。而此时的图纸并不随着不断改变的 BIM 而更新。这虽然不是公司的标准，但是可以作为弥补用 IFC 交换信息所造成损失的一个变通方法。

4. designLAB 在不断地学习 BIM 逐渐发展出的新功能，即便它们还没有完全成为工作流程或技能的一部分。目前的软件已经可以被建筑师用来做相当详细的能量分析，因为许多细节已经包含在 BIM 中了（例如墙的位置、厚度、R 值、开窗位置、尺寸、太阳能得热系数）。这项功能可以在早期为设计决策提供信息。有些软件能将设计说明动态地与 BIM 结合，从 210而使图纸和说明之间能够更加高效准确的协调。这种工具可以用来确保在合同文件中的这两个部分互为补充。

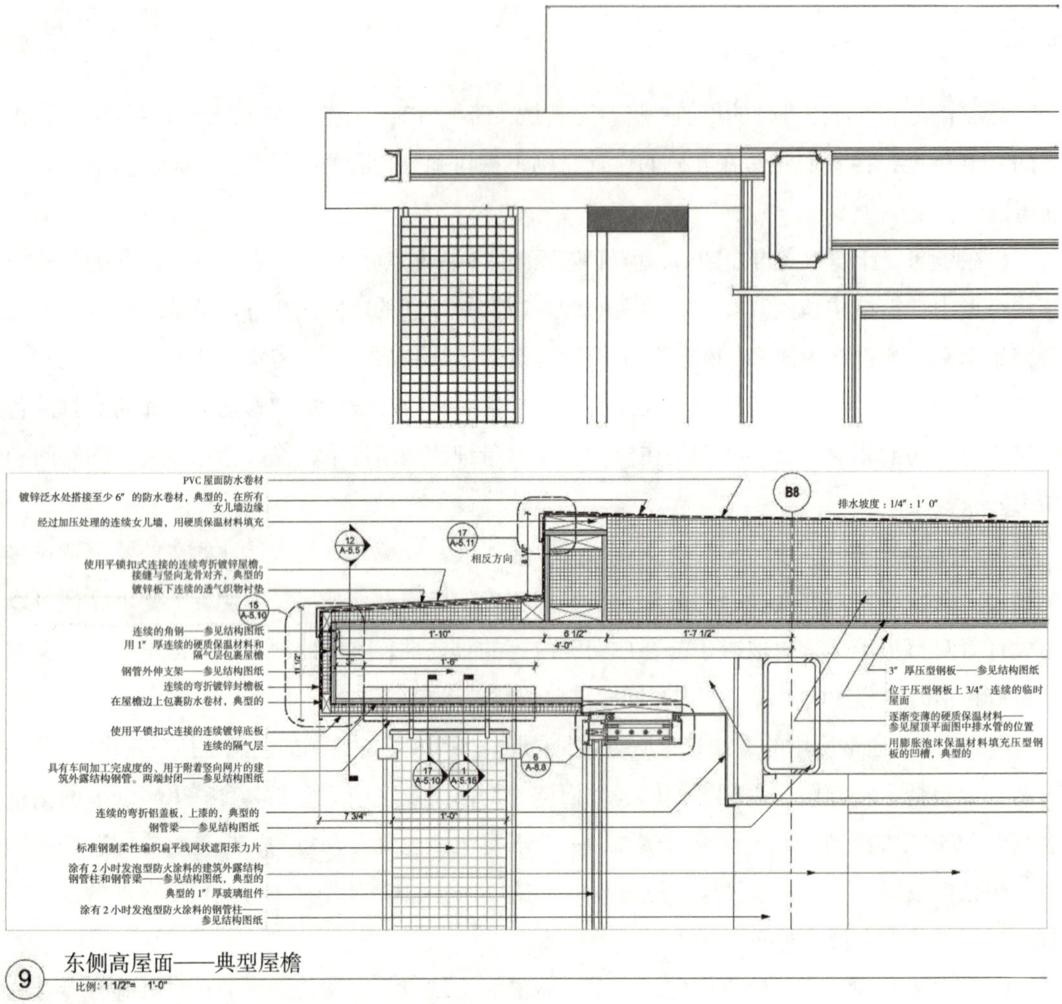

PVC 屋面防水卷材
镀锌泛水处搭接至少 6″ 的防水卷材，典型的，在所有女儿墙边缘
经过加压处理的连续女儿墙，用硬质保温材料填充
使用平锁扣式连接的连续弯折镀锌屋檐，接缝与竖向龙骨对齐，典型的
镀锌板下连续的透气织物衬垫
连续的角铁——参见结构图纸
用 1″ 厚连续的硬质保温材料和隔气层包裹屋檐
钢管外伸支架——参见结构图纸
连续的弯折镀锌封檐板
在屋檐边上包裹防水卷材，典型的
使用平锁扣式连接的连续镀锌底板
连续的隔气层
具有车间加工完成的、用于附着竖向网片的建筑外露结构钢材，两端封闭——参见结构图纸
连续的弯折铝盖板，上漆的，典型的
钢管梁——参见结构图纸
标准钢制柔性编织扁平线网状遮阳张力片
涂有 2 小时发泡型防火涂料的建筑外露结构钢管柱和钢管梁——参见结构图纸，典型的
典型的 1″ 厚玻璃组件
涂有 2 小时发泡型防火涂料的钢管柱——参见结构图纸

B8　排水坡度：1/4″: 1′0″

相反方向

3″ 厚压型钢板——参见结构图纸
位于压型钢板上 3/4″ 连续的临时屋面
逐渐变薄的硬质保温材料——参见屋顶平面图中排水管的位置
用膨胀泡沫保温材料填充压型钢板的凹槽，典型的

⑨ 东侧高屋面——典型屋檐
比例: 1 1/2″= 1′-0″

图 6.17　节点详图：三维的背景轮廓以及详细的二维信息

建议

建立预期

　　在没有 BIM 合同提供细节的情况下，通过项目早期阶段的沟通来围绕 BIM 的使用建立预期很重要。需要考虑的问题有以下几个方面：

211　　1. 设计模型和施工模型的细节水平需要达到什么程度？它们有哪些不同？

　　2. 什么样的内容会作为合同文件被交到承包商或施工经理手中？

　　3. 谁会在设计或者施工后检查模型？客户会怎样使用这些信息，它们会影响创建模型吗？

　　4. 哪些建筑系统会结合到模型中？例如，通过电脑控制的机械或电器系统：像自动温控系统、建筑管理系统或者火灾报警系统。

围绕 BIM 在施工过程中的使用，理解怎样沟通预期也同样重要。在公共采购流程中，像在这个项目中使用的一样，分包商是通过最低的竞标价格被分配给施工经理，而不是由质量或者施工经理的偏好决定。在马萨诸塞州，这被叫作"分包商申请出价"（"filed sub bid"）* 过程，它是由于一部分分包商的资质超过了所设定了门槛才出现的。如果不是因为仲裁机构预先制定了资格标准，赢得竞标的分包商不一定会让团队支持 BIM。建筑师的设计说明或者总承包商的补充说明需要明确分包商在 BIM 协调中的责任。这样一来，如果分包商无法亲自提供协调模型，施工经理就需要为他们创建机械、电器、水暖和消防（MEPF）模型。

如果重来一次

这个项目是我们公司第一次用合同规定 BIM 交付成果。同样，我们的咨询顾问在图书馆设计期间也在建立自己的三维建模协议。如果能重来一次的话，我们会更早地与客户和咨询顾问团队提出使用 BIM 范围和目的。未来我们会要求咨询顾问使用三维模型作为二维合同文件的基础。因为我们没有规定这项内容，而且没有对一些分包商明确 BIM 要求，致使有些构件在施工图发布之后才建立了三维模型（仅仅为了满足客户对 BIM 交付成果的要求）。如果能够更早建模并与二维模型链接，BIM 会在设计过程中更有用。

我们还会用一个更简单、更明确的界限来划分我们与合作建筑师的三维模型建模范围。如果两个模型有太多的重合，会产生许多工作上的重复和混乱。

这个项目的另一个难点是互通性的挑战。就像之前讨论的，在不同平台间融合 BIM 会有一些阻碍。我们在设计过程中转换与融合信息所花的时间和实际协调与检查所花的时间几乎一样多。如果可以的话，我们希望整个团队能在同一平台上工作。但如果多平台的协作无法避免，我们会在设计初期进行文件转换测试，使设计过程中的文件转换更简单。

结论

ArchiCAD 和其他 BIM 软件中的某些功能可以让大公司像小公司那样工作。它允许在不同地点的多个使用者在同一文件上工作，这既解决了距离上的问题，也使团队形成合力。它还规定了不同的使用者对模型不同部分的使用权限。然而，designLAB 没有区分使用者——每个人都有权利使用全部模型。所以在某种程度上，designLAB 作为一个小公司虽然简化了 BIM 的应用，却使项目更加高效和开放。

BIM 使更多的信息被储存在同一地方。拥有一个能够自动更新所有图纸的动态模型可以

---

* "filed sub bid" 没有找出贴切的中文对应词，审校者尝试将其翻译为"分包商申请出价"。——审校者注

为建筑师节约更多时间，减少仓促的变更也使他们有更多时间去考虑其他问题。BIM 不仅是一个创建文档的软件，也是一个可以在设计的不同阶段辅助设计的工具。它支持渲染以加强与客户的交流，也支持可视化来完成设计工程团队内的决策。任务间的流动性可以节约成本和精力，而且对施工期间的协调也有帮助。这些特质都能使小而精的团队为客户提供更广泛的服务。就像俗话说的：“聪明地工作，而非努力地工作。”

213

图 6.18　西侧外立面和扩建完成部分的 BIM，2013（照片由 Peter Vanderwarker 提供）

第 7 章

ZGF：转型期的 BIM——在大公司实现飞跃

作者简介

  Stuart Baur，AIA，是 ZGF 建筑事务所 LLP 的资深设计师。他有超过 17 年的规划、设计、建造各种复杂建筑项目的经验，其中包括医疗、教育、市政、企业项目。作为项目经理和项目建筑师，他整体负责项目各方面的质量。Stuart 还是一个非常支持建筑教育的人，他经常在南加州大学担任技术方面的客座讲师。

ZGF Architects LLP 建筑事务所

  ZGF Architects LLP 建筑事务所是一个专注于建筑设计、室内设计及城市规划的设计公司，50 多年前成立于美国俄勒冈州的波特兰市。其宗旨是，努力完成优秀的设计，关注自然与建筑环境，提供出色的客户服务。目前 ZGF 已经成长为拥有 470 名员工，并且在洛杉矶、西雅图、华盛顿特区和纽约都有分公司的大型建筑事务所。ZGF 事务所的设计理念是杰出的设计必须反应在建筑的每个方面——例如：与整个社区的协调程度，功能与用户之间的关系，各种建筑系统，以及成本。事务所的作品体现了其设计风格的多样性，从交通枢纽、商业办公、综合体开发到企业园区、医疗设施、科研建筑、学术机构、图书馆、博物馆等都有涉及。

Altman 临床转化研究所

项目背景

面积为 34 万平方英尺的 Altman 临床转化研究所（ACTRI）坐落在加州大学圣迭戈分校（UCSD），它以独特的多学科环境促进医疗卫生的发展。通过召集众多科学家、临床研究者、社区医生以及病人来更好地了解疾病，开辟新的治疗方法，将临床研究转化为临床实践。这个建筑将容纳配有湿式设备的传统实验室、共享的核心设施、计算研究空间、参加临床试验受试者的体检和访谈房间、教职工办公室以及其他专业房间。

ACTRI 位于加州大学圣迭戈分校东校区健康科学社区面积为 3.8 英亩的一个地块上，它通过一座自然通风的人行天桥与 Sulpizio 心血管中心和现有的停车库相连。Jacob 医疗中心（正

在建设中）将与 ACTRI 共用报告厅和咖啡馆，而这两个地方都可以从主入口广场和街道上的门厅进入。现有场地落差大约 50 英尺，从临街面开始沿着场地北面边界一直坡向谷地。建筑首三层配有容纳湿式设备的实验室，相关的辅助功能用房低于街道地坪，但高于谷地，以确保从建筑四周都能获得良好的日光和视野。谷地既可以通过原有已经风化的花岗石小径从建筑底层进入，也可以通过横跨于种满原生植物绿地上的一组木栈道进入。

BIM 的实施

BIM 在 ACTRI 这个项目中实施的背景和细节与项目本身一样复杂而广泛。这里可以简要

图 7.1 加州大学圣迭戈分校，Altman 临床转化研究所的建筑效果图

地总结为以下内容：BIM 作为概念设计工具的优势和局限；项目交付成果的合同义务；全公司范围内建模与文档编制标准的开发和维护；项目各团队之间的不断变化的合作关系；项目数据在客观真实的和主观认为的生命周期上的差异。需要明白的是以上列出的内容只是一个开始，全面而又完整的讨论 BIM 的实施超出本案例的范围。因此，我们选择只关注建筑团队（尤其是那些在积极向三维、数据集成 BIM 环境转换的公司）所遇到的情况，以及对该项目的成功至关重要的关键流程、人员配备和举办的培训。

在关注这些问题时，需要注意的是 ZGF 事务所于 2002 年首次开始在特定的项目上探索 BIM 的使用。在最初使用 BIM 时，选择合适项目的出发点主要由两方面因素决定：客户的具体要求和项目设计人员的积极性。刚开始所花的主要精力都集中在研究软件的功能是否可以充分支持大型复杂项目的设计与文件创建上。从 2000 年末开始，随着 BIM 软件改进得更加能够满足这类项目的严格要求，ZGF 事务所便开始在全公司范围内积极地推广 BIM 的使用。

在对 ACTRI 项目开始设计的同时，公司内部也开展了讨论，目的在于建立一套既能反映公司的项目设计理念，又能在 BIM 环境中创建设计文件的指导原则。2011 年，ZGF 事务所承诺在所有新项目都使用 BIM，不论项目的规模、类型和预算。

项目开始

在 ACTRI 项目中，BIM 的应用始于业主与建筑师之间的合同要求，但是对于"使用 BIM"到底代表什么，团队需要遵守哪些 BIM 交付成果的要求，都没有具体说明。这样一来，所有

217

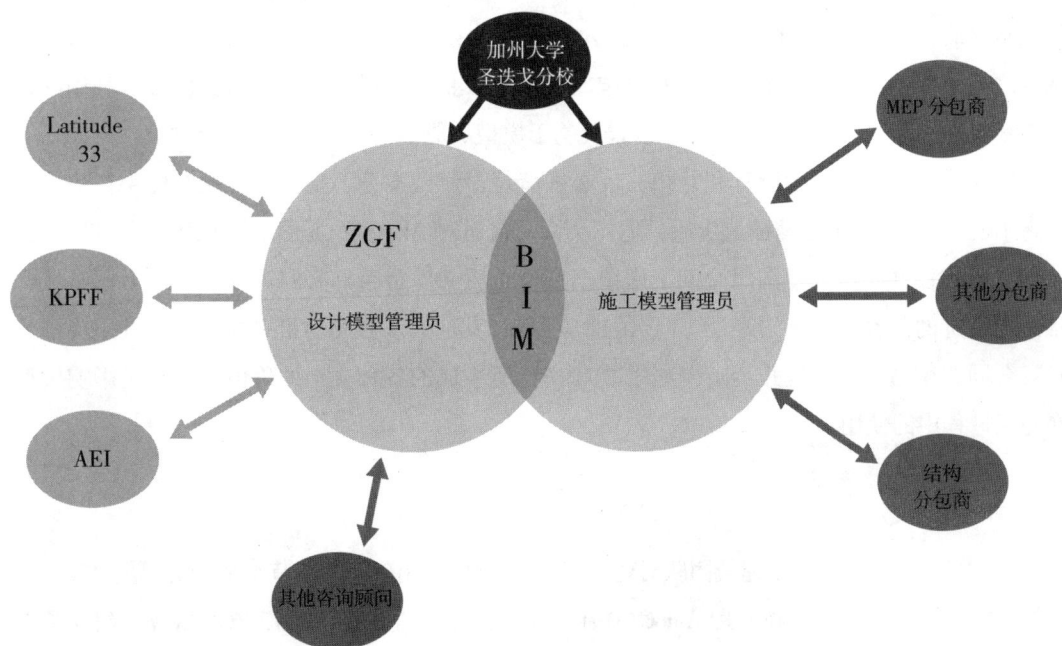

图 7.2　BIM 角色和作用的示意图

关于 BIM 使用的具体问题都由项目团队来决定。

在这种不确定的情况下，需要由建筑师和施工经理共同举行 BIM 开工会议来作出决定。这个会议的主要目的是集体界定项目的 BIM 实施目标，以及根据模型不同的使用需求来决定建模的范围以及细节水平。对于 ACTRI 项目来讲，施工经理（CM）的选定比设计团队的选定晚了几个月，导致项目前期的 BIM 工作都要由设计团队来完成。在施工经理缺失的情况下，设计团队建立了一个与项目有关的 BIM 协议手册，它阐明了团队对 BIM 成果的预期，并详细制定了项目过程中建模的分工、模型的细节水平及相应的标准和目的。

建立 BIM 协议手册的关键问题是，使用 BIM 不会改变项目本身的范围或团队成员的责任。然而，通过彻底的了解和协调 BIM 的实施，设计团队可以创造机会获得其所提供的传统设计服务范围以外的价值。建立这个手册的目的在于确保模型和这些机会都能被充分利用。手册建立之后，明确团队的项目范围及责任很重要，因为软件有时候会被费用或者合同上的规定所限制。在这个项目中的一个例子是灯具的建模。灯具建模一般是由电气工程师负责，而 ZGF 事务所的设计团队只是决定它的位置。理想的情况是只对灯具建模一次，尽管技术上可行，而实际阻碍灯具模型共享的问题是由于合同方面的约束而非技术能力的欠缺。

除了以上提到的建模范围、责任、使用之外，BIM 协议手册还涉及了其他几方面：设计团队需要用的整套软件（包括 SketchUp 和 Rhino 等非 BIM 软件）；建立交换信息的时间节点和方法；统一模型的坐标原点。一旦施工经理确定下来，便可以邀请他们来评审设计团队所制订的 BIM 服务，同时补充设计文件，落实模型在施工过程中预期的作用与责任。这个过程的根本目的在于确保整个团队会全身心投入到 BIM 业务中去，并对彼此的预期有清楚的认识。除此之外，找机会加强与施工经理的协作，实现 BIM 价值的最大化也很重要。可以利用的机会包括集成冲突检测、三维可施工性审查及基于模型的成本估算。

协议手册建立之后，所有利益相关者必须清楚，模型本身不是一个合同文件（在法律上也行不通）。通常施工经理被选定后，他们会询问自己对 BIM 模型是否有"依赖权"。换言之，他们在理解设计团队的意图时会问：虚拟模型与纸质文件是否具有同等的合同效力？虽然不难想象肯定的回答所带来的好处，但 ACTRI 项目和其他大多数的项目一样，只有纸质文档才具有合同约束力。尽管这并不减少利用 BIM 模型所生成的各种文档的价值，但确实影响模型在施工过程中的使用。

标准和自定义

在 BIM 协议手册明确了建筑团队对建模有哪些责任，建出怎样的细节水平，具有哪些意图后，严峻的挑战也接踵而至。在使用 AutoCAD 作为主要数字软件的 20 年间，ZGF 事务所建立了大量的建模符号、图块、脚本文件、自定义的程序及其他与数字制图环境紧密联系的自定义文件。

第二条：模型的工作范围

建筑构件
设计模型　　　　　　　　　　　　　　　　　　　　施工模型

模型说明	责任	模型说明	责任
楼梯和楼层： ● 楼梯踏步立板 ● 非结构找坡楼面 ● 活动地板 ● 控制缝 ● 室内和室外的楼地面面层	ZGF	楼梯和楼层 ● 根据信息索取和变更通知更新模型 ● 现场变更 & 协调 ● 模型的其他信息，包括	R&S
顶棚： ● 按实际高度和厚度建模 ● RCP（顶棚平面图）应显示底板、瓷砖等的实际位置 ● 净空区域	ZGF	顶棚： ● 根据信息索取和变更通知更新模型 ● 现场变更 & 协调 ● 模型的其他信息，包括	R&S
室内的门窗： ● 对门窗建模 ● 由建筑师决定是否将门窗框建模 ● 将门窗的五金件列入明细表但不建模	ZGF	室内的门窗： ● 根据信息索取和变更通知更新模型 ● 现场变更 & 协调 ● 模型的其他信息，包括 ● 将门窗的五金件列入明细表但不建模	R&S
灯具： ● 对灯具的长宽高建模 ● 对安全出口标志牌建模	FRANCIS KRAHE / AEI / ZGF	灯具： ● 根据信息索取和变更通知更新模型 ● 现场变更 & 协调 ● 根据提交和采购的设备更新 ● 将门窗的五金件列入明细表但不建模	R&S

结构： ● C.I.F. 混凝土（我们是否也应当建模并交给结构？）			

图 7.3　ACTRI 项目团队开发的 BIM 协议手册摘要

这个自定义文件库提高了工作效率，帮助在全公司范围内建立了图形与文件标准。

尽管本地安装 Revit 可以对大量的基本内容建模，ACTRI 项目团队还是需要用额外的内容和功能来扩展或补充默认建模环境，以满足项目的具体需求。其中也对复杂的模型内容提出了要求，包括需要用到的专业参数化建模技术。在这种情况下，整个团队利用了基于 SharePoint 的申请表来访问全公司范围内的资源来建立自定义族，建立的族不仅可以解决 ACTRI 项目的特定需求，而且还能用到其他项目中以满足更广泛的需求。除了自定义族，项

221　目团队还与公司内的软件专家合作建立了自定义脚本文件来自动完成一些重复性工作，或者创建了能够让 BIM 模型和其他软件进行数据交换的程序。虽然这些自定义的内容是从具体项目开始创建的，但随着不断地完善，它们可以用在更广泛的情况下，以达到对全公司效用最大化的目的。通过这些努力，ZGF 事务所基本上重建了以前在 AutoCAD 中的自定义内容，并用这种方式直接回应了目前对项目需求与技术能力的理解。

　　在很多情况下，ACTRI 项目团队提倡尽量将模型与 ZGF 事务所开发的外部数据库相结合。同时 ZGF 事务所有一个综合性的内部数据库，它可以加速创建项目完成时间表，并保证项目

222　命名与事务所内部信息格式保持一致。在位于波特兰的办公室里，ACTRI 项目团队与事务所的 BIM 管理员一起开发了一个自定义程序，用来协助 BIM 模型与数据库之间数据的无缝对接，这也使事务所对 BIM 的投资有了更大的价值。ACTRI 项目团队还支持创建对族与视图的增强浏览技术，以及对高度重复性模型的自动命名和编号技术（例如门窗），并且提高了对从 BIM 模型中提取的 AutoCAD 文件的后期处理能力。

培训和指导

　　不出所料，这是 ACTRI 项目团队中一部分人第一次接触到 BIM。经过了为期一周高强度的 Revit 培训，这些初次使用 BIM 的人对 BIM 一系列的条例规则有了基本的了解。

　　但培训项目仅能提供对 BIM 广度上的了解，而缺乏深度上的指导。大家都知道，在实际

223　项目中从同行那里可以学到最多的东西，这条规律也同样适用于向 BIM 转变的过程。在一周的 BIM 培训之后，每个参与 ACTRI 项目的成员会被分配一位富有 BIM 经验的同事作为导师。导师和学员相邻而坐，以便更加充分地交流。这既加速了教学过程，也增强了团队各成员间的凝聚力，形成了团队协作。通过这种基于具体项目需求一对一的指导，成为 BIM 专业人员所需的知识深度上的培训就完成了。

模型管理员的参与

　　尽管在团队中建立紧密的导师学员关系对提升初学者的建模能力很重要，但为整个团队

224　指定一位模型管理员对团队的成功也必不可少。过去，项目团队的 CAD 模型管理员在二维环境中的作用显而易见，尽管这个角色对项目成功的贡献比较有限。但在向 BIM 转变后，BIM 模型管理员在团队中起到了更加重要的作用。ACTRI 项目团队就是一个很好的例子，它同时拥有经验丰富的使用者和经验缺乏的初学者。模型管理员的主要责任是为团队提供技术支持，解答建模的具体问题，决定何时联络公司内的其他专业人员来协调解决。另外，模型管理员也会花相当一部分时间检查清理模型，减少错误，从源头防止团队人员养成不良的 BIM 建模习惯和低效的工作方式。除了这些团队内的任务之外，BIM 管理员也负责召开碰撞检查协调会议，担负在建筑师和咨询顾问团队之间交换信息的重要任务。

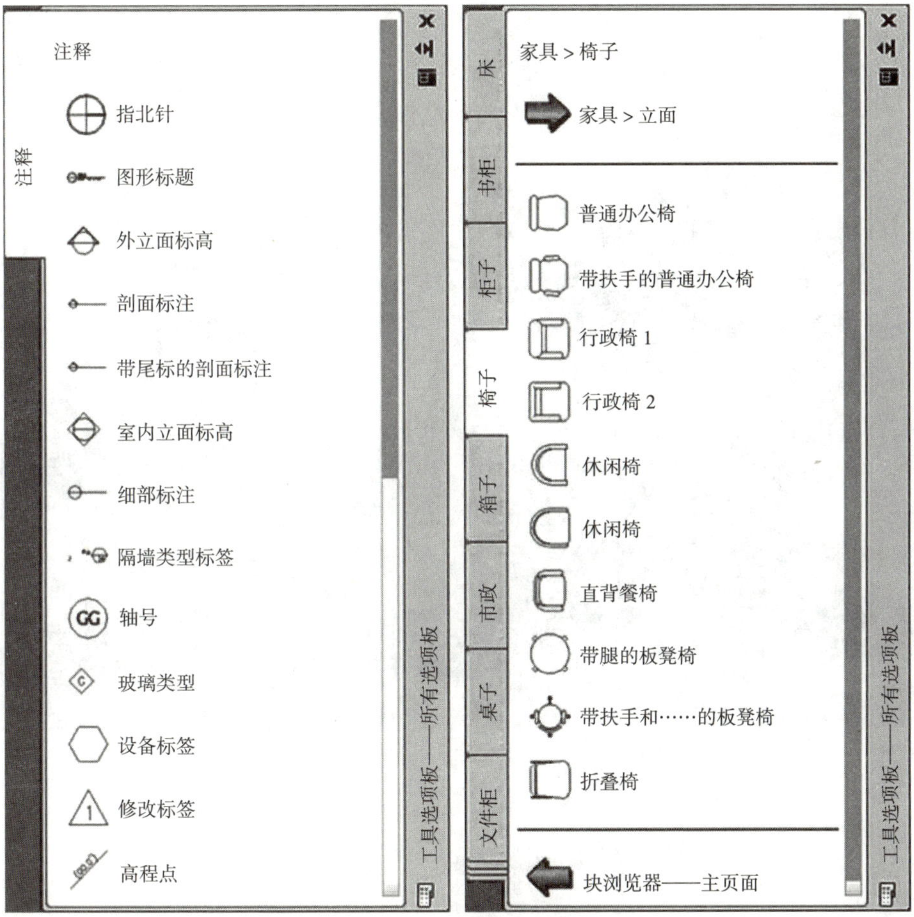
注释
注释
指北针
图形标题
外立面标高
剖面标注
带尾标的剖面标注
室内立面标高
细部标注
隔墙类型标签
轴号
玻璃类型
设备标签
修改标签
高程点
工具选项板——所有选项板
床
书柜
柜子
椅子
箱子
市政
桌子
文件柜
家具 > 椅子
家具 > 立面
普通办公椅
带扶手的普通办公椅
行政椅 1
行政椅 2
休闲椅
休闲椅
直背餐椅
带腿的板凳椅
带扶手和……的板凳椅
折叠椅
块浏览器——主页面
工具选项板——所有选项板

图 7.4　ZGF 事务所的 AutoCAD 内容库与数字环境紧密结合，不仅提升了其作为生产资源库作用，而且在支持建立全公司范围的图形标准和制图习惯方面也更加有效

ZGF
主页　人员　项目　实践　资源　社区　网站地图　搜索
文档
• 共享文档
列表
• 日历
讨论
• 团队讨论
回收站
全部网站内容
ZGF REVIT 学院
ZGF Revit 项目
Legacy Emanuel 儿童医院
波特兰，俄勒冈
儿童纪念医院
芝加哥，伊利诺伊
位于 Fitzsimons 的儿童医院
丹佛，科罗拉多
legacy emanuel 儿科——施工摄像头
要诀和技巧
由 Shaffer, David 载入使用计算器
问题：目前，对生命安全的使用荷载图需要手工计算后“伪装标记”到图纸上
Rahul Shah 开发了一个可以让人们获得动态显示使用荷载……标签的插件
我的组工具栏不见了……
Revit 联系人
ZGF 波特兰
中级合伙人
主任建筑师
ZGF 西雅图
主任建筑师
ZGF 洛杉矶
主任建筑师
ZGF 华盛顿特区
中级合伙人
ZGF 纽约
主任建筑师
ZGF 纽约

图 7.5　Revit 知识社区资料在 ZGF 事务所的首页就能直接访问，这为 Revit 使用者提供了全公司范围内的人力资源、最佳工程案例文件，以及能够促进一对一知识共享的讨论区。同时提供了一个在线申请表，可以让项目团队快速索取与项目具体需求有关的 BIM 资料

图 7.6 让有经验的 BIM 使用者与初次使用者坐在一起可以对具体项目进行实时的指导，这也是 BIM 学习过程中很重要的一环

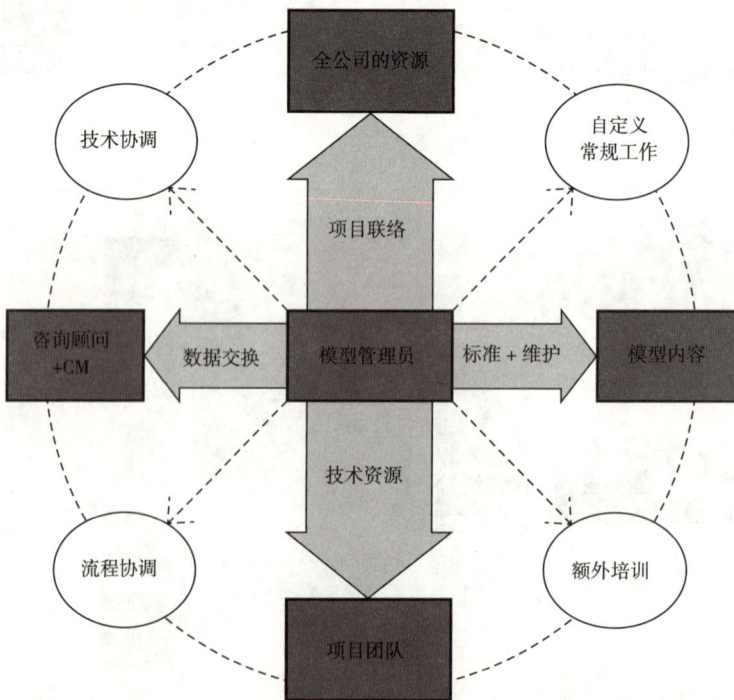

图 7.7 模型管理员在项目团队中角色和责任的示意图

成功

BIM 协议手册

　　创建针对具体项目的 BIM 协议手册是 ZGF 事务所在 7 年前就开始采用的流程，它也继续成为 ZGF 事务所在项目中实施 BIM 的重要部分。其实这个流程已在 AIA E202 文件中以多种方式被提到并形成条文，所以直接利用某个特定的 AIA E202 文件也可以作为一种替代方法。想让 BIM 成功地实施，重要的一点是提前与整个团队，沟通 BIM 建模的范围和内容。团队需要经常对某些物体怎样建模作出决定。只有全面了解项目中不同团队各自将怎样使用模型，才会将 BIM 的价值最大化。特别重要的是要尽早与施工经理（CM）讨论他们会用哪种方式利用设计模型（假定设计模型可以共享）。设计团队经常会有机会以多种方式处理具体的建模任务，而其中某种方式可能会对施工经理（CM）有好处。在建模前真正发现这些机会是让项目团队增强协作、创造价值的重要一步。

225

人员培训

　　有组织的培训和团队化的指导已经被证实是提升 BIM 效能的一个非常有用的方法。具体来说，将初学者安排在经验丰富的 BIM 使用者旁边工作有利于整个团队提升实际技能、加深概念理解，从而充分发掘使用 BIM 的各种益处。

模型管理员

　　模型管理员在大型复杂项目中成功实施 BIM 的角色已被证实是非常重要的。尽管会容易误认为这个角色的作用只在从 AutoCAD 向 BIM 工作环境转变的过程中重要，但实际并非如此。我们希望成熟的技术和统一的标准会让 BIM 的应用随着时间进步。使用 AutoCAD 可以有许多种不同的方法来完成具体项目，尽管各团队间缺乏高度协作对完成具体项目的影响比较小。使用 Revit 也可以有许多种不同的方法来完成具体项目，但团队间缺乏协作对完成具体项目的影响就大了。在某种程度上，模型管理员的主要责任是保证整个团队充分理解怎样将技术应用到具体项目中，并通过对模型不断维护高质量地完成工作。他们的角色将继续存在下去。

机会

226

整合设计过程

　　尽管在项目早期 ACTRI 项目团队中就有几位经验丰富的 BIM 使用者，但 BIM 模型还是没有被用在概念设计上。相反，概念设计是从其他非 BIM 的软件平台（例如 SketchUp 和 Rhino）

开始的。随着设计方向的确定，设计内容被加入到 BIM 模型中。设计团队之所以决定这样做是基于他们的经验：BIM 软件平台缺乏项目早期设计探索的灵活性。随着设计团队对复杂多平台同步设计把控能力的提高，BIM 在项目早期设计阶段中对探索性的支持也会极大地增强和拓展。

全行业的图形标准

设计和施工产业已经能够明确地根据细节水平（LOD）系统将不同水平的工程信息编纂成册。但遗憾的是，许多制造商都没有很好地开发 BIM 模型，将基于 LOD 的多样性在模型中展现出来。因此，建筑师们需要重新对从制造商网站上下载的模型进行建模，因为这些模型具有过高的细节水平。重新建模的过程显然错失了提高项目团队的工作效率的机会。

共享的内容库

尽管随着时间的推移，建立共享的内容库所需的投入会逐步降低，但是目前的问题是从图形和组织上按照 ZGF 事务所的建模理念创建的内容仍然比较少。虽然设计团队有责任补充完善数据库内容，但生成这些内容所花费的大量时间会给项目团队带来很大压力，特别是当项目截止日期临近时。

建议

在很多情况下 BIM 流程比传统的二维流程更慢、更复杂。正因如此，有限地使用 BIM 只会产生有限的价值，也只会让使用者花更多的时间得到勉强的结果。借用一句话，当你"全部押上"时，BIM 才会产生最多的价值。这种投入需要周到的考虑、战略的眼光和协调的能力。

图 7.8　像 SketchUp 这样的软件平台仍能提供比 Revit 更灵活的环境来探索设计概念。改善 Revit 在概念设计上的能力以及将概念设计模型导入 Revit 软件平台的能力，将会大大加强将设计探索整合到项目文件中的力度

图 7.9　制造商网站上的产品信息类型和反映施工图阶段（LOD300）细节水平的设计模型

这包括有计划地为员工提供培训，或增加员工的专业水平来弥补降低的工作效率。当团队在学习过程中创建了与 AutoCAD 一样清楚可读的文件时，图形标准可能也需要随之改变。当然还有其他难以预计的挑战（几年前 ZGF 事务所接手的一个大型项目要求为团队每个成员购买运行 64 位 Windows 系统的电脑）。不论面对何种挑战，如果想实现 BIM 的所有价值，全心全意地投入到 BIM 的使用中是必需的。

建立哪些的模型

了解哪些图纸文件需要从模型中输出对保持整个团队的工作效率至关重要。掌握了这些信息，整个团队需要将注意力集中到有必要创建的模型上，以此来交流必要的信息。反之，非必需的或是在设计团队职责范围以外的模型就没有必要创建。BIM 的好处是能让设计者在建筑实际建成之前在电脑中建立虚拟模型，但这并不完全是建立 BIM 模型的初衷。设计者的职责从来不是绘制加工图纸或安装图纸，把加工建筑构件的任务交给真正制造它们的人去完成会更好。相比之下，设计团队的责任在于沟通设计要点，从而使相关的建筑构件可以按照设计者的意图进行加工或安装。所以，设计团队在建立 BIM 模型时，便有责任确定什么需要被建模，什么需要根据模型画草图，以及什么根本不需要被考虑。

合作

任何合作项目的成功都建立在所有参与方对自身价值观的遵守以及对相互需求的理解与支持上。这在设计方与施工方深度合作的过程中体现得尤为显著，特别是当不同的团队因为

229 某个项目走到一起，彼此却对成功的定义和取得成功的方式有着不同见解的时候。意识到这一点后，就会理解 BIM 真正的能力与价值是否能够实现完全在于各方接受合作的程度。就像通常讲的，BIM 是一个流程，不是一个软件。这个流程的价值在于设计和记录建筑过程中所产生的信息，这些信息不仅仅是一系列抽象的包含设计者意图的线条，而是可以用于展示、操控，以及用各种方式理解的高级数据库。如果这些数据没有被共享，那它们只不过是完成设计的另一种更加复杂的方法。相反，共享数据、接受合作开启了其他方法无法实现的技术与潜能，使得集成化的工程团队可以实现目标、提高效率、创造价值。

结论

在 2013 年的夏季，就行业的整体情况来说：虽然 AutoCAD 已经是一个完全成熟的技术，但 BIM 仍然处于青春期。也就是在最近几年，参与过大型复杂项目设计的公司才能承诺在各类设计项目中应用 BIM。我们正处在一个变革时期，行业中并没有对如何在实践中最好地应用 BIM 达成共识，还需要不断地微调 BIM 软件的功能以满足某些复杂建筑的要求。因此，就具体项目的情况，在早期阶段前瞻性地建立整个团队的 BIM 预期和流程仍是成功实施 BIM 的重要一步。而在项目团队内部，适当的培训、建立有效的导师关系也很重要，同时还包括为每个团队指定监督 BIM 使用的负责人。毫无疑问，对一个主要依赖协作的流程来说，成功需要依靠每个人积极主动地融入协作中。为此，适宜的规划、培训和管理是取得成功的必备要素。

第 8 章

CASE：建筑信息协调者

作者简介

Federico Negro，合伙人，CASE

Nathan Miller，初级合伙人

CASE 总是在建筑与技术结合的地方出现，它集合了建筑师、项目经理、导师的经验，用对技术的热情来改善建筑设计、建造、运营的方式。CASE 是位于纽约的一个提供建筑信息建模（BIM）咨询服务的公司。

CASE 咨询服务公司

CASE 为建筑师、承包商和业主提供策划咨询服务，目标是用技术主导的创新型方式取代传统项目的交付方法。CASE 认为 BIM 是在利益相关者之间协调管理建筑信息的一个整体流程。目的在于帮助各方识别、实施、管理那些可以让建筑整个生命周期中的协调、交流、合作更加顺畅的技术和商业模式。通过在不同领域、不同技术间的合作，CASE 建立了一套综合的方法来最大化信息与技术的价值。一个明确的基于信息的设计与建造方法能以多种方式提供切实的价值，以下的三个案例着重介绍了这几种方式。

在第一个案例中，CASE 协助设计公司进行了早期的设计决策，寻求平衡遮阳板的美观与性能的解决方法；在第二个案例中，CASE 与建筑业主合作作为项目的 BIM 流程建立并明确了战略目标，加强了团队的凝聚力，增加了下游数据的价值；在最后一个案例中，CASE 权衡了各类先进的技术和制造方案，成功地帮助加工商制造、管理并交付了 1000 块独特的预制面板。

Felleskjøpet 办公楼

SNØHETTA 是位于挪威奥斯陆的一个世界著名建筑事务所，他们为 Felleskjøpet 公司设计了一个非常独特的办公楼（客户：Lillestrøm Delta）。这个形体略带角度的设计坐落在一个拥有西北和西南朝向的场地上。因为建筑四面都暴露在阳光下，Snøhetta 建立了一个用木质百叶

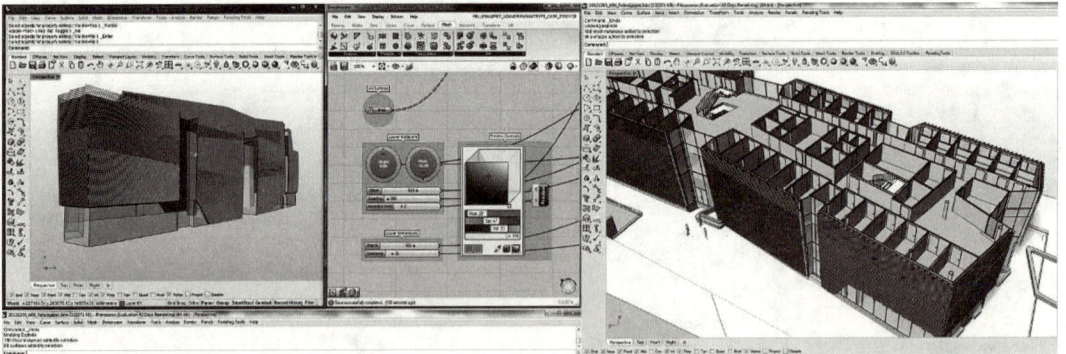

图 8.1 Felleskjøpet 项目概况的屏幕截图

232

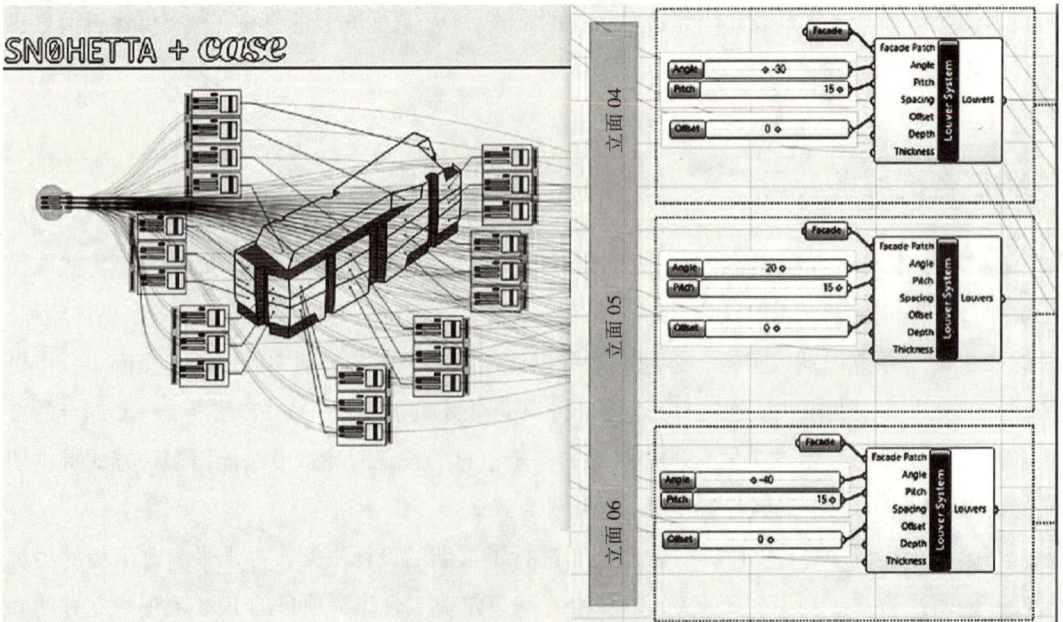

图 8.2 Grasshopper 算法的屏幕截图

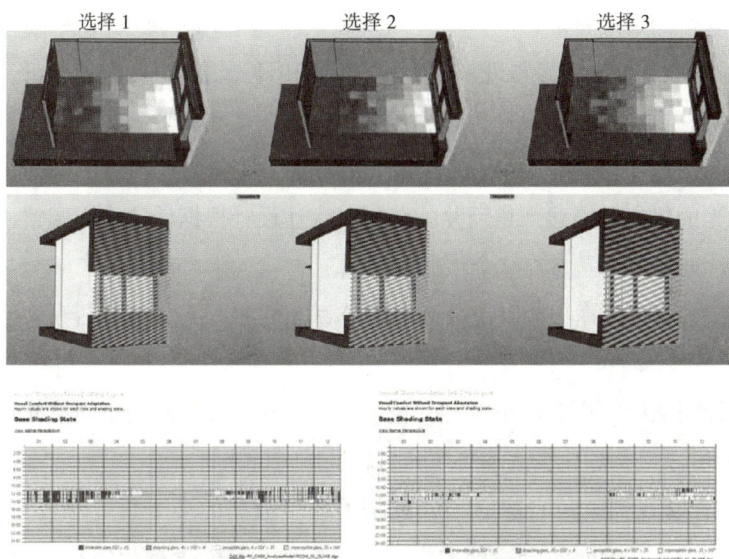

图 **8.3**　日照分析的屏幕截图

233

东南立面

西北立面

图 **8.4**　日照分析的电子表格图

遮阳板将整个建筑包裹起来的概念。

Snøhetta 在项目概念设计阶段就让 CASE 参与进来，以便对遮阳和日光情况进行整体分析，帮助项目团队开发室外百叶系统。百叶系统的设计构思中包含很多与角度和旋转有关的参数，可以区分并强调建筑不同立面上的多面几何体。建筑表皮概念的复杂性与场地独特的朝向，给设计者提供了调节遮阳和采光的机会。通过严格反复的分析过程让设计根据性能指标调整，提出具备概念性和美观性的设计方案，这是参与这个项目的挑战。

CASE 首先建立了一个参数化设计的算法，以便灵活地调节百叶的参数：其中包括深度、厚度、间距、旋转及角度。

参数化设计工具可以使设计团队研究更多的组合与变量，以适应建筑外立面的不同情况。一旦主要参数被确定，CASE 就可以把参数化算法和日照分析软件结合起来了。

百叶系统的最佳朝向并不容易找到。只有建立了含有相关环境数据的多个百叶参数变量，设计团队才能决定满足项目遮阳标准的合适朝向。CASE 得到了一个含有相关环境分析结果的百叶布局矩阵（共有 400 种可能的变化），并用色彩编码展现了分析结果的性能区间。

电子表格矩阵能将办公室窗玻璃太阳能得热系数（SHGC）纳入计算，以保证设计满足当地对建筑太阳能得热的极值要求。

通过在早期概念设计阶段建立自定义工具，CASE 为 Snøhetta 提供了以建筑信息为基础的设计过程，帮助设计团队为复杂而又具体的事项作出了明智的决策。这还使设计团队在早期阶段保持设计概念的同时满足了建筑的性能要求。

Chiswick 园区 7 号楼

Stanhope PLC 是伦敦的一个高端地产开发商，致力于改善他们设施的设计、施工和运营的流程。作为业主，他们有整合项目不同阶段各种信息的优势，同时也了解合理的设计流程对支持互通性的重要性。CASE 被 Stanhope PLC 邀请作为 Chiswick 园区 7 号楼的 BIM 协调员。该项目的业主是 Stanhope PLC；建筑师是 Rogers Stirk Harbor + Partners；工程咨询顾问是 ARUP；施工经理（CM）是 Lend Lease。

Chiswick 园区坐落在伦敦西郊 Chiswick 区和 Acton 区的边界处，是一块 33 英亩的场地。这块场地近几年正在经历一次以大型办公园区为功能的重新开发。7 号楼是第 12 栋进行施工的建筑。由于之前建筑施工时项目团队间形成了良好的工作关系，因此 7 号楼的施工成为了改善流程的绝佳机会。这幢楼的另外一个优势是其施工所需的材料和饰面与之前施工的建筑很类似。所以这些都有助于设计团队集中精力解决反常的情况，并为他们提供了优化流程的余地。

235

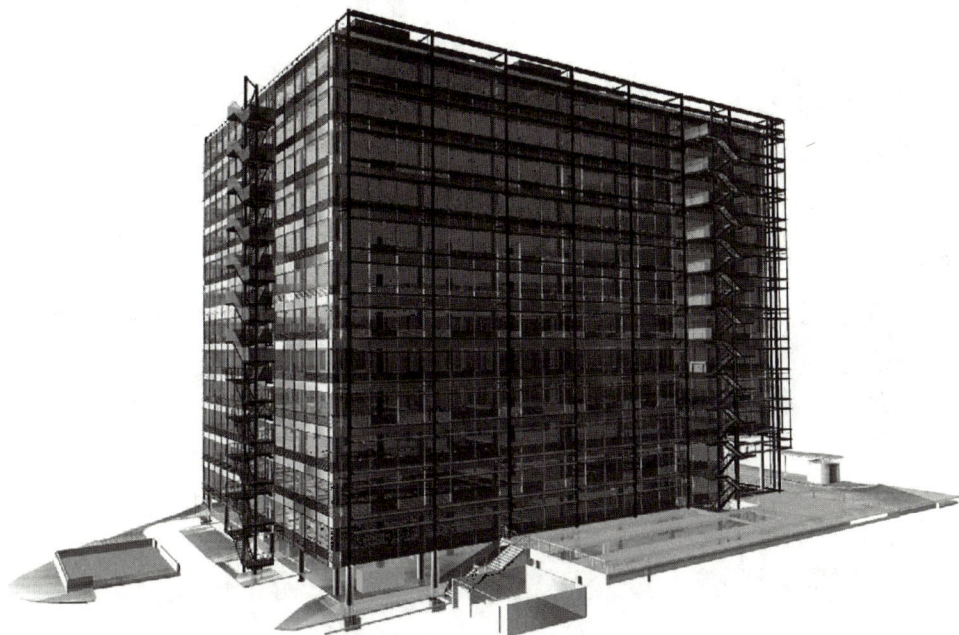

图 8.5　Chiswick 园区 7 号楼概况的屏幕截图

作为项目的 BIM 协调员，CASE 需要为业主管理 BIM 流程中的方方面面，保证参与项目设计和施工各方的统一。从业主开始，CASE 帮助他们建立了长期的目标，并明确了在流程中提高效率的时机。这项工作的一个重要目标是使数据的价值最大化，使它们能应用在下游的运营中。为了达到这个目标，CASE 计划让项目团队在一个独立统一的数据库中工作，共同完成交付成果。这么做的好处是可以减少因交流不畅而产生的错误，有助于信息在建筑生命周期中体现长久的价值。

一旦这种工作模式建立起来，下一个关注点便是将各团队的能力与项目的要求进行匹配，为 BIM 成功交付提供良好的基础。在这个阶段 CASE 设定了一个清晰的策略：把项目的工作目标转移到模型的具体技术规格上，并明确了参与 BIM 流程的要求。技术规格的一个关键部分是对共同参与创建模型这个过程的界定。所有团队都必须满足模型的性能规格和标准，在每两周的协调会上进行质量保证（QA）和质量控制（QC）的评估。此外，为了创建满足业主设施长期使用的模型，CASE 还设定了几何图形的规格。 236

各专业都被要求参与进来，以减少信息交换的阻力。另外，CASE 还在团队中建立了一个 QA/QC 的流程，这么做可以让 CASE 密切关注最终的交付成果，确定整个过程能够保持正轨。到目前为止，CASE 已经找出并追踪了 100 多个问题，并且在它们对施工造成不利影 237响之前全部得到了解决。

从那以后，CASE 就一直和 Stanhope 合作开发 BIM 在物业管理中的应用。

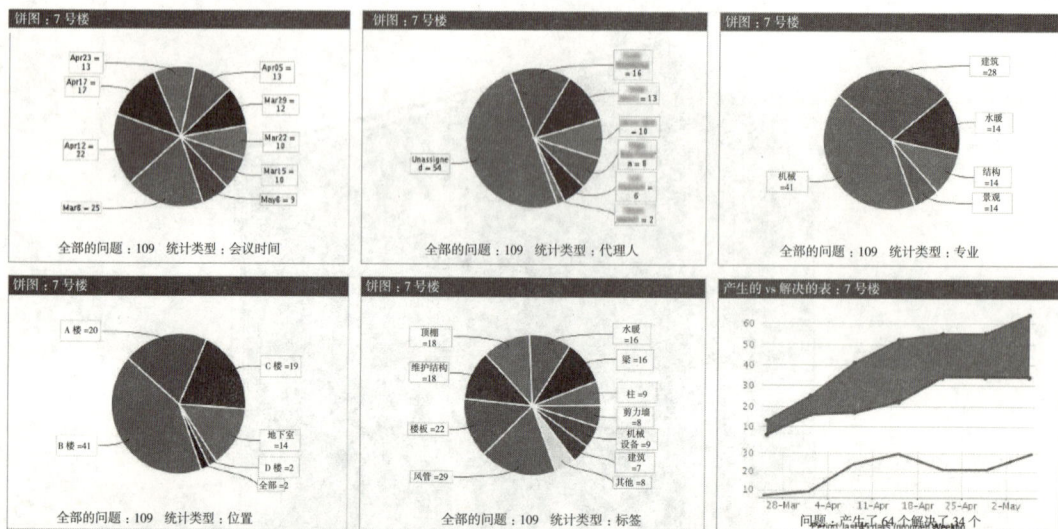

图 8.6　工作流程的屏幕截图

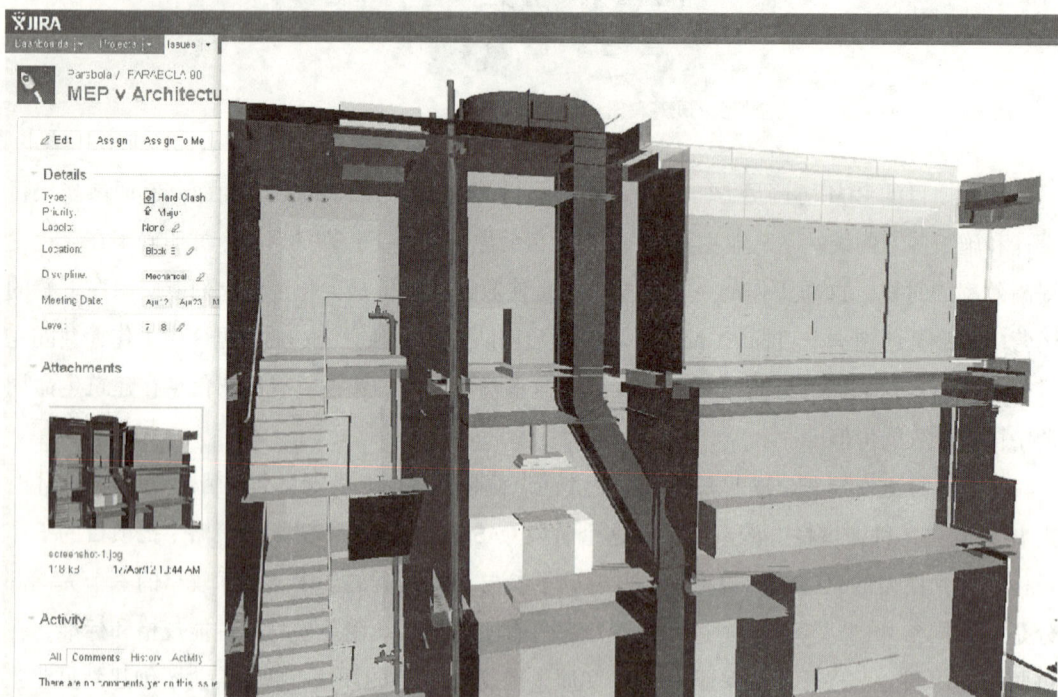

图 8.7　问题追踪系统的屏幕截图

路易斯安那州博物馆和体育名人堂

路易斯安那州博物馆和体育名人堂（LSMSHF）在当地创造了很多个"第一"（业主：Advanced Cast Stone；建筑师：Trahan Architects；结构工程师：LBYD；承包商：VCC USA）。Trahan Architects 为路易斯安那州设计的这座独一无二的文化体育设施沿着密西西比河的河畔蜿蜒，曲线形的石材外墙包裹着博物馆，形成了主要的公共流线空间。

图 8.8　室内中庭渲染（由 Trahan Architects 提供）

　　这栋建筑复杂的几何形体使施工协调、加工和安装都极富挑战性。Trahan 提前预料到了　238
这些问题，将对"基于机器系统协调"和"直接加工"过程的要求包含进了设计说明中。因
为这个项目是按照传统的设计—招标—建造的流程进行的，所以遵循非标准流程的机会很少。
Trahan 采取措施增加这些要求可以保证设计意图受到尊重并得以实现。

　　CASE 在两个层面上参与了项目：一是作为 BIM 协调者、二是作为加工建模者。考虑到建
筑形体很复杂，项目中每个专业都被要求创建三维模型用于协调。CASE 负责管理信息交换、
分析模型缺陷。创建的模型可以用于以下方面：

- 落实设计问题；
- 使各专业可以施工；
- 追踪流程进展；
- 测试原型；
- 计划安装；
- 流程可视化；
- 其他重要步骤。

图 8.9 包含所有专业的模型屏幕截图

239 　　在每个阶段，各专业都需要创建模型用于几何形体和信息的审核。施工经理、VCC USA 和 CASE 每周都会举行例会来协调不同建筑系统设备的操作顺序。这个方法使得那些有经验的施工经理、工程师、加工商以及供货商能在不同的专业背景下考虑问题，而且无论各方的三维建模能力如何，都能集中精力解决问题。

　　CASE 也被要求参加到石材加工商——Advanced Cast Stone 的加工建模中。这个过程对于施工非常重要，因为当时支撑石材表皮的下部结构与连接部分的设计还没有最终确定。为了优化外表皮，CASE 建立了面板模型并且经过分析确保相邻两块的距离不会小于 1/4″（6.35mm）。当存在的冲突被查明并解决后，便进入到了面板拼接设计中。

　　在完成了拼接设计，并与照明、通风终端协调后，每块面板的加工标签被创建出来，这就可以把它们提交给建筑师审核了。

　　通过审核的三维模型会被送到模具加工商那里制造模具。因为有 1000 多块不同的面板，所以十分需要一个包括几何形体优化、协调及加工标签创建的自动化过程。不仅 BIM 流程的使用在这个过程中很重要，自动化技术对 CASE 快速管理和分析巨大的数据集也很关键。

　　CASE 利用了多种不同的技术来管理适合复杂几何形体施工的工作流程：

- Digital Project/CATIA 被用来完成面板建模，因为它们可以应付复杂的建模过程并高效地管理大型数据集；

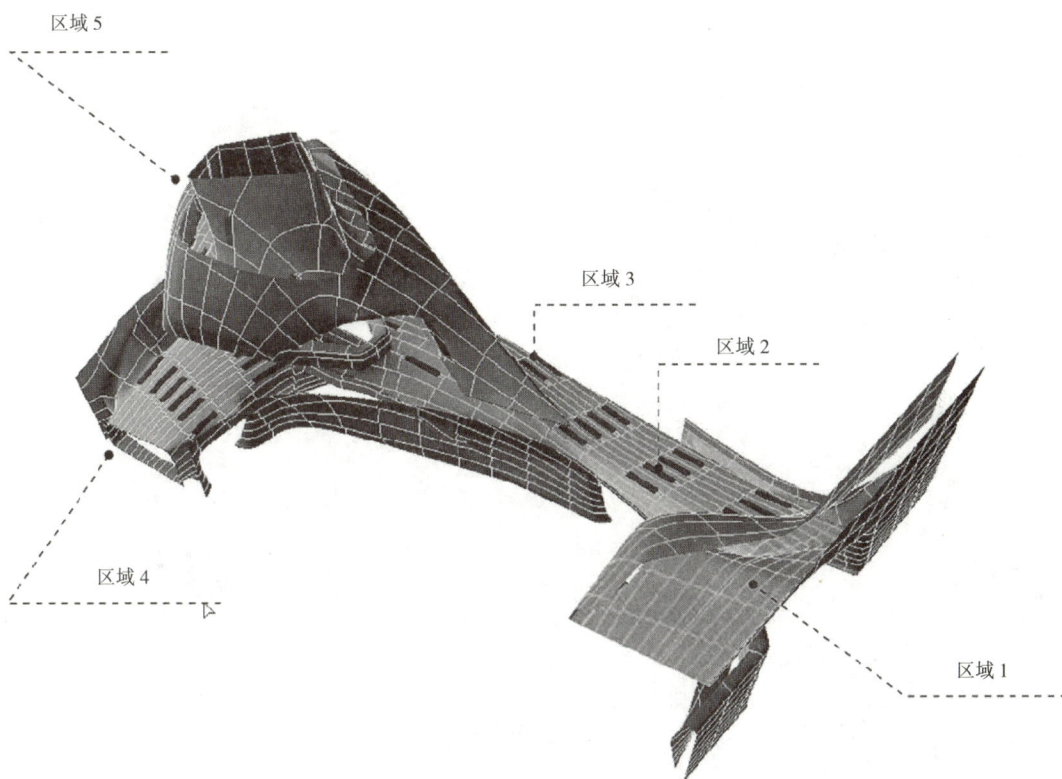

图 8.10　面板优化的屏幕截图

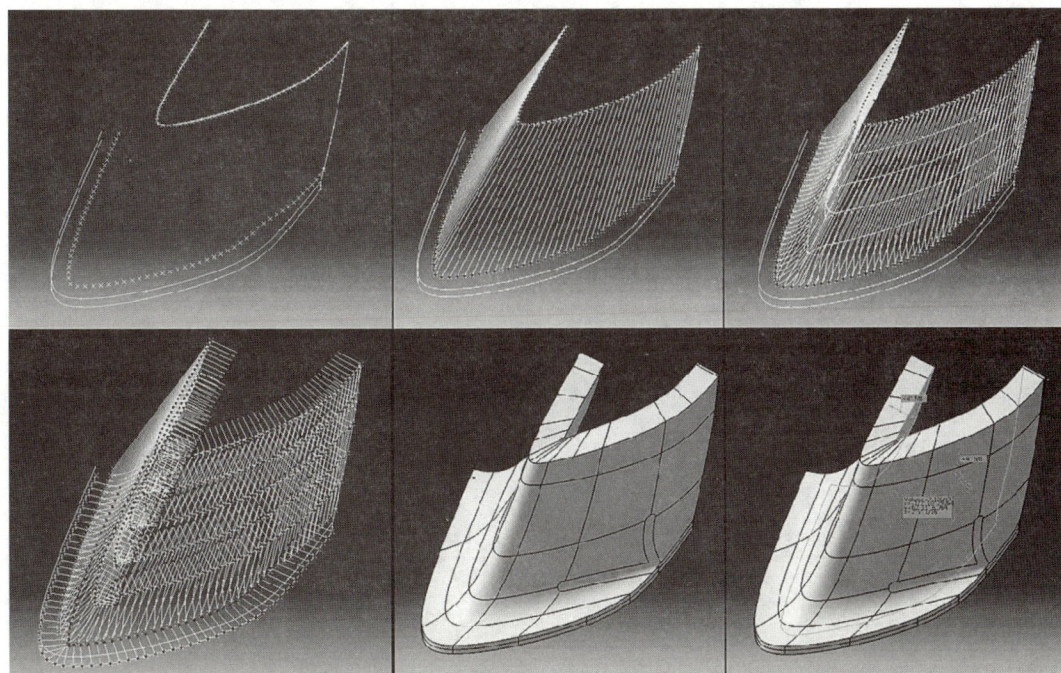

图 8.11　面板优化的屏幕截图

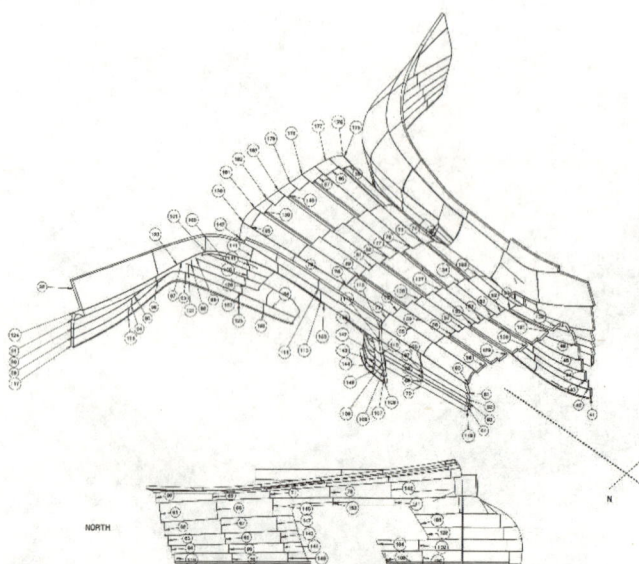

材料表

序号	零件编号	数量	修改

图 8.12　面板组织命名表

241

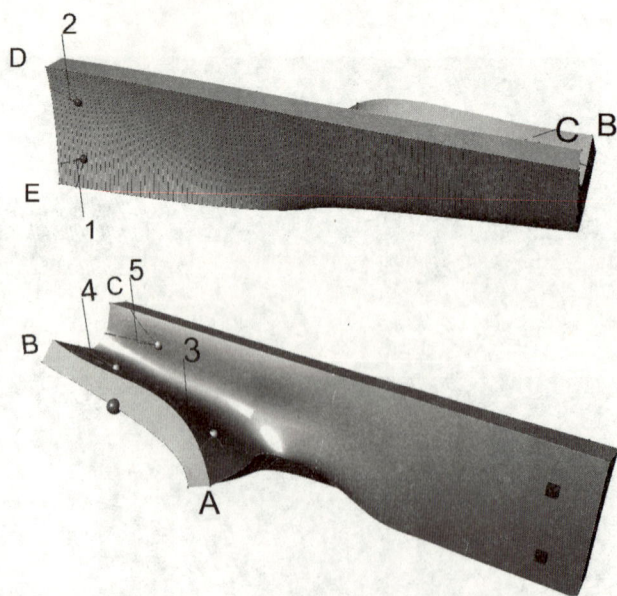

角 #	点 #	连接类型	尺寸 (a, a')		(b, b')		图例
E	1	P1-H5_C.5/8"MB_INSERT	4"	6 - 5/16"	4"	6 - 3/16"	
D	2	P1-H5_C.5/8"MB_INSERT	4"	6 - 9/16"	4"	6 - 7/16"	
A	3	P1-26_F.5/8"MB_INSERT1	6"	7 - 13/16"	6"	6 - 3/4"	
B	4	P1-H6_F.5/8"MB_INSERT_2	6"	13 - 1/8"	6"	8 - 5/8"	
C	5	P1-H6_F.5/8"MB_INSERT_1	6"	14 - 5/8"	6"	9 - 7/16"	
-	6	-	6"	a'	6"	b'	
-	7	-	6"	a'	6"	b'	
-	8	-	6"	a'	6"	b'	
-	9	-	6"	a'	6"	b'	

完成面　■
'顶'标记（紫）　○
测量点参考标记（多种）　○
嵌入标记（蓝）　□

图 8.13　自动化创建加工标签

■ Digital Project 也被用来协调面板与交接处各专业的装修产品，例如通风终端、照明器具、防火喷淋喷头、扶手及玻璃构件；

242

■ Naviswork Manage 用来协调各专业；

■ Rhino 用来自动绘制加工标签图。开发的自定义脚本程序可以用来准备面板几何形体以及工程构件的嵌入位置。另一个脚本程序可以处理这些信息并自动生成图纸。

最终，这种集成的方法成功地完成了对建筑施工的协调。

在整个流程中几何形体的复杂性十分明显。传统设计文件编制的方法十分低效且不 243 可控，既有可能满足不了进度，也无法应对大量的未知因素。正是将基于模型的交付和集成透明的方法结合起来，才使高效的交流、分析和决策得以实现。

图 8.14　室内建成照片（一）

图 8.15　室内建成照片（二）

成功

　　这三个案例证明了 CASE 可以利用这些机会成功地完成信息管理者的任务。由于 CASE 的加入，那些被设计和施工过程中的多元复杂性而掩盖的重要信息变得清晰了。通过协助项目各级团队和利益相关者，CASE 使得项目在以数据为中心的决策、合作和交付流程中拥有了更高程度的确定性。

　　在 Felleskjøpet 的案例中，CASE 实施的流程可以让设计团队在多变量的设计工具中利用环境分析。因此，设计团队能够在由性能衡量标准所定义的区间中调整他们的设计。在 Chiswick 的案例中，CASE 作为 BIM 协调员制订了一个计划，通过协调各专业来减少不确定的因素，帮助业主获得了最大的信息价值。最后，LSMSHF 的案例展现了通过实施一个严格的文件编制与项目协同计划，CASE 处理了由 1000 块不同的面板所带来的几何复杂性问题。鉴于这个项目的复杂程度比较高，只有通过清晰的流程规划和专业的技术协调才可以完成。

机会

　　CASE 发现持续地在研究和技术上投入可以提高自身能力，并应对行业在项目流程各阶段所面对的挑战。对业内的大多数人来说，这章的内容相对比较新。如果实施不力或缺乏认识的话，新技术就会像"黑箱"一样造成不必要的困惑与不确定性。在 CASE 参与的每个项目中，其希望都是扩展流程的外延并提供现实的解决办法，以获得最大的技术与信息的价值来改善建造流程。

结论

　　从最初的设计阶段，到建筑施工，再到建筑运营，BIM 的协调和管理可以使项目团队在建筑生命周期的各阶段中进行诸多的流程创新。CASE 已经可以利用其在业内的经验把握应用设计技术的机会，帮助建筑师、工程师和施工人员进行流程创新，这些创新也正在快速重新定义建筑各专业及其使用工具之间的关系。BIM 和运算化设计是建造流程必不可少的组成部分。而作为一个新兴设计思想的核心竞争力，BIM 的协调和管理这一论述非常重要：它清楚地表明了下游的价值，并强调了各方的参与和协作。

第 9 章

Mortenson Construction：通过合作实现项目成功

作者简介

Peter Rumpf 是芝加哥 Mortenson Construction 建筑公司的集成施工经理。Peter 在 2001 年开始了他的建筑师职业生涯，那时起他就开始使用建筑信息模型（BIM）来表达设计意图。2005 年，Peter 加盟了 Mortenson Construction 来着手创建芝加哥工作组的集成交付推进团队。Peter 负责 Mortenson Construction 在施工过程的各个阶段中对技术的使用。他领导集成施工协调团队，通过实施先进的技术，包括三维建造协调、虚拟实体模型、现场 BIM、激光扫描和物业管理建模来减少施工的时间和成本。Peter 管理过数十个项目的集成交付，其中包括芝加哥的 Ann and Robert H. Lurie 儿童医院。

M.A. Mortenson Construction 建筑公司

Mortenson Construction 建筑公司是一个成立于 1954 年的家族企业。其宗旨是：在为客户提供最好服务的基础上，"为现代社会的进步建造房屋和设施"。现今它已经发展成为了拥有 2175 名员工，业务扩展到全美国以及全球其他地区的建筑公司。根据工程新闻记录（ENR）2013 年的统计，Mortenson Construction 以超过 20 亿美元的年营业额排名全美第 25 位。

Ralph L. Carr 科罗拉多司法中心

科罗拉多州政府，作为这个标志性司法中心项目的业主，希望建造一个可以使用 100 年的司法中心，这个建筑既要传承科罗拉多州司法系统的光辉传统，又要体现并满足未来发展的趋势。通过项目团队的良好协作，Ralph L.Carr 科罗拉多司法中心在竣工时超越了州政府最初设定的目标。该项目包括以下内容：

- 一个州立法院；
- 2 亿美元的施工预算；
- 12 层的办公楼；
- 69.5 万平方英尺的面积；
- 27 个月的施工时间；
- LEED 金级认证（待定）。

简介

确保错综复杂的设计意图完整地实现需要创新的方法，这给项目的设计团队 Fentress 建筑事务所和施工团队 Mortenson Construction 带来了巨大的挑战。最终的解决方案是制定一个项目执行计划（PxP），将虚拟设计和施工（VDC）应用到交付流程的各个方面。这个项目对交付卓越的建筑细部设计的需求推动了团队习惯上的转变，将 BIM 的应用提升到了一个新高度。为了达到业主所设定的成功目标，项目团队共同将重点放在了技术和流程创新上，并在这个过程中收获了宝贵的经验。

设计智能的 BIM 流程

虽然项目的合同是独立签订的，有施工管理合同、总承包合同（CM/ GC）、设计合同，但整个团队从第一天开始就把这个项目以集成设计 – 建造的流程对待。团队之间的合作需要人来引领，而非由合同或技术。为了使团队之间的沟通更加开放和有效，关键商业团队如机械、电气、给水排水、结构用钢以及围护结构的分包商很早就进入项目与总承包商会和。

为了使这个富有挑战性的设计得以实现，团队意识到必须比以前更多地利用 VDC 和 BIM。BIM 必须成为沟通设计意图的主要工具，并且使用它时必须整体性地考虑，以便在施工过程中优化集成、提高效率。

以下是五个需要进一步解释的具体方面：

1. 与建筑师协调；

2. 实施并加强项目执行计划；

3. 通过虚拟模型传递设计意图；

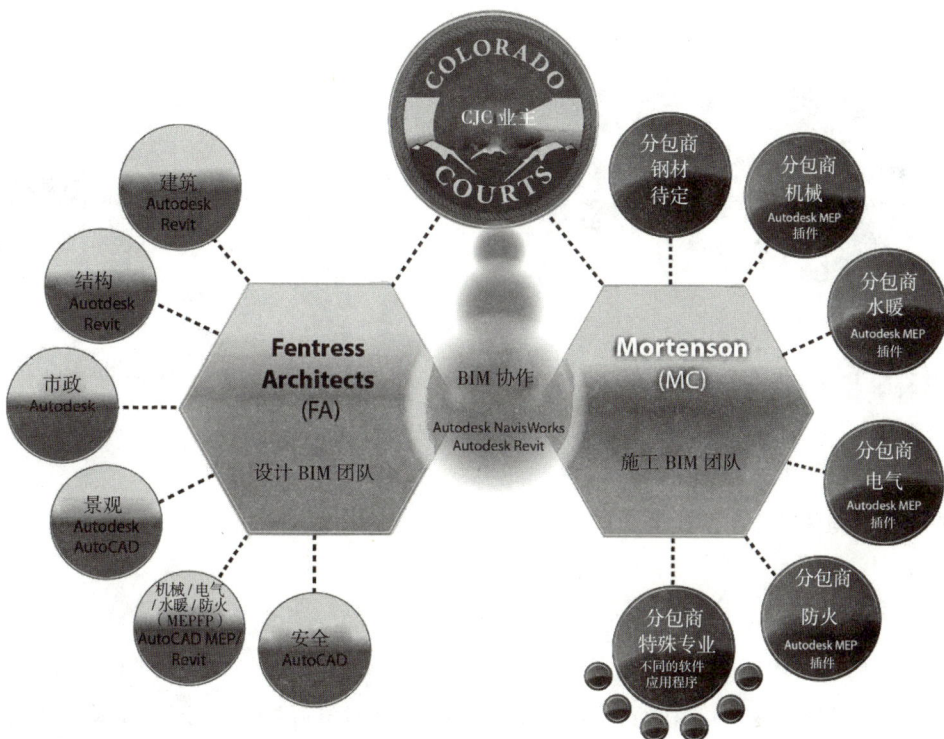

图 9.1 项目团队之间的关系和软件平台

248

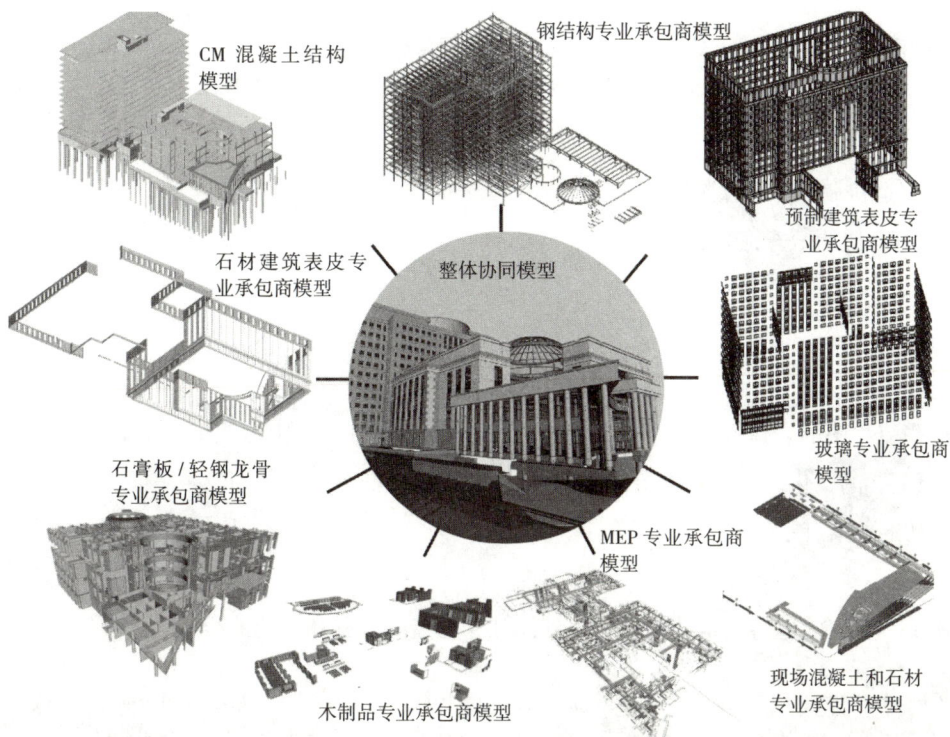

图 9.2 在项目中广泛地应用 BIM

科罗拉多司法综合体项目
执行计划（PxP）

MARTIN / MARTIN / FENTRESS | ARCHITECTS / Mortenson / me engineers

图 9.3 项目执行计划封皮（已调整）

4. 提高施工效率，节约成本；

5. 建立人与信息联系的流程。

与建筑师的协调

对于任何项目团队来说，建立一个鼓励协作和创新的氛围是首要挑战。而建立这种氛围的重要一步就是创建项目执行计划（PxP）。一个非常详细的 PxP 应该明确团队的商定过程，并强调通过使用 BIM 改进协作沟通。关键的流程应该绘制成图，以发现并消除低效的根源。

249   除了标准地定义工作范围、信息交换协议和项目各阶段的发展水平，PxP 的主要成果还有为 VDC 在以下方面的应用建立流程图：

■ 建造协调——设计阶段；

■ MEP 协调——施工阶段；

■ 4D 模拟——设计阶段；

■ 信息流——设计阶段。

这些流程图的合作性特质可以让每个团队成员在项目交付中形成主人翁意识。团队秉承"项目至上"的文化，所有的决定都将项目的利益放在首位。

成功的要素有：

■ 以终为始[*]地将建筑使用者整合到设计 – 建造的流程和商业流程中

---

*"以终为始"是说首先要明确目标，再去设计流程。与目标关联度不高的工作，其实是走更多的弯路。这个词也可以用在人生规划中，如果不知道自己的终点何在，总跟别人的状况对比，会活得很辛苦，也很难获得真正的自信与满足。——审校者注

- 通过 VDC 进行沟通交流，项目以模型为中心；
- 遵循 PxP 为团队设定的规则；
- 在早期设计阶段引入主要专业合作方；
- 利用"大房间"（Big Room）的概念让项目合作方共处一地。

推进实施项目执行计划（PxP）

PxP 是项目团队基于以前的 BIM 与 VDC 的经验以及客户对项目的具体目标建立的。所有的项目组成员，业主、设计团队、专业合作方和施工团队，都在 PxP 的创建中发挥了作用。在 Ralph L. Carr 司法中心项目之前，每个团队成员都成功地使用 BIM 和 VDC 工具与流程交付过项目，并且他们也都参与过 PxP 的制订。

推进实施 PxP 的关键是：

- 建立"项目至上"的文化；
- 允许所有利益相关者参加到计划的制定中；
- 将利益相关者的成功与 PxP 的成功执行挂钩；
- 自上而下地支持业主。

通过虚拟实体模型传递设计意图

254

保证建筑外立面精细复杂的设计方案得以完整地实现是项目团队的主要挑战。建筑模型用来识别关键风险区，反复推敲设计方案，高效地协同落实关键细部。全面使用基于 BIM 的虚拟实体模型集中解决外立面细部设计，后来证明是为团队解决这个主要挑战的一个重要方法。

各专业承包商的细部设计模型实际上成为了初始设计 BIM 的一部分，包括了为可施工性审查[*]提供依据，以及在极限情况下的手段和方法。在虚拟建模的过程中生成了大量的安装指导信息，这可以确保设计意图得到完整有效地沟通。有效地使用 BIM 也保证了现场安装与设计意图保持高度一致。

事实证明，虚拟实体模型在建造的很多方面都是一个非常宝贵的协调工具。通过将设计　255
模型与分包商的模型叠加对比，很多问题可以在施工前被发现并得以解决。这也大大减少了所需信息请求书（RFIs）的数量。

团队通过整体上对建筑外围护结构协调来传递设计意图，这避免了在项目后期澄清设计

---

[*]　"可施工性审查"是项目管理的一种方法，通常在施工开始前，从头到尾检查施工的整个过程。目的是在早期发现问题，减少错误，避免时间和成本超出预期。详见：https：//en.wikipedia.org/wiki/Constructability——审校者注

250

附录 H：设计阶段：信息流——BIM/VDC

三维交付成果——施工前服务 | 三维交付成果——施工前 VDC 服务

CJC

CJC 设计团队

Mortenson Construction 建筑公司

设计辅助分包商

CJC

FA

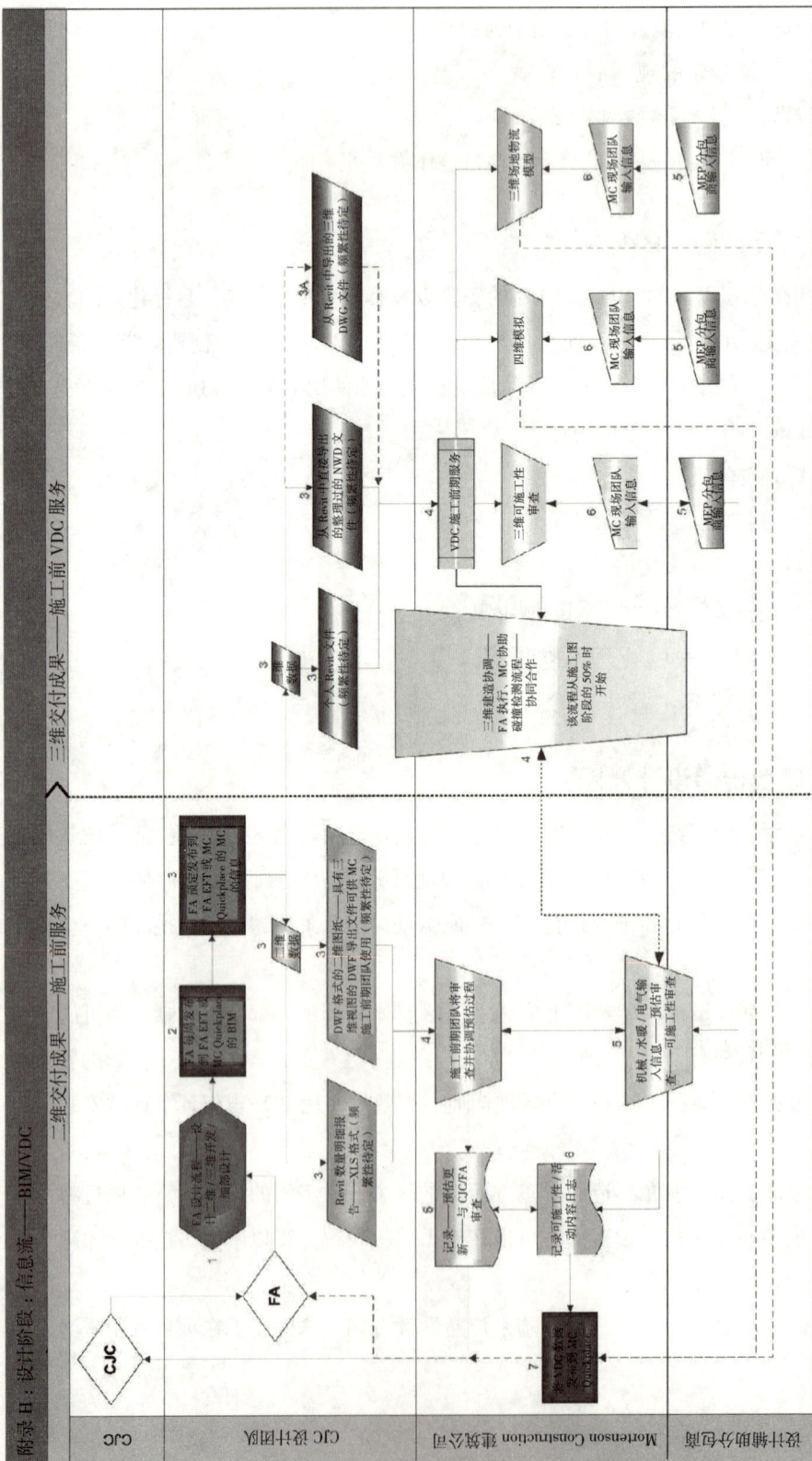

图 9.4a 设计阶段的信息流示意图

251

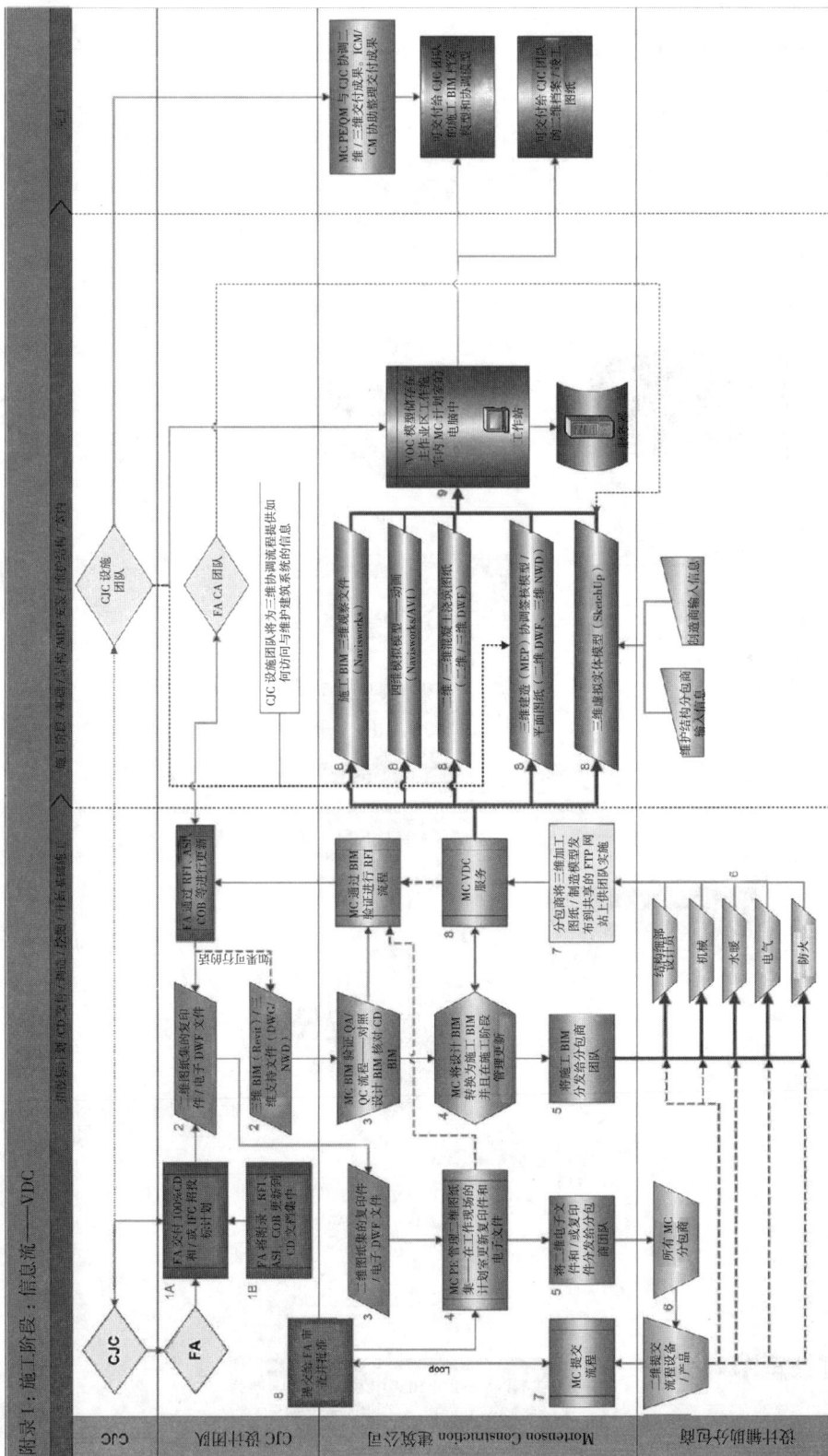

图 9.4b 施工阶段的信息流示意图

252 　　附录 J

VDC 流程：三维建造协调：设计阶段

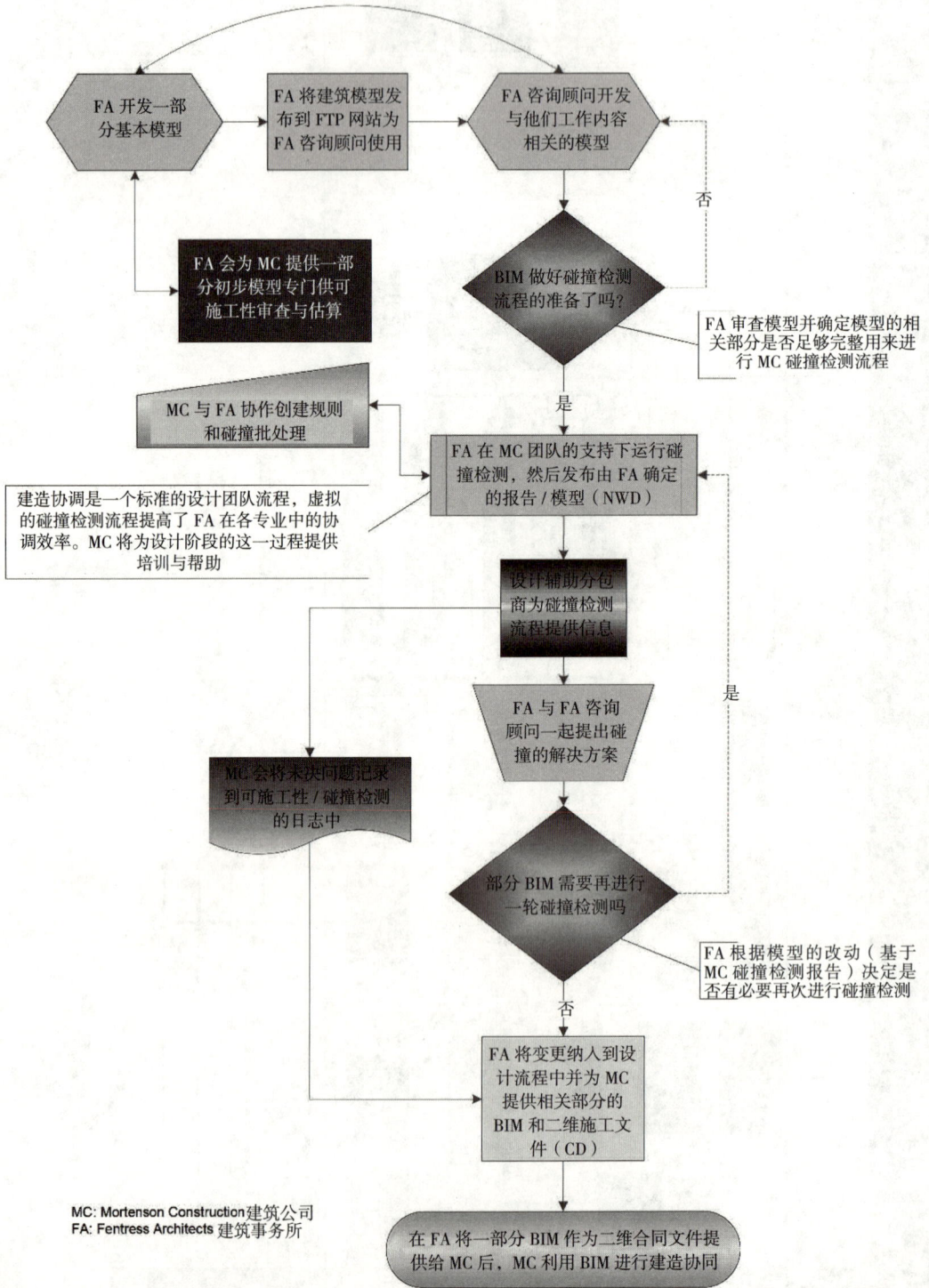

FA 开发一部分基本模型

FA 将建筑模型发布到 FTP 网站为 FA 咨询顾问使用

FA 咨询顾问开发与他们工作内容相关的模型

FA 会为 MC 提供一部分初步模型专门供可施工性审查与估算

BIM 做好碰撞检测流程的准备了吗？

否

FA 审查模型并确定模型的相关部分是否足够完整用来进行 MC 碰撞检测流程

是

MC 与 FA 协作创建规则和碰撞批处理

FA 在 MC 团队的支持下运行碰撞检测，然后发布由 FA 确定的报告／模型（NWD）

建造协调是一个标准的设计团队流程，虚拟的碰撞检测流程提高了 FA 在各专业中的协调效率。MC 将为设计阶段的这一过程提供培训与帮助

设计辅助分包商为碰撞检测流程提供信息

FA 与 FA 咨询顾问一起提出碰撞的解决方案

是

MC 会将未决问题记录到可施工性／碰撞检测的日志中

部分 BIM 需要再进行一轮碰撞检测吗

FA 根据模型的改动（基于 MC 碰撞检测报告）决定是否有必要再次进行碰撞检测

否

FA 将变更纳入到设计流程中并为 MC 提供相关部分的 BIM 和二维施工文件（CD）

MC: Mortenson Construction 建筑公司
FA: Fentress Architects 建筑事务所

在 FA 将一部分 BIM 作为二维合同文件提供给 MC 后，MC 利用 BIM 进行建造协同

图 9.5　设计阶段 3D 建造协调流程图

附录 K

VDC 流程：三维建造协调：施工阶段

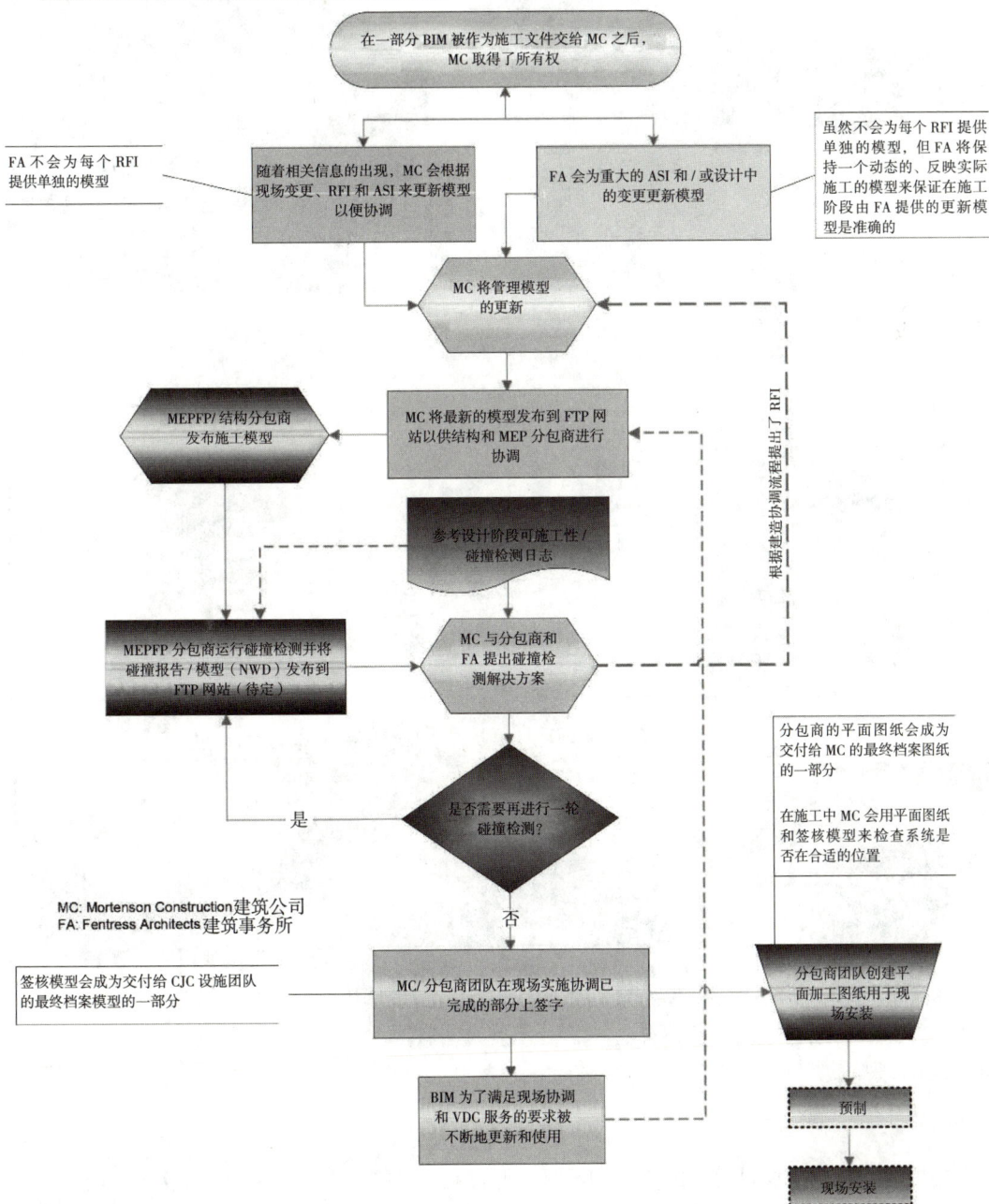

253

在一部分 BIM 被作为施工文件交给 MC 之后，
MC 取得了所有权

FA 不会为每个 RFI
提供单独的模型

随着相关信息的出现，MC 会根据
现场变更、RFI 和 ASI 来更新模型
以便协调

FA 会为重大的 ASI 和 / 或设计中
的变更更新模型

虽然不会为每个 RFI 提供
单独的模型，但 FA 将保
持一个动态的、反映实际
施工的模型来保证在施工
阶段由 FA 提供的更新模
型是准确的

MC 将管理模型
的更新

MEPFP/ 结构分包商
发布施工模型

MC 将最新的模型发布到 FTP 网
站以供结构和 MEP 分包商进行
协调

根据建造协调流程提出了 RFI

参考设计阶段可施工性 /
碰撞检测日志

MEPFP 分包商运行碰撞检测并将
碰撞报告 / 模型（NWD）发布到
FTP 网站（待定）

MC 与分包商和
FA 提出碰撞检
测解决方案

分包商的平面图纸会成为
交付给 MC 的最终档案图纸
的一部分

在施工中 MC 会用平面图纸
和签核模型来检查系统是
否在合适的位置

是

是否需要再进行一轮
碰撞检测？

MC: Mortenson Construction 建筑公司
FA: Fentress Architects 建筑事务所

签核模型会成为交付给 CJC 设施团队
的最终档案模型的一部分

否

MC/ 分包商团队在现场实施协调已
完成的部分上签字

分包商团队创建平
面加工图纸用于现
场安装

BIM 为了满足现场协调
和 VDC 服务的要求被
不断地更新和使用

预制

现场安装

图 9.6 施工阶段 3D 建造协调流程图

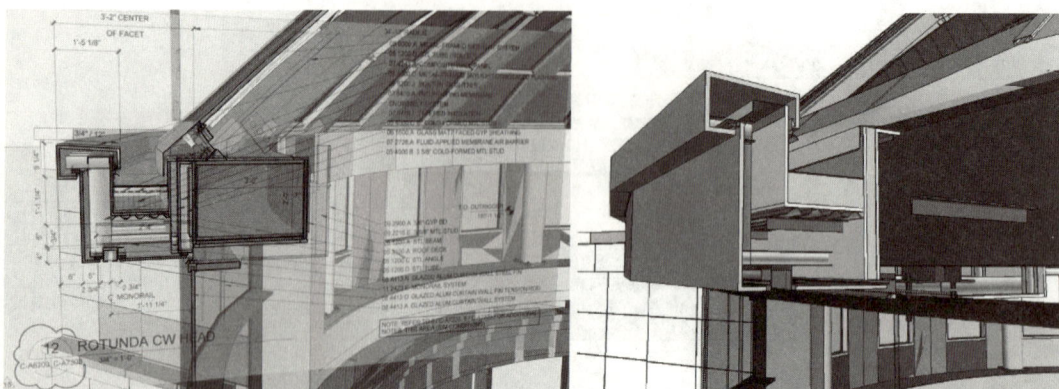

图 9.7　节点的虚拟实体模型

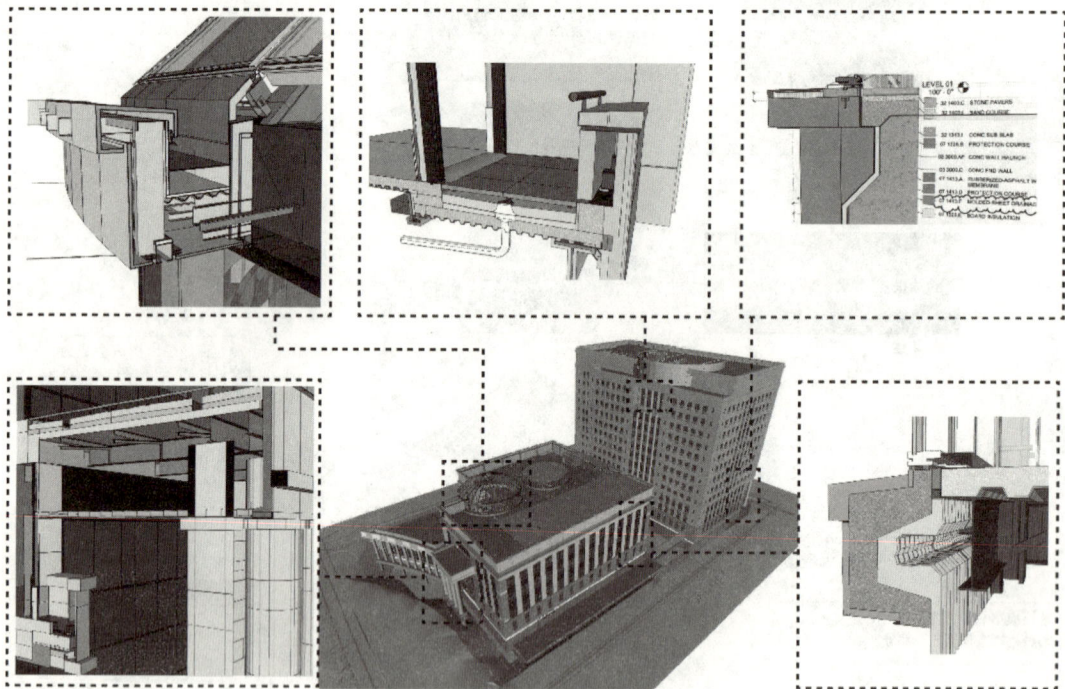

图 9.8　围护系统的虚拟实体模型

意图的可能，降低了项目交付的成本和风险。通过利用虚拟方式促进和交流关键细节的落实，几乎避免了外表皮的返工，甚至免除了在加工和安装过程中涉及细部修改的额外成本。对钢材、混凝土、预制表皮等各独立建筑系统相互结合部位的全面协调保证了安装的最高效率，这又进一步降低了项目成本。

256　　　项目室内施工的最大挑战之一是高效地制作具有复杂细节的木制品。木制品的专业承包商很早就加入到团队中来帮助开发施工细节。模型被用于创建和审核加工图纸，并生成说明，

图 9.9　虚拟实体模型和木制成品的混合图

以电子化的形式直接引导加工商的计算机数控（CNC）加工流程。其他的专业承包商也采取了这种方式，包括预制、玻璃、钢筋、机械、电气和水暖（MEP）。

> 我们实际上告诉了木制品分包商我们想要的最终结果。他们能够把产品细节制造到非常高的水平，甚至可以直接把模型输入他们的机械设备中来制造木制品。这正是 BIM 的魅力所在。分包商能有这种程度的影响力，是前所未闻的（项目建筑师）。

成功因素：

- 60% 的建筑表皮是在早期设计中被建立起来的；
- 整个项目维护结构节约成本 244 万美元（总投资成本等于 5.2 万美元）。

提高施工效率，节约成本

这个项目紧迫的计划要求高效率地完成主要部分的混凝土施工。这意味着进入工地后的第一时间就要做正确的事情。BIM 直接生成了非常详细的工作指南，这个过程使得生产成本和时间都大大减少了。为项目经理 / 总承包商（CM/GC）进行混凝土施工准备的电梯图纸也使获得最高效率和最低安装成本成为可能。

这些对项目到底产生了哪些具体影响？举一个实例：2242 块嵌入现浇电梯井中的钢板100% 的准确安装到位，没有返工。

下列是一些显示效率提高的数据：

- 电梯井成型和安装的周期从 7 天减少到 4 天，缩短了 17% 的电梯井安装周期并节约了12 万美元的项目成本，而且没有任何安全事故记录：
- 与电梯井有关的生产效率提高了 250%；
- 核心筒成型过程中的生产效率提高了 235%。

建立将人与信息结合起来的流程

在正确的时间把正确的信息有效地传递给现场施工人员是一个主要的挑战，尤其在更加依赖 BIM 的这个项目中。解决方案是远程访问 BIM，创建了可以让人们在有网络接入时随时访问项目数据库的工具——"电脑仪表板"。计划室的触摸屏电脑界面几乎取代了工地办公室的纸质图纸，从而减少了超过 50% 的打印成本。所有的模型和平面图都被上传，所有的细节通过电子链接都可以快速访问。

通过触摸屏终端和平板电脑界面，施工现场可以快速获取信息。所有供应商都会在每天的计划会议中通过一个巨大的数字化项目信息墙审核场地物流计划。这个方法通过图形显示了一天中运送的货物和工作计划，帮助项目经理（CM）在 40 万小时工作时间内没有出现一起有记录的安全事故。

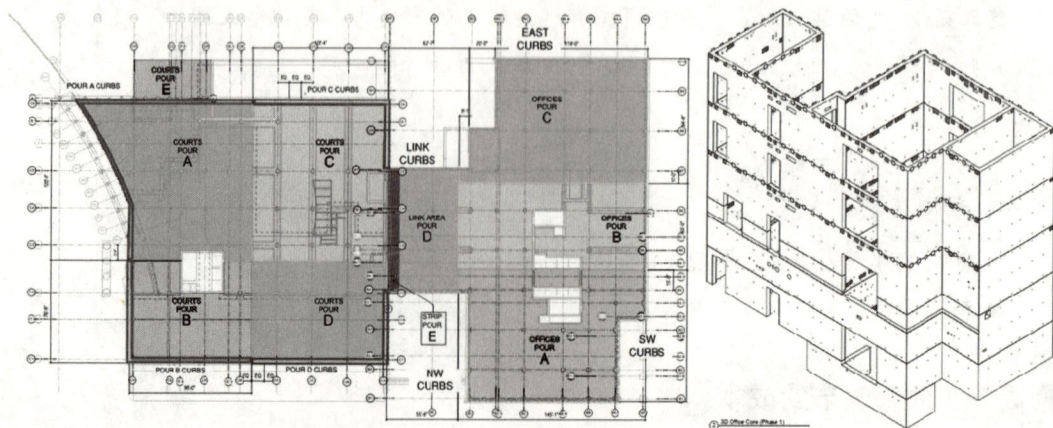

图 9.10　阶段性计划和混凝土电梯井模型

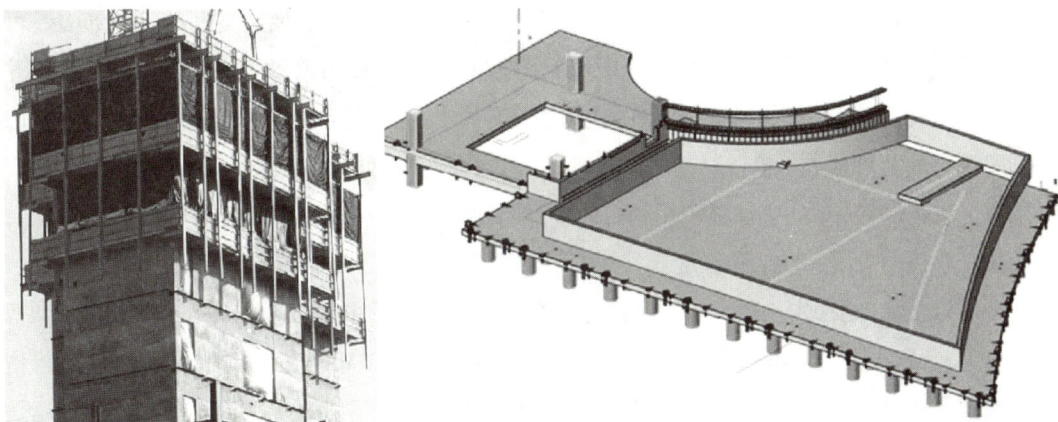

图 9.11　混凝土核心筒装配和楼板浇筑模型

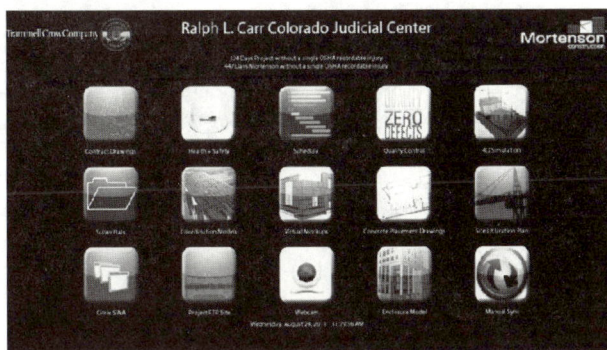

图 9.12　计划室：电脑仪表板和触摸屏终端

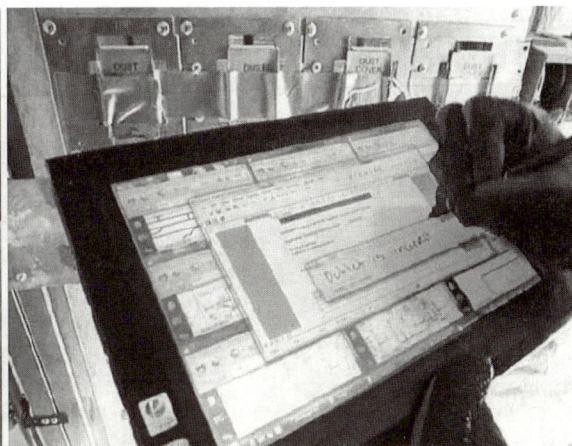

图 9.13　具有触摸屏界面的 BIM 信息服务亭和工地上直连云端的平板电脑

在电子图纸集上以图形的形式追踪安装状态并检查顶棚上部和墙内空间的管线布置，可以大大的简化这个原本烦琐的过程。图形界面代替了大量烦琐的电子表格。使用云端主机并用移动设备访问使得信息收集和共享的效率更高。在云端工作可以确保各利益相关方都可以看到实时的最新信息。

这个流程非常成功，它还被应用到帮助设计团队生成和签署竣工核查表，追踪材料，安装，以及检查承包商对门、框架和五金器具的安装。

Ralph L. Carr 司法中心项目是一个很好的案例，它体现了移动设备（iPads、平板电脑和智能手机）、云解决方案（Dropbox、BluebeamStudio、Autodesk BIM 360Glue 等）以及施工现场访问云端都可以通过 Wi-Fi 热点、无线网桥和其他网络解决方案使一个项目无论在办公室还是施工现场有效地利用 BIM 和 VDC。通过提供一个唯一的真实信息源并允许可视化工具协助变更管理，这些工具还可以降低复杂项目的风险。

成功因素：

- 非纸质的技术工具能在任意地点获取实时数据；
- 唯一真实的信息源和对信息的便捷获取简化了安装和调试；
- 节约了 50% 的打印成本；
- 平均缩短了 40% 在墙内部和顶棚上部检查签收的时间。

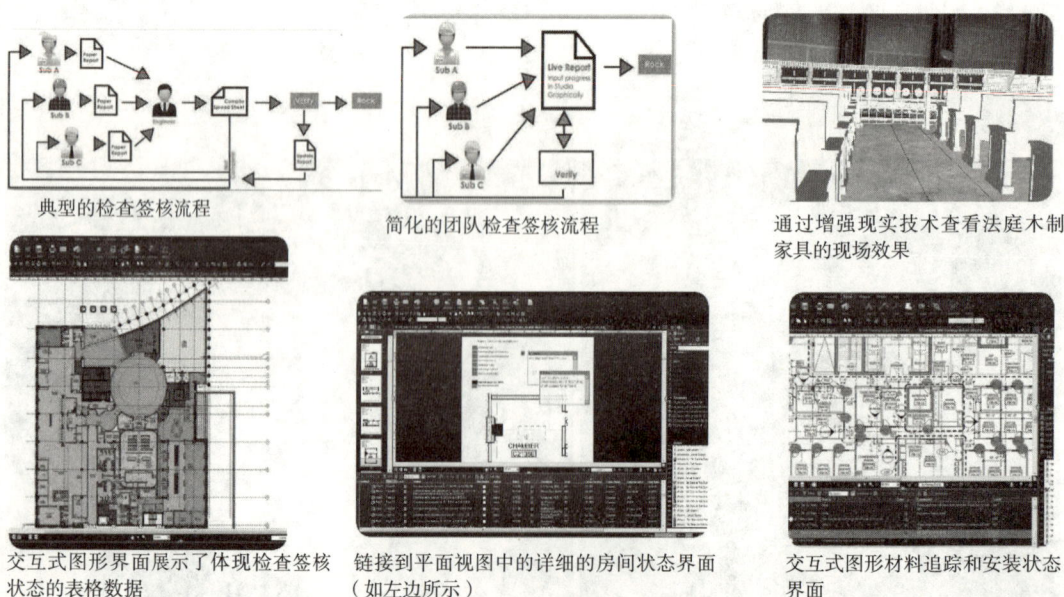

典型的检查签核流程

简化的团队检查签核流程

通过增强现实技术查看法庭木制家具的现场效果

交互式图形界面展示了体现检查签核状态的表格数据

链接到平面视图中的详细的房间状态界面（如左边所示）

交互式图形材料追踪和安装状态界面

图 9.14　交互式图形界面展现了体现检查签核状态的表格数据

成功

260

总之，项目的成功是由所有参与团队带来的。其他一些成功的衡量标准有：

■ 整体缩短了两个月的工期；

■ 在连续 962 天、40 万工时的工作中，无任何有记录的事故；

■ 整体节约了 4.5% 的项目成本。

机会

虽然项目整体很成功，但仍有可以改进的地方。Ralph L. Carr 项目没有充分研究的一点是：建筑自动化系统（BAS）和计算机维护管理系统（CMMS）之间的双向信息交换。测量和监测建筑物的性能可以帮助业主和建筑管理员微调建筑系统、节省运营开支，并为建筑整个生命周期内维护与维修的决策提供参考。

建议

建立了一个"项目至上"的文化是项目团队最重要的成就。这是通过把各利益相关方的成功与整个项目的成功结合起来，并建立了一个体现各利益相关方的反馈与见解且可靠的 PxP 来实现的。先进的技术可以促进施工现场的合作和创新，但只有建立了正确的文化才能取得项目真正的成功。

结论

261

Ralph L. Carr 司法中心是一个利用技术让每个项目参与者都有更好体验的优秀案例。三个连续的过程促成了项目整体的成功：

1. 组织并实施项目计划，明确流程并绘制可视化流程图；

2. 为便于协调和加工创建项目的数字模型；

3. 强调将 BIM 的使用从办公室延伸到施工现场。

团队认为项目在整体上拥有协作性的本质。

业主的陈述

项目团队成员在创建并维护团队精神以及与各方协作上做得非常好。 设计团队和施工团队之间的 BIM 协调做的极其出色。我们期望这些建模信息在将来的建筑运行及维护中同样有价值。

建筑师的陈述

这是我做过最好的项目之一！从施工前期到最终结束，团队都致力于奉献，保证最好的质量和安全，并保持了很高的专业水准和团队合作水平。特别值得注意的是，大多数分包商在 BIM 技术和集成上有了很大进步，因此协作水平得到了很大提高，施工现场的突发状况也减少了。在我 30 年的经历中，这样高标准的品质和责任感是前所未有的。能够成为这个团队中的一员，我感到很愉快也很荣幸。

承包商的陈述

262

这个项目可以作为协作的范本。它平衡了技术的使用、实体模型、现场会议，以及必要时在线上或纸上手绘草图。团队明白在会议室里投入数百小时进行协调可以在施工现场节省数千小时的时间，因为我们知道建材到位后会被完美组装。建筑外立面的组装不费吹灰之力，甚至我们有时会停下来欣赏我们所完成的作品。这个了不起的团队利用自己的工具和技术，提前两个月的时间交付了一座拥有百年使命的建筑。

图 9.15 合成图

263

图 9.16　西北方向建筑实景图

图 9.17　东北方向建筑实景图（感谢 Bryan Lopez）

建筑信息建模是一个涵盖广泛的术语。在许多方面，它是二维 CAD 理所应当的接替者，它是一个能够使二维图纸、碰撞检测和成本估算这三个方面加强协调的三维模型。BIM 与 CAD 最大的不同在于人们可以用它为建筑构件创建一个虚拟的建造描述，而不仅仅是线条。BIM 是一个具备相关数据、并有能力与其他应用程序无缝对接的三维参数化建模程序。这极

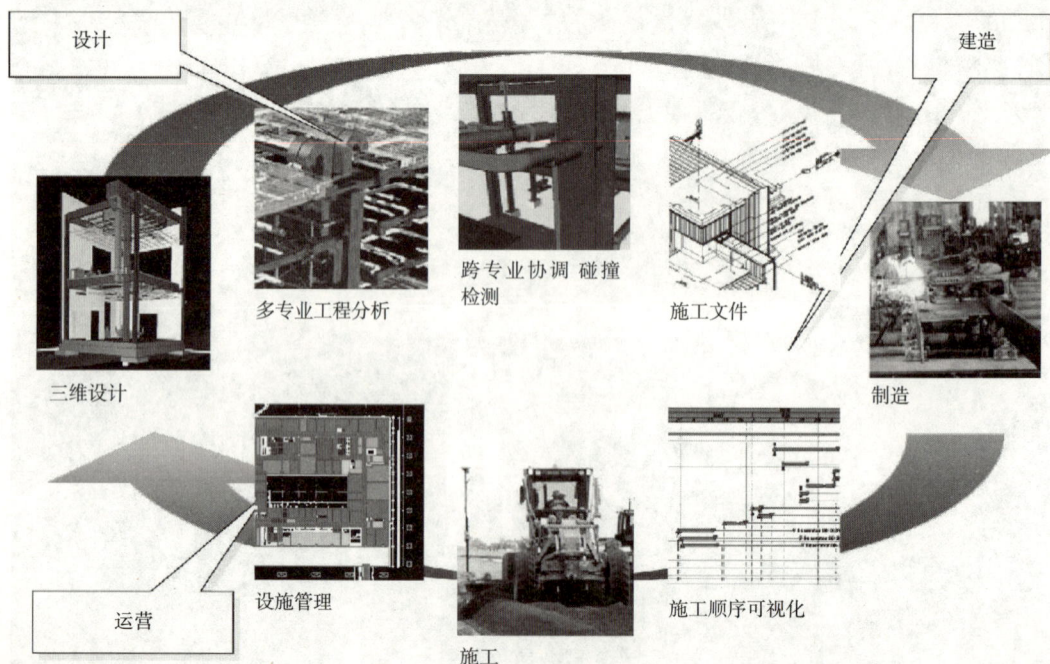

设计

建造

多专业工程分析

跨专业协调 碰撞检测

施工文件

三维设计

制造

运营

设施管理

施工顺序可视化

施工

图 c.1 BIM 在建筑整个生命周期的应用（由 Bentley Systems 提供，感谢 Tom Lazear）

大地拓展了从方案设计到施工再到设施管理中所包含信息的潜在应用。

本书涵盖了 BIM 在建筑整个生命周期的应用。从第 1 章开始，许多与 BIM 有关的重要术语就被定义出来。其中比较重要的有：参数化、BIM "维度"、发展水平（LOD）、模型元素作者（MEA），以及模型发展规范（MPS）。

265

第 2 章涵盖了项目各参与方对 BIM 的主要应用，有建筑师、工程师、咨询顾问、施工经理、承包商、分包商、加工商，以及设施管理员。他们每一方都基于各自的要求为创建 BIM 做出贡献。随着新的数据被添加进来，BIM 变得更加深入和复杂，也能够被不同的软件应用程序所使用。尽管 BIM 通常被认为是三维模型，但很显然它也应是一个创建模型并升级其所包含数据的过程。有经验的使用者明白，与 CAD 相比，BIM 对改变并加强建筑行业的专业流程有着更加重要的影响。

第 3 章探讨了流程中的细微差别——BIM 并不用线形的流程，而是用交织的流程来交叉和交换信息。当建筑师创建建筑 BIM 的流程开始时，其他专业的 BIM 也同时开始被创建，并用建筑师的设计模型作为基础。每组数据不只是三维的几何形体，也是有效的实体和流程信息。随着每组数据发展成熟达到预定的完成状态，信息在这些平行的流程中被协同。

第 4 章描述了 BIM 对于项目的价值，以及团队成员间交流沟通的方式：信息怎样在项目中流动，各种数据由谁负责，以及可以产生怎样的协同效应。几个重要的问题被提出，例如：

- 谁拥有在项目中创建的单个 BIM 或多个 BIM 的所有权？
- 承包商可以将设计 BIM 作为施工 BIM 的基础吗？
- BIM 执行计划是什么？它与 BIM 标准有何不同？
- 公司的 BIM 实施方法与其他优秀的实施方法相比有何不同？
- 是否有意将工作流程中所生成的信息用于建筑入住后的设施管理？

第 5 章邀请读者展望 BIM 未来的应用和现有功能的扩展：

- BIM 分析。建筑师、工程师和承包商的各种工具可以更好地预测新建筑的性能，减少建造成本，并且智慧地改造现有建筑。

266

- 云计算。有关软件与硬件优化以及团队协作的方面。
- 运算化设计。插件与脚本编程、参数自定义以及形体生成正在专业公司中变得普及。
- 成熟的业主。业主要求更加精细地使用 BIM。具备专业知识的客户会要求模型为概念设计提供信息，更好地预测施工成本和进度安排，并对设施管理和运营有用。设计专业人员应当理解业主的需求与侧重，从而提供新的服务并创造增收机会来达到这些目标。

案例分析部分提供了现实中的不同视角：小公司、大公司、BIM 协调员及施工公司。他们用自己的话强调了相关的概念和方法，使其在其他公司也能实施。

在 20 世纪 80 年代 CAD 曾是建筑行业中一个象征着创新、冒险的新生事物。BIM 在十年前也处于类似的地位。建筑信息建模无论只是被用作二维／三维协调，还是最终改变公司的工作流程，增加利益相关者间的沟通，帮助建筑、工程和施工（AEC）专业人员以新的方式利用数据丰富的模型，都将继续存在下去。

这本书不仅鼓励转变旧的方法和流程，还指出了目前全面应用 BIM 的局限，并展望了未来。BIM 不会改变整个世界，但使用与其相关更好的工具和方法，建筑行业能够更加高效地完成工作。这是一个在建筑设计、交付和管理中不断演化和渐进的过程，它未来将继续转变利益相关者的角色、增强交流沟通，并提高建筑的性能表现。

THESE BOOKS, ARTICLES, AND PRESENTATIONS are valuable sources of information and were used both as general and specific resources in the writing of this book. The presentations mentioned were from a series of BIM symposia held at USC: *BIM SYM 2007, BIM BOP 2008, BIM CON!FAB 2009, BIM Analytics 2010, Extreme BIM 2011, Practical BIM 2012 and XED BIM 2012,* and *BIM Futures 2013*.

第1章

AIA 2013. "Guide, Instructions and Commentary to the 2013 AIA Digital Practice Documents," specifically G202-2013, Article 2 for the detailed LOD and model element descriptions, starting on p. 46. http://www.aia.org/groups/aia/documents/pdf/aiab095711.pdf, last accessed July 17, 2013.

AIA E202-2008, http://www.aia.org/contractdocs/training/bim/aias078742; http://www.fm.virginia.edu/fpc/ContractAdmin/ProfSvcs/BIMAIASample.pdf, last accessed Jan. 10, 2013. Reproduced with permission of the American Institute of Architects, 1735 New York Avenue, NW Washington, DC 20006.

Bedrick, Jim. "Organizing the Development of a Building Information Model," *AECbytes* (September 18, 2008), http://www.aecbytes.com/feature/2008/MPSforBIM.html, last accessed July 23, 2013.

Bedrick, Jim. "A Level of Development Specification for BIM Processes," *AECbytes Viewpoint* #68 (May 16, 2013), http://www.aecbytes.com/viewpoint/2013/issue_68.html, last accessed July 17, 2013.

BIM Forum. "Level of Development Specification," draft 1, April 19, 2013. Co-chairs Jan Reinhardt and Jim Bedrick. http://bimforum.org/lod/, http://bimforum.org/wp-content/uploads/2013/05/DRAFT-LOD-Spec-2.pdf, last accessed July 26, 2013.

Charette, Robert P. and Marshall, Harold E. "UNIFORMAT II Elemental Classification for Building Specifications, Cost Estimating, and Cost Analysis," NIST, http://fire.nist.gov/bfrlpubs/build99/PDF/b99080.pdf, last accessed Mar. 4, 2013.

GSA 2007. "GSA Building Information Modeling Guide Series 01 – Overview

DRAFT" (GSA, May 15, 2007), page 3, http://www.gsa.gov/graphics/pbs/GSA_BIM_Guide_v0_60_Series01_Overview_05_14_07.pdf.

Hardin, Bradley. *BIM and Construction Management: Proven Tools, Methods, and Workflows.* Wiley Publishing, Inc., Indianapolis, IN, 2009.

Jackson, Reginald and So, Edward. Morley Builders. "Concrete Construction BIM: Shop Drawings and Logistics," *BIM CON!FAB 2009*, USC, School of Architecture.

Solibri news release, December 10, 2012. http://www.solibri.com/press-releases/solibri-funds-21-million-technology-grant-program-to-stimulate-digital-plan-review-adoption-in-north-america.html, last accessed Jan. 10, 2013.

Stewart, Brian K. and Tinkham, Nicole, DavisCollins Collins Muir + Stewart LLP. "BIM: Risk and Rewards for Design Professionals," *Extreme BIM 2011*, USC, School of Architecture.

Trimble Navigation Limited and Vico Software. "Vico Software's Project Progression Planning with MPS 3.0," Trimble_Buildings_Project_Progression_Planning_Version_0.8.pdf, 2012.

第 2 章

Cholakis, Peter Nicholas. "BIM for FIM/BIFM. Change on the Horizon," *Owners' Perspective, The Magazine of the Construction Owners Association of America*, Summer 2011.

Computer Integrated Construction Research Program (CIC), Director John Messner. The Pennsylvania State University, "BIM Planning Guide for Facility Owners," Version 1.0, April 2012.

Eastman, Chuck; Teicholz, Paul; Sacks, Rafael; and Liston, Kathleen. *BIM Handbook: A Guide to Building Information Modeling for Owners, Managers, Designers, Engineers, and Contractors*, John Wiley and Sons, 2008, pp. 120–121.

Eastman, Charles, principal investigator. Georgia Tech Research Corporation, "Cast-in-Place Concrete National BIM Standard Phase One: Information Delivery Manual" and "National BIM Standard for Precast Concrete, Phase Three," both forthcoming. Charles Pankow Foundation, sponsor. http://www.pankowfoundation.org/grants.cfm?research=1, last accessed June 25, 2012.

Golparvar-Fard, Mani; Pena-Mora, Feniosky; Savarese, Silvio. "D4AR A 4-Dimensional Augmented Reality Model for Automating Construction Progress Monitoring Data Collection, Processing and Communication," *ITcon* Vol. 14; p. 153, 2009.

Hardin, Bradley. *BIM and Construction Management: Proven Tools, Methods, and Workflows.* Wiley Publishing, Inc., Indianapolis, IN, 2009.

Harris, Joe. "Integration of BIM and Business Strategy," Master of Project Management Program, Northwestern University, 2010, http://www.readbag.com/wbdg-pdfs-integratebim-harris, last accessed Jan. 14, 2013. Quote used with permission.

Jackson, Reginald and So, Edward. Morley Builders. "Concrete Construction BIM: Shop Drawings and Logistics," *BIM CON!FAB 2009*, USC, School of Architecture.

Johnson, Matthew H. and Fund, Ariane I. "BIM: Dimensional and Material Quantity

Control of Wood-Framed Construction," *STRUCTURE* magazine, August 2010, p. 30.

Knudsen, Jenna and Korter, Alex. "BIM Analytics for Exterior Envelope Design," *BIM Analytics 2010*, USC, School of Architecture.

Morley Builders. *Morley MEP Coordination and Drawings – Exhibit "J,"* supplied by Reginald Jackson, 2013.

Rees Associates Inc. November 16, 2010. http://www.rees.com/about/news/2010/11/16, last accessed Jan. 15, 2013.

Smith, Dana and Tardif, Michael. *Building Information Modeling: a Strategic Implementation Guide for Architects, Engineers, Constructors, and Real Estate Asset Managers*, John Wiley & Sons, Inc., 2009.

Stebbins, John and Conrad, Forename. "Constructability Modeling for Spatial Coordination and Further Downstream Use," *BIM CON!FAB 2009*, USC, School of Architecture.

第 3 章

AIA "Interoperability Position Statement," approved by the AIA Board of Directors, December 2009, http://www.aia.org/aiaucmp/groups/aia/documents/pdf/aiab082297. pdf, last accessed Jan. 14, 2013. Reproduced with permission of The American Institute of Architects, 1735 New York Avenue, NW Washington, DC 20006.

AISC (American Institute of Steel Construction), "Building Information Modeling (BIM)," http://www.aisc.org/content.aspx?id=26038, last accessed June 27, 2013.

Boucher, Brion. Email comments about single model versus federated models, delivery methods, and BIM contracts. March and July 2013.

Building Information Model Extended Markup Language (BIMXML) definition, http://BIMXML.org/, last accessed Jan. 15, 2013.

buildingSMART – home of OpenBIM. http://buildingsmart.com/openbim/, last accessed Jan. 15, 2013.

Dave, Eesha and Shaykh, Saba. "Case Study: HOK and the Cedars Sinai Advanced Health & Sciences Pavilion (AHSP)," interview of Steven Knudsen for USC, Architecture 507, Spring 2011.

East, William E. "Construction Operations Building Information Exchange (COBie)," http://www.wbdg.org/resources/cobie.php, last accessed July 22, 2013.

Harfmann, Anton C., "Component-Based BIM: A Comprehensive, Detailed, Single Model Strategy," *BIM Futures 2013*, USC, School of Architecture.

Johnson, Brian, "One BIM To Rule Them All: Future Reality or Myth?," *BIM Futures 2013*, USC, School of Architecture.

Luth, Gregory P. "HiDef BIM and SEOR Rebar Shop Drawings," CRSI Bay Area and Orange County. May 10, 2012. The narrative is based heavily on notes of the presentation supplied by the author.

Luth, Gregory P. Comments in email (April 2013) including references to his dissertation "Representation and Reasoning for Integrated Structural Design."

Moor, Chris, and Faulkner, Luke. "Interoperability for Construction: An In-depth Look into the How and Why behind the Steel Construction Industry's Migration to IFC," American Institute of Steel Constructions. 2012.

Ouellette, Jeffrey and Server, Jeffrey. "Open BIM: Real Interoperability, Practical Collaboration," *Practical BIM 2012 and XED BIM 2012*, USC, School of Architecture.

Ouellette, Jeffrey. Notes and comments about single versus multiple BIMs (March 2013). He credited some of his thoughts on the four concepts of federated domain models to Léon van Berlo's "There Is No Central BIM Server," BuildingConnections Congress 2013.

第 4 章

AIA California Council. 2007. "A Working Definition, Integrated Project Delivery," May 2, 2007, p. 1, http://www.aia.org/aiaucmp/groups/aia/documents/pdf/aiab082297.pdf, last accessed July 25, 2013. Reproduced with permission of The American Institute of Architects, 1735 New York Avenue, NW Washington, DC 20006.

Bonneau, Kirstyn, PBWS Architects. "Need to Know Basis: Managing Varying Levels of BIM Proficiency on a Project Team," *Practical BIM 2012*, USC, School of Architecture.

Boucher, Brion. Email comments about single model versus federated models, delivery methods, and BIM contracts. March and July 2013.

Deamer, Peggy, "Marx, BIM, and Contemporary Labor," *BIM Futures 2013*, USC, School of Architecture.

Epstein, Erika. *Implementing Successful Building Information Modeling*. Artech House, Norwood, MA, 2012. Especially p. 18, pp. 51–53, pp. 109–115.

Gates, Troy. "Practical BIM," presentation at the Los Angeles Revit User Group Meeting (LA RUG), April 2012.

Hardin, Bradley. *BIM and Construction Management: Proven Tools, Methods, and Workflows*. Wiley Publishing, Inc., Indianapolis, IN, 2009.

Indiana University. "BIM Guidelines & Standards for Architects, Engineers, and Contractors," Initiated: Sept. 10, 2009 Revised: May 7, 2012. http://www.iu.edu/~vpcpf/consultant-contractor/standards/bim-standards.shtml and http://www.indiana.edu/~uao/docs/standards/IU%20BIM%20Guidelines%20and%20Standards.pdf, last accessed July 23, 2013.

Jordan, Clive. Email notes about the BIM Score Calculator. Also see http://www.vico-software.com/resources/calculating-bim-score, last accessed July 23, 2013.

Kam, Calvin and Rinella, Tony. "The BIM Scorecard: An Objective Approach to Improve BIM Performance and Worldwide BIM Knowledge," American Institute of Architects National Convention 2012.

Lareau, Lance and Nowicki, Richard. "Developing BIM Standards," *BIM Analytics 2010*, USC, School of Architecture.

National BIM Standard – United States V2 is an initiative of the National Institute of Building Sciences (NIBS) buildingSMART Alliance. 2012. http://www.buildingsmartalliance.org/. The capability maturity model can be seen at http://www.nationalbimstandard.org/nbims-us-v2/pdf/NBIMS-US2_c5.2.pdf, chapter 5.2. Last accessed July 1, 2013.

Pennsylvania State University, under the Computer Integrated Construction Research Program (CIC) Director John Messner, has developed the *BIM Project Execution Planning Guide* and template resources to assist in creating a BIM execution plan, 2010. http://www.engr.psu.edu/bim.

Post, Nadine M. "BIM Lawsuit Offers Cautionary Tale," *Architectural Record* (the article originally appeared in *Engineering News-Record*), http://archrecord.construction.com/news/2011/05/110519-BIM-Lawsuit-1.asp, May 19, 2011, last accessed July 29, 2013.

"The State of Ohio Building Information Modeling Protocol" document, http://das.ohio.gov/Divisions/GeneralServices/StateArchitectsOffice/BIMProtocol.aspx, last accessed 2012.

Stewart, Brian K. and Tinkham, Nicole, DavisCollins Collins Muir + Stewart LLP. "BIM: Risk and Rewards for Design Professionals," *Extreme BIM 2011*, USC, School of Architecture.

Yoders, Jeff. "Miami Meeting Explores the Human Side of BIM," http://bimforum.org/2013/06/11/miami-meeting-explores-the-human-side-of-bim/, last accessed July 1, 2013.

第 5 章

The AIA Knowledge Resources Team, June 2007. "Terminology: As-Built Drawings, Record Drawings, Measured Drawings," Contributed by http://www.aia.org/aiaucmp/groups/ek_members/documents/document/aiap026835.pdf, last accessed July 23, 2013. Reproduced with permission of The American Institute of Architects, 1735 New York Avenue, NW Washington, DC 20006.

AIA TAP webinar, "Owners' Needs and BIM Standards: Where Do We Stand," June 10, 2011. Presented by Calvin Kam, Kimon Onuma, Luciana Burdi, and Tony Rinella.

Besserud, Keith. "Architectural Genomics," Skidmore, Owings, & Merrill LLP (Black Box Studio) white paper, n.d.; http://www.som.com/content.cfm/architectural_genomics, last accessed 2012.

BuildLACCD Master Format, revised 6.27.11, SECTION 017839 – PROJECT RECORD DOCUMENTS, http://www.build-laccd.org/bidding_and_contracting/content/documents/projectspecs/Division_1_Specs/Design-Build_pdf/017839%20-%20PROJECT%20RECORD%20DOCUMENTS_DB_6.27.pdf, last accessed June 20, 2012.

Cloud computing: web resources, last accessed Feb. 17, 2013. http://www.aecbytes.com/viewpoint/2011/issue_61.html. http://www.caddforce.com/cloud30.php. http://www.caddforce.com/products.php. http://cloudscarscameras.com/index.php. what-is-a-private-bim-cloud/.

Computer Integrated Construction Research Program (CIC), Director John Messner. The Pennsylvania State University, "BIM Planning Guide for Facility Owners," Version 1.0, April 2012. Version 2.0 (June 2013) can be accessed at http://bim. psu.edu/Owner/Resources/contact_info.aspx, last accessed July 24, 2013.

Eastman, Chuck; Teicholz, Paul; Sacks, Rafael; and Liston, Kathleen. *BIM Handbook: A Guide to Building Information Modeling for Owners, Managers, Designers, Engineers, and Contractors*, John Wiley and Sons, 2008, pp. 294–297.

Gates, Troy, MNLB. Comments in email about Python programming in Revit. April 2013.

Goldsberry, Matt and Trezise, Heather, HDR. "Case Study: University of Nebraska Omaha Hockey Arena," *BIM Futures 2013*, USC, School of Architecture.

Guttman, Mario, Perkins+Will. "Customizing BIM: Enhancing Efficiency and Capability with Application Programming," *Practical BIM 2012*, USC, School of Architecture.

Guttman, Mario, WhiteFeet and CASE. Email correspondence. June 2013.

Hagan, Stephen R. ecobuild America. Dec. 6, 2012. http://aececobuild.com/2012-sessions, last accessed Feb. 16, 2013. Quote used with permission.

Hardin, B. *BIM and Construction Management: Proven Tools, Methods, and Workflows*, Wiley Publishing, Inc., Indianapolis, IN 2009.

Ko, Won Hee. "Tilted Glazing: Angle-Dependence of Direct Solar Heat Gain and Form-Refining of Complex Facades," Master of Building Science thesis, USC, School of Architecture, pp. 93–96, 2012.

Lévy, François AIA, AIAA. "Small Green BIM: Using Climate to Compute Form," *Practical BIM 2012*, USC, School of Architecture. François Lévy is the author of *BIM in Small-Scale Sustainable Design*, John Wiley & Sons, 2011. Quote used with permission.

Mai, Iffat. "Diary of a Wimpy BIM Manager: Tales of In-House Revit API Development for Architects," Autodesk University, 2010.

Miller, Nathan, NBBJ. "Feedback Cloud: Information Exchange and Collaborative Design Workflows" (republished from ACADIA 2010 proceedings), *BIM Analytics 2010*, USC, School of Architecture.

Onuma, Kimon. "BIMStorm/Onuma Planning System – Full Life-Cycle," *BIM CON!FAB 2009*, USC, School of Architecture.

Philp, David, Balfour Beatty. "BIM and the UK Construction Strategy," http://www.thenbs.com/topics/bim/articles/bimAndTheUKConstructionStrategy.asp, Feb. 2012, last accessed June 18, 2012. Quote used with permission.

Schumacher, Jonatan, Thornton Tomasetti. "Collaborative BIM: A Structural Engineering Example of a Generative BIM Process," *Practical BIM 2012*, USC, School of Architecture.

Schumacher, Jonatan, Thornton Tomasetti. Email correspondence. June 2013.

Schumacher, Jonatan, Thornton Tomasetti. "Custom Tool Development," *BIM Futures 2013*, USC, School of Architecture.

Singh, Sukreet and Kensek, Karen. "Multi-disciplinary Optimization in the Early Stages of Design," ASES National Solar Conference, Baltimore, MD, April 2013.

SmartMarket Report 2009. "The Business Value of BIM," *McGraw Hill Construction*.

SmartMarket Report 2013. "Green BIM: How Building Information Modeling is Contributing to Green Design and Construction." *McGraw Hill Construction*. http://www.construction.com/market_research/FreeReport/GreenBIM/, last accessed Mar. 22, 2013.

Wu, Geman; Kensek, Karen; Schiler, Marc. "Studies in Preliminary Design of Fenestration: Balancing Daylight Harvesting and Energy Consumption," PLEA 2012 (28th International PLEA Conference – Design Tools and Methods), Lima, Peru, November 2012.

提到的软件

Specific software vendors and their products are listed in this book when necessary. The mention of vendors and software does not reflect an endorsement by the author, series editor, or publisher. Other software was undoubtedly used by the firms who provided information for this book but was not specifically referenced in the information gathering.

accruent (Famis), Apple (iCloud), ARCHIBUS, Inc. (ARCHIBUS), Autodesk (AutoCAD, AutoLISP, Ecotect, Navisworks, Revit, Vela Systems, Revit Structure), Bentley (Microstation, AECOsim Building Designer, GenerativeComponents, ProSteel 3D), CSI (ETABS, SAP2000), Dassault Systèmes (Catia, Digital Project, Steel Structure Design), DesignBuilder Software Ltd (DesignBuilder), DropBox Inc. (DropBox), EcoDomus, Energy Star, EnergyPlus, eQuest, Esri, Gehry Technologies (GTeam, GTX + SVN), GeometryGym (Smart Structural Interpreter), Google (Google Earth), Graphisoft (ArchiCAD), IBM (Maximo Asset Management, Tririga), Innovaya (Visual Estimating), InterSpec (e-SPECS), Latosta, Meridian Systems, Microsoft (Excel, SharePoint), Nemetschek (Vectorworks), Onuma (Onuma Planning System), Orange Technologies (AEC CADPipe), Python, Radiance, Robert McNeel & Associates (Rhino 3D, Grasshopper, Galapagos), SiteFM, Skia Engineer, Solemma, LLC (DIVA), Solibri (Model Checker), Teradici (PCoIP),Trimble (SketchUp, Tekla, Vico Software – Office), Viper.

译后记

本书阐述了 BIM 的基本原理和实际应用。在基本原理部分，作者介绍了 BIM 的相关概念、所涉及的利益相关者、软件间的数据交换、关于实施的理论，以及 BIM 分析、云计算和运算化设计等内容。在实际应用部分，作者通过四个公司的工程项目展现了 BIM 在实践中的应用。

在我 2008 年出国学习时，BIM 在国内还是一个比较陌生的词汇，尽管当时在美国已经比较普及。不仅许多建筑院校开设了相关课程，而且许多建筑公司也觉察到了其中所蕴含的巨大潜力和广阔前景，争相招聘掌握这项技术的人才，并在实践中尝试应用。

而在短短数年间，BIM 的浪潮就席卷到了中国，不但各种宣传培训方兴未艾，许多设计公司也开始探索它在建筑项目中的应用。究其原因，其中既有 BIM 从业者对它的推广，也有广大建筑业同行对 BIM 的热情。希望本书的出版既能为 BIM 进一步地普及和应用提供帮助，也能为其今后的创新和发展贡献力量。

本书作者卡伦·M·肯塞克（Karen M. Kensek）是我在南加州大学就读时的老师，她负责教授"计算机技术理论"课程。这门课围绕 BIM 理论，讲解 Revit 软件的操作和应用。我既被这门课新颖的内容所吸引，也被卡伦认真负责的态度所感染。而且我发现这种积极探索创新理念的精神以及对学生的耐心指导的态度普遍地体现在南加大建筑学院老师们的身上。所以我在很有感触的同时，也一直期待能有机会为学院做点什么。恰巧在 2015 年的中旬我收到了卡伦的邮件，她说非常希望她编写的这本书能在国内出版，并询问是否有人能对英文版进行翻译并校对。于是我欣然接受了这份工作。

本以为翻译文章是举手之劳，但后来在不断深入的过程中我逐渐体会到了其中的不易。翻译需要在中英文的语义与思维之间不停转换。如何既能准确恰当地表达原意，又能使翻译出的文字符合中文的语言习惯，还要让上下文连贯并前后呼应，是一件挺有挑战的事。不知不觉间，从最初的翻译、校对，到后来的审稿、再校对，完成这本精致的小书花费了一年多时间，虽然这也多是由于利用了空闲时间。对书中的一些专业单词或词组，我既参考了词典也借助了互联网。但因为水平所限，难以做到面面俱到，十分愿意读者对书中不准确或错误的地方批评指正。

翻译持续时间之长是我始料未及的，其中既有字斟句酌时的辛苦，也有豁然开朗时的喜悦。我想借此感谢我的父亲，是他对我赴美求学的坚定支持，才能让我心无旁骛地接触这片新天地。也要感谢我的母亲，是她对我默默地引导和鼓励，让我内心能够时常平静。

感谢孙上和陈亦雨同学为本书英文版所翻译的部分初稿，也感谢胡智超同学对部分章节所做的校对。

感谢中国建筑标准设计研究院张志宏博士对本书推出所付出的努力，感谢中国建筑工业出版社编辑董苏华、何玮珂、姚丹宁及审稿人刘慈慰先生对本书出版所做的大量工作。

林谦

2017 年元月